청와대 출입기자가 본
조국의 시간, 윤석열의 시간

이 책은 방일영문화재단의 지원을 받아 저술·출판되었습니다.

　제가 책을 쓰면서 가장 많이 받았던 질문은 "무슨 목적으로 책을 쓰고, 핵심 타겟층은 누구냐"였습니다. 처음에는 열심히 취재해놓고도 기사로 못 내보냈던 내용을 죽 펼쳐보고픈 마음이 컸습니다.

　그런데 책을 써내려가면서, 취재 과정에서 접했던 분들의 얼굴이 계속 떠올랐습니다. '내가 취재한 내용이 100% 다 맞는 걸까?', '혹시 다른 관점에서 보면 달리 해석될 부분도 있지 않을까?'라는 생각도 들었고요. 결국 고민 끝에 100쪽 넘는 분량을 들어냈습니다.

　이 책은 특정인을 비판하기 위해 쓴 책이 아닙니다. 누군가에게 상처주려는 목적으로 쓴 책도 아니고요. 제가 특정인을 비판할 자격이 있는지도 의문이고, 누군가에게 상처주고도 저는 아무렇지도 않을 권한도 용기도 없습니다.

　영화 '넘버3'에 나오는 마동팔(최민식 분) 검사는 "죄는 잘못이 없고, 죄를 저지른 사람이 잘못한 것"이라고 했는데요. 저는 인간은 불완전한 존재이기 때문에 알고도 죄를 짓고, 또 자신도 모르는 사이에 죄를 짓게 된다는 생각입니다. 모두가 불완전한 존재이기에 타인의 죄를 용서해야만, 본인 또한 용서받을 수 있는 것이고요.

저는 인간 자체가 도덕적이라 비위를 저지르지 않았다기 보다, 비도덕적일 기회가 없어서 도덕적인 것처럼 보였다는 말에도 동의합니다. 군대에서 병장들은 모두 게으르고 폭력적인 것처럼 보이는 반면 이등병들은 모두 성실하고 폭력을 혐오하지만, 그런 이등병이 훗날 병장 계급을 달고 후임병을 더 괴롭히는 모습도 봤기 때문입니다.

이를 종합해볼 때, 제가 누군가를 평가하는 상황이 정말 조심스럽습니다. 그럼에도 권력 감사가 본령인 기자직을 업으로 삼고 있기 때문에, 정치인과 권력자들을 매의 눈으로 지켜보는 것은 어쩌면 숙명 같은 일이기도 합니다.

기자들은 일반적으로 취재 과정에서 자기가 말하기보다, 주로 상대방의 말을 듣습니다. 상대의 입에서 나오는 정보를 수집하기 위해서인데, 맞장구를 치면서 상대가 말을 더 많이 하도록 유도합니다. '주화삼분(酒話三分)'이라고 술에 취해도 알고 있는 것의 1/3만 말하고, '화류반구(話留半句)'라고 절반만 말하고 절반은 마음속에 담아두죠. 이 책을 쓰는 과정에서도 그와 같은 마음으로 임했습니다.

산 정상에 올라서야 비로소 주변 전체를 한 눈에 볼 수 있지만, 중간 봉우리에서 볼 수 있는 장면들도 분명히 있습니다. 기자의 취재도 마찬가지입니다. 다각도에서 다양한 사람들의 이야기를 들어야, 실체적 진실에 보다 가까이 접근할 수 있습니다. 책을 쓰면서 정말 많은 분들을 만났고, 이념적으로 경도된 시각을 보이지 않도록 일부러 더 부족할 것 같은 부분을 넉넉히 채워나갔습니다.

이 책은 제가 각각의 취재 과정에서 겪고 느꼈던 '유의미한' 내용을 정리했는데요. 특히 문재인 정부 시절 제가 청와대를 출입했던 2년 여 기간이, 향후 윤석열 정부 출범에 어떤 영향을 미쳤는지 등을 통시적 관점과 공시적 관점에서 각각 서술해봤습니다.

당시 청와대 핵심 인사들은 어떤 생각을 하고 있었고, 그들의 언행 이 어떤 배경에서 발현된 것인지에 대해 사건이 아닌 인물 중심으로 풀어보고자 했고요.

문재인 전 대통령과 북한 김정은 위원장의 만남은 정치부 기자의 취재 영역을 대한민국에서 한반도 전역으로 넓혔습니다. 김정은과 미국 도널드 트럼프 대통령의 싱가포르 정상회담과 하노이 정상회담 등은 한반도 정치가 세계 외교무대의 중심부로 진입했던 일대의 사 건이기도 했고요.

그런데 그 시기에 저는 '누군가는 해야 할 일'이라고 되뇌며, 오히 려 청와대 민정수석실 주변부 취재에 더 집중했던 것 같아 한 편으로 는 반성과 후회도 됩니다. 어디를 바라보든, 마음은 '정부 청사 창성 동 별관 3층'에 계속 머물렀으니까요.

당초 기획했던 것과 제가 취재했던 내용의 상당 부분을 책에서 들 어내는 결정을 내리면서, 보다 재밌고 유익한 내용으로 나머지 부분 을 채우고자 노력했습니다. 널리 알려진 영화나 음악, 소설과 시 등을 소재로 활용해 정치에 관심이 없는 분들이 읽기에도 거부감이 덜할 수 있도록 구성했습니다. 나름의 노력을 했는데, 독자 분들께서 어떤 평가를 내릴지 걱정도 되고 궁금하기도 합니다.

이와 함께 제가 그동안 정치권 취재를 하면서 아쉬웠던 부분, 기대 가 실망으로 바뀌었던 부분을 마지막 장에 배치하면서 '앞으로는 정 말 달라질 수 있기를' 염원하는 마음도 담았습니다.

특히 우리 정치가 불필요한 정쟁을 뒤로한 채, 사회적 약자를 더 배려하고 보다 성숙한 모습을 보여 달라는 촉구도 에둘러 했고요.

막스 베버는 저서인 『직업으로서의 정치』에서 "정치를 직업으로 삼는 사람은 누구나, 모든 폭력성에 잠복해 있는 악마적 힘들과 관계를 맺게 된다"고 했습니다. 그러면서 그 힘을 적절히 제어하기 위해 정치인이 갖춰야 할 자질로 열정, 책임 의식, 균형 감각을 꼽았습니다. 정치를 하기 위해 반드시 갖춰야할 자질이라는 것이죠.

이와 함께 교양과 절제 역시 정치 리더가 반드시 갖춰야 할 필수 덕목이기에 부족함 없이 지녀야 할 것이고요.

이 책으로 인해 우리 사회가, 우리 정치권이 조금이라도 진일보 할 수 있게 된다면 더할 나위 없을 것 같은데요. 제 필력이 많이 부족해 읽는데 어려움이 있으실 것으로 생각되고, 취재 또한 미흡해 불편하고 언짢은 부분도 있으실 거라 생각됩니다. 혹시라도 제 글로 인해 상처가 됐다면 이 글을 빌어 본의가 아니었고, 진심으로 죄송하다는 마음을 전하고 싶습니다.

혹시라도 잘못된 내용이 언급돼 수정을 필요로 하는 부분이 있다면, 언제든 말씀해달라는 이야기도 드리고 싶습니다. 추가 인쇄 과정에서 반드시 바로 잡겠습니다.

이 책이 나오기까지 많은 분들의 도움이 있었는데요. 우선 책을 쓸 엄두를 낼 수 있도록 저술 지원을 해주신 방일영 문화재단과 출판을 결정해주신 도서출판 글마당 하경숙 국장님께 감사하다는 말씀을 드리고 싶습니다. 저술 간 영감을 전해준 TV조선 선거방송기획단 동지들과 작가님들에게도 감사 인사를 전합니다. 표지디자인 작업을 도와준 김혜원 씨의 노고도 빼놓을 수 없습니다.

가족들도 큰 힘이 돼 줬는데, 책을 바로 한 권 더 써야 하는 상황이라 제대로 된 감사 인사는 그 때 다시 묶어서 하도록 하겠습니다.

저는 누구를 비판해야 한다거나 심적으로 불편한 기사를 쓰기 전에는, '피겨 퀸' 김연아 선수가 사실상 선수 생활을 마무리하며 '최후의 연기'를 했던 2014년 소치 동계올림픽 갈라쇼(gala show) 동영상을 봤습니다.

'편파 판정'으로 금메달을 강탈당한 것이라며 국민 모두가 분노하고 있을 때, 그 누구보다 억울했을 그가 반전과 평화의 메시지를 담은 음악에 맞춰 시종일관 넉넉한 웃음을 지으며 온몸으로 '괜찮다'는 마음을 표현했던 바로 그 동영상을 말이죠.

당시 김 선수가 '요란하지 않은' 디자인의 하늘색 의상을 입고, 존 레논(John Lennon)의 원곡을 에이브릴 라빈(Avril Lavigne)이 부른 '이매진(Imagine)' 갈라곡에 맞춰 연기했던 그 모습 다들 기억나실 텐데요.

"You may say i'm a dreamer, But i'm not the only one"이라는 가사가 나온 뒤 오른손 검지손가락을 앞으로 내미는 모습, 맨 마지막 소절인 "I hope someday you'll join us, And the world will live as one"이라는 가사가 나가고 연기를 마친 김 선수가 두 손 모아 기도하는 모습은 백 번을 넘게 봐도 그 때마다 감동이 벅차오릅니다.

책을 쓸 당시에도 민감한 내용을 다루기에 앞서, 김 선수 동영상을 보면서 마음이 평온하고 따뜻해질 수 있도록 했는데요. 마음 속 '온기'가 필요할 때마다, 늘 넉넉하게 제공해주신 '국민 영웅'에게도 감사함을 전하고 싶습니다.

목차

2장 바라볼 '대통령 윤석열'의 시간

3장 청와대 출입기자가 본 조국의 시간, 윤석열의 시간

4장   정치부 기자가 본 여의도 정치

5장 보고픈 정치권의 모습

1장

제 20대 대통령 선거를 되돌아보며

급한데 손발이 묶인 후보,
과거의 적이 손발이 돼준 후보

아무리 강력하고 유력한 대선 후보라 할지라도, 언필칭(言必稱) '레이스(race)' 도중 피할 수 없는 도전(挑戰)적 요소를 만나게 되는데요. 돌이켜보면 지난 제 20대 대선에서 국민의힘 윤석열 후보와 더불어민주당 이재명 후보 모두 비슷한 성격의 도전을 받았습니다.

제 18대 대선에서 진검승부를 펼쳤던 박근혜·문재인 전 대통령과의 '관계 설정'이 바로 그것이었는데요.

윤 후보는 '박근혜 전 대통령 탄핵 이슈'가 다시 부각되지 않아야, 이 후보는 '문재인 대통령 실정(失政) 비판하기'를 충분히 해낼 수 있어야 각각 스윙 보터(swing voter) 중도층 공략이 가능했기 때문입니다.

역대 대선에서 현직 대통령의 지지율이 여당 대선 후보 지지율 보다 높았던 적은 없었습니다. 하지만 제20대 대선에서는 당시 현직이었던 문재인 전 대통령 지지율이 이재명 후보 보다 높았습니다.

지난 대선이 사실상 양자구도였던 점을 감안하면, 이재명 후보는 과반에 가까운 득표율이 필요했는데요. 그 당시 문 대통령 지지율은,

제 19대 대통령에 당선됐을 때 받았던 득표율인 41% 정도에 머물렀습니다. 과반에는 못 미치지만, 그렇다고 이 후보가 정색하고 '각 세우기'에 나설 수도 없는 그야말로 애매한 수치였죠.

'5자 구도' 속에서 당선된 문 전 대통령의 득표율은 3김(김영삼·김대중·김종필) 모두 출마해 '4자 구도' 하에서 역대 최저 득표율로 당선된 노태우 전 대통령(득표율 36.6%) 다음으로 낮았습니다.

사실상 '양자 구도'였던 이재명 후보는 41%의 득표율로는 정권 재창출이 불가능했기에 머릿 속이 복잡할 수 밖에 없었습니다. 이 후보보다 문 대통령의 지지율이 더 높고 견고했기 때문에, 섣불리 때릴 수도 없고 진퇴양난(進退兩難)의 상황이었던 것이죠.

'정권 교체' 희망 여론이 선거 막판까지 과반 이상이었던 것을 감안하면 이 후보 본인이 가장 답답했을 것 같습니다. 그의 강점인 '유연하고 활달한 이미지'를 제대로 살리지 못한 채, 도리어 '우유부단하고 신중하지 못하다'는 비판을 본의 아니게 들어야 했으니 말이죠.

문 전 대통령은 1,342만 3800여 표로 권좌(權座)에 올랐는데, 이 후보는 1,614만 7000여 표를 얻고도 패했으니 '선거 복기(復碁)' 과정에서 많은 생각이 들었을 것 같은데요. 정치를 하다 보면 의(義)로운 일을 할 때도 있고, 이(利)로운 일을 할 때도 있습니다. 당시 이재명 후보 역시 여권 입장에서 의로운 일과 이로운 일 사이에서 장고(長考)를 거듭했을 것이라고 생각됩니다.

권력 의지와 인간관계는 항시 충돌합니다. 과거 이명박 전 대통령은 정주영 전 현대그룹 회장이 국민당을 창당했을 때 소위 말하는 '러브콜'을 받았습니다. 기업인 시절 인간 관계를 감안하면, 거절하기 쉽지 않았을 것입니다. 하지만 이 전 대통령은 고민 끝에 정 전 회장과 결별했습니다. 당시 그의 선택에 대해 '옛정보다는 미래 권력을 선택했다', '권력 의지가 강하다'고들 평가했고요.

이런 상황을 종합해볼 때, 권력은 우정과 윤리, 규범 등 큰 틀에서의 '도덕적 행위'만 앞세워서는 도달할 수 있는 목표가 아니라는 결론에 이르게 됩니다. 그렇게 때문에 정치부 선배기자들이 '정치 현실'이라는 오묘한 표현을 사용했나 봅니다.

윤석열 후보를 위협할 수 있었던 '잠재적 도전 요소'도 살펴볼까요? 윤 후보는 '탄핵의 강'을 무탈하게 잘 건넌 덕분에 권좌에 올랐다고 봐도 무방할 것입니다. 그런데 엄밀히 따져보면 지략의 승리라기 보다는, 중도보수층에서 '정권 교체를 위해 단일대오를 유지해야 한다'고 결심한 덕을 많이 봤습니다.

서로 진저리나게 싸웠던 친이-친박 세력이 '한 몸'이 돼 윤 후보를 도왔고, 특히 친박 진영에서 '적폐 청산' 기치를 내걸고 박근혜 전 대통령을 수사했던 윤 후보에 대한 '섭섭했던 과거'를 묻어둔 것이 지지 세력 이탈 방지에 결정적 역할을 했습니다.

친박 진영에서 이른바 '내부 총질'로 압박하지 않았기에, 윤 후보가 '발언 수위'에 대한 고민과 중도층 이탈 걱정을 면할 수 있었던 것이죠. 선거 막바지에는 '사면된 박근혜 전 대통령의 언행'이 변수가 될 수 있다는 관측도 있었지만, 그 역시도 기우에 그쳤습니다. 박 전 대통령도 과거의 악연(惡緣)은 뒤로한 채, 침묵하는 것으로 '사실상' 윤 후보를 지지했습니다.

'내 사전에 불가능이란 없다'는 유명한 말을 남긴 나폴레옹 보나파르트(Napoleon Bonapart)는 "내가 언젠가 마주칠 재난은, 내가 소홀히 보낸 어느 시간에 대한 보복"이라고 했습니다.

급한데 손발이 묶인 후보, 과거의적이 손발이 돼 준 후보

초보 정치인들은 '꿈같은 승리'를 기대하기도 하는데, 사실 '꿈같은 승리'는 존재하지 않습니다. 아주 이따금 접하게 되는 기적도, 사실은 기적적으로 만들어지지 않습니다. 도전을 이겨낸 '준비된 승리'와 잘 짜인 각본에 의한 '만들어진 기적'만 있을 뿐입니다. 제대로 준비가 안 됐거나, 각본이 부실했다면 필연적으로 패할 수밖에 없는 것이죠.

제20대 대선에서 이재명 후보가 패하고, 윤석열 후보가 승리할 수 있었던 요인도 크게 보면 이 범주를 벗어나지 않았고요.

전장을 충청이 아닌 호남에 세운 尹

투표함을 열어봐야 비로소 누가 이겼는지 알 수 있는 선거는 그리 많지 않습니다. 정명훈 음악감독이 이끄는 오케스트라의 작품성이 연주 당일 결정되지 않듯 말이죠.

여론조사 기법도 하루가 다르게 진일보 해, 경향과 추세 등을 보면 미세한 차이일지라도 승자를 예측할 수 있습니다. 선거운동 국면에 격차가 커지거나 줄 수 있지만, 승패 자체가 바뀌는 경우는 그리 많지 않았습니다. '판세를 굳히는 인재 영입'도 전체 구도가 유리하게 형성돼야 수월해지기 마련이고요.

앨빈 토플러는 저서인 『전쟁과 반전쟁』에서, 풍부한 정보에 기초한 전쟁을 치른다면 화력소요까지 줄일 수 있는 '효율적 싸움'을 할 수 있다고 조언했습니다. '머리를 쓸 줄 알 것', '다양한 환경에 대처할 수 있을 것', '불확실성의 상황에서 섣불리 결정하지 않을 것', '기존 권위에 의문을 던질 것' 등을 강조하면서요.

그런데 이는 모두 '사전 구도잡기'와 직간접적으로 연결돼 있습니다. 선거를 앞두고 거센 흥행 바람을 일으킬 수 있도록, 미리 길을 터놓는 작업이 그 때 이뤄지기 때문입니다. 씨름이나 팔씨름 경기를 할 때 경기 시작 직전까지 서로 샅바싸움을 하면서 상대방 자세에 대한 어필을 계속하는 것도, 경기 전에 이미 승패를 결정하는 '구도'와 맞닿아 있어서 입니다.

우리 선거사에서 '구도'라는 말과 함께 가장 많이 언급된 단어는 아마도 '지역'이었을 텐데요. 선거를 앞두고 '지역 구도'를 유리하게 잡아가는 것이 만고불변의 필승 전략이기 때문입니다.

선거 승리를 목표로 한 지역 간 연대는 제 15대 대선에서 가장 드라마틱하게 나타났는데요. 제 14대 대선에서 3당 통합으로 호남을 포위했던 김영삼 전 대통령의 전략을 반면교사 삼아, 김대중 전 대통령은 '과거의 적'이었던 김종필 전 자유민주연합 총재와 손을 잡고 TK 지역을 역포위했습니다. 신한국당 이회창 후보는 사방이 포위된 상태에서 싸웠기 때문에, 그의 '대세론'은 유명무실할 수밖에 없었습니다.

노무현 전 대통령은 제 16대 대선 당시 김대중 대통령의 세 아들이 구속되는 악재 속에서, 그러니까 승리가 불가능해 보이는 선거에서 이기는 기적(奇蹟)을 연출했습니다. 대통령의 세 아들이 구속되는 상황에 이르렀으니, 야당의 이회창 후보는 자연스럽게 '부패 정권 심판' 슬로건을 꺼내들었는데요.

이에 노 전 대통령은 3김 세력에 이 후보까지 한 데 묶어 '낡은 정치' 청산론으로 맞불을 놨습니다. DJ 정부 시절 5년 간 야당 총재를 지낸 이 후보 역시 졸지에 심판 대상이 돼 버렸던 것이죠.

당시 노 전 대통령은 모든 선거 전략의 기본이 되는 '지역 구도 잡기'도 게을리하지 않았습니다. 시계 바늘 돌아가는 방향대로, 영남(PK)에서 출발해 호남을 흡수하고 충청을 찍은 뒤, 다시 수도권으로 북상하는 흐름으로 차근차근 지역별 민심 잡기에 나섰습니다.

여기에 더해 유권자를 세대별로 쪼개, 지역 감정에 구애 받지 않는 '무조건적 우군 연령층'도 확보했습니다. 그는 제16대 대선을 2년 앞두고 당시로는 획기적인 방식인 '사이버 보좌관'을 100명 넘게 임명하면서 지원군을 전국적으로 확대해갔는데요. 그때 뿌려놓은 씨가 2년 뒤 열매를 맺었다고 봐도 무방하겠죠?

지역과 세대 그리고 온 오프라인을 넘나든 결과, 노 전 대통령은 DJ 때보다 오히려 더 큰 격차로 이회창 후보에게 또 다시 패배의 쓴 잔을 안겼습니다. 1997년 대선 당시 김대중 후보와 이 후보의 득표 격차는 1.4%포인트, 약 50만표 차이였는데요. 2002년 대선 당시 노무현 후보는 이 후보에게 2.3% 포인트 차, 득표로 따지면 대략 70만 표 차 승리였습니다. 5년 전 선거 보다 격차가 더 벌어진 것이죠.

이 후보 입장에서는 전체 분위기상 '질 수 없던 선거'였는데, 느슨하게 맞섰으니 격차가 더 벌어질 수밖에요. 당시 한나라당은 시골길을 거칠게 운전하는 사람을 배경으로, "누가 대한민국을 운전해야 하겠습니까"라는 문구가 등장하는 TV광고를 제작했습니다. 소재로 쓰인 '시골길'과 '난폭 운전'은 속된 말로 촌(村)스럽고 어설펐죠.

이에 반해 노 전 대통령은 직접 통기타를 연주하며 상록수를 부르고, 평화의 메시지를 담은 존 레논(John Lennon)의 곡 '이메진(Imagine)'이 흘러나오는 가운데 눈물까지 흘렸습니다. 그러니 뚜껑을 열어보지 않고도 결과 예측이 가능했던 겁니다.

서두가 길었는데, 국민의힘은 제20대 대선에서 전장(戰場)을 호남에

전장을 충청이 아닌 호남에 세운 尹

세웠습니다. 그 이전 대선까지는 민주당 주도로 전장이 충청이나 영남에 세워졌는데요, 이번에는 사상 초유로 전장이 호남에 세워진 겁니다.

민주당은 앞서 소위 '동남권 신공항' 공약으로 PK(부산경남)와 TK(대구경북)를 갈라놓으면서 TK를 고립시키는 전술, 혹은 행정수도 이전 등의 '충청 표심 자극 이슈'를 앞세워 지역 구도를 유리하게 잡아갔는데요. 이번에는 역으로 국민의힘이 '유독 호남에만 대형 쇼핑몰이 없다. 민주당이 그동안 반대해서 만들지 못했는데, 국민의힘이 유치하겠다'며 호남 유권자를 파고들었습니다.

윤 대통령이 호남 지역에서 10% 넘게 득표한 이유가 호남 쇼핑몰 공약 덕분인지 호남 출신 영입 인사들의 노고 덕분인지, 아니면 호남 유권자들의 소신 투표 덕분인지는 사실 잘 모르겠습니다.

하지만 분명한 사실은 전장이 민주당의 텃밭인 호남에 쳐지면서, 국민의힘은 수비보다는 공격 위주로 선거에 임할 수 있었다는 점입니다. 선거의 승패를 가르는 구도, 다음 장에서 조금 더 살펴볼까요?

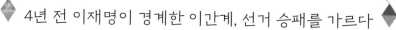
4년 전 이재명이 경계한 이간계, 선거 승패를 가르다

'전쟁에서 이기려면 전선을 끌어와야 한다'. 프로이센 왕국의 군인 이자 군사학자인 '카를 폰 클라우제비츠(Carl von Clausewitz)'가 자신의 저 서인『전쟁론』을 통해 설파(說破)한 군사 격언인데요.

책에서 언급된 '전선을 끌어오라'는 말은 결국 부각시키고 싶은 부분은 논쟁을 일으켜 이슈화하고, 부각시키기 싫은 부분은 그곳에 서 전선이 형성되지 않도록 미연에 방지해야 한다는 뜻일 겁니다.

클라우제비츠는 비록『전쟁론』을 완결하지 못한 채 운명을 달리했 지만, 그의 아내가 그 기록을 찾아 세 권의 책으로 발간한 덕분에 '불 후의 전쟁 이론서'로 사후에 빛을 보고 저 또한 인용할 수 있게 됐습니 다. 그야말로 부창부수(夫唱婦隨)였던 부부 덕분에요.

제15대 대통령 선거를 일 년 반 정도 앞뒀던 1996년의 어느 봄날, 새정치국민회의 김대중(DJ) 총재는 김종필(JP) 총재의 자유민주연합과 정책 공조를 추진했습니다.

두 분의 정치 성향은 정반대였고 이념을 비롯해 지향점도 180도 달랐지만, 대선 승리를 위해 DJ가 손을 내밀었습니다. 지역적으로는 충청, 이념적으로는 보수, 국제 관계로 봤을 때에는 미국과 서방 세력에게 보내는 '믿어달라'는 메시지로 풀이됐지요.

DJ는 구애에 앞서, 측근들에게 '유럽의 연립정부 사례'를 언급하면서 이와 관련한 이론적 토대를 만들라고 주문했습니다. '선거를 앞둔 합종연횡(合從連衡)'이라는 지적에 대비해, 보수와 진보의 결합은 세계사적 흐름이라고 맞받아칠 준비까지 했던 것이죠.

결과적으로 DJP 연합은 대선 승리의 기반이 된 충청 표심 확보와 함께, DJ를 괴롭히던 '색깔론' 꼬리표까지 말끔하게 걷어냈습니다. 대선 전략으로 대성공이었던 것이죠. 당시 보수 진영에서는 '원칙 없는 이합집산', '선거 승리를 위한 정략적 행태'라고 비난했지만, 딱 거기까지였습니다. 권력을 내주는 것 외에는 어쩔 도리가 없었죠.

2002년 대선도 살펴볼까요? 당시 새천년민주당 노무현 후보는 '3김 정치'로 대변되는 구시대 정치 청산과 함께 망국적(亡國的) 지역감정도 청산하겠다고 주장했습니다.

그런데 아이러니하게도, 실제로는 철저히 지역구도에 편승한 선거 전략을 짰습니다. '호남지역을 기반으로 하는 정당에서 영남 출신 후보를 내세워 충청권을 사로잡을 행정수도 이전 공약'으로 대권을 차지하려 했던 것이죠. 이와 같은 전략은 잘 맞아떨어져 이회창 후보가 자주 찾으며 공을 들였던 'PK의 심장' 부산역 광장과 이 후보의 부친이 태어난 충청도에서도 표심 이탈이 가속화됐습니다.

새로운 스타는 새 무대에서 탄생한다고 하지요? 한나라당은 5년 뒤 2007년 대선에서는 판 자체를 뒤집었습니다. 이명박 후보는 사실상의 본선이라고 평가 받았던 당내 경선에서부터 과학 비즈니스 도시 건설과 한반도 내륙 운하 공약을 내놨는데요.

특히 눈여겨 볼 부분이 과학 비즈니스 도시는 충청권에, 내륙 운하 거점은 호남 한 곳과 대구로 못 박았다는 점입니다. 캐스팅보트를 쥔 충청권과 두 자릿수 지지를 얻어야 하는 호남권, 박근혜 후보의 정치적 고향인 대구 지역을 파고드는 전략이었습니다. 예선으로 보나 본선으로 보나, 5년 전과 달리 머리를 굉장히 잘 썼다는 느낌이 드실 겁니다.

당시 이명박 후보에게 안방을 내줬던 박근혜 후보는 그로부터 5년 뒤인 2012년 대선에서 전선을 어떻게 끌어와 권좌에 올랐을까요? 한나라당은 2010년 지방선거와 2011년 서울시장 보궐선거를 거치며 민주당에게 주도권을 완전히 빼앗겼습니다. 당시 민주당은 소위 '무상급식 정책'으로 대변되는 복지 이슈를 앞세워 정권 교체까지 해낼 수 있는 분위기였습니다.

이런 흐름 속에서 박근혜 후보는 새누리당으로 당명을 바꾸고, 김종인 전 보건사회부 장관을 영입해 진보 진영의 주무기였던 '경제민주화 이슈'를 전면에 내세우면서 기초연금 20만 원 지급도 약속했습니다. 당시 박근혜-문재인 두 후보의 복지 관련 공약을 비교했을 때, '큰 차이가 없다'는 평가가 나왔을 정도로 전장을 상대 텃밭에 넓게 쳤습니다. 선거에서 질 수 없는 전선이었죠.

'탄핵정국'을 거치며 소위 폐족(廢族)으로 몰렸던 국민의힘은 지난 20대 대선에서 어떤 전술로 필승 전략을 공고히 했을까요? 국민의힘은 각종 여론조사 결과, 지속적으로 과반 이상의 수치를 보여온 '정권교체 희망' 응답과 문재인 대통령에 대한 40%대의 지지율을 배합해

4년 전 이재명이 경계한 이간계, 선거 승패를 가르다

'문재인-이재명'을 한 팀으로 엮는 전술을 썼습니다.

현직 대통령과 차별화를 하면서 '정권 재창출'이 아닌 '사실상의 정권 교체' 흐름으로 연결시켜야 하는 이재명 후보의 손발을 묶어 버린 것이죠. 나아가 그 과정에서 양측의 분열을 은근슬쩍 기대해 볼 수도 있었고요.

'정권 교체를 희망하는 과반 이상의 여론'은 문 전 대통령이 추진한 정책 등 '국정 운영 전반'을 비판한 건데, 그런 상황 속에서도 40%대 지지율이 유지될 수 있었던 것은 '대통령의 인품(人品)'에 기인한 측면이 컸던 것으로 분석됐습니다.

국민의힘에서는 이 같은 복합적 상황을 최대한 선거에 활용하려 했고, 이는 실제로 선거 막판까지 상당 부분 효과를 발휘한 전술로 평가받았습니다. 4년 전 이재명 후보가 우려했던 일종의 이간계(離間計)라고 해야 할까요?

이 후보는 경기지사 시절이었던 지난 2018년 11월, 자신의 페이스북에 글을 올리면서 '이간계'라는 표현을 썼습니다. 그는 '트위터 계정주 사건의 본질은 이간계'라는 제목의 글에서, "검찰 제출 의견서를 왜곡해 유출하고 언론플레이하며 이간질에 앞장서는 사람들이 이간계를 주도하는 사람들"이라고 주장했습니다. 그러면서 "우리는 문재인 정부 성공, 민주당 정권 재창출이라는 역사적 책임을 다해야 하고 차이를 넘어 단결해야 합니다"라고 호소했습니다.

아내인 김혜경 씨 관련 의혹을 반박하는 과정에서 당시 이 후보가 직접 올렸던 글인데요. 지난 20대 대선 과정을 지켜 보면서 그 내용과 표현을 다시 한 번 곱씹어 보게 됐습니다. 이 후보는 과연 5년 뒤 대선에서는 전장을 잘 끌어와 필승 전선을 칠 수 있을까요?

저는 윌 스미스 주연의 영화는 거의 챙겨본 것 같은데요. 'Mr. 히치 - 당신을 위한 데이트 코치' 역시 재밌게 본 영화 가운데 하나입니다. 윌 스미스가 연기했던 '히치'는 여성 앞에서만 서면 수줍어 하는 남성들의 연애를, 돈을 받고 비밀리에 도와주는 '성공율 100%의 전설적인 데이트 코치'입니다. 명성이 자자한 연애학 박사죠.

이 영화처럼 정치인이 자신의 진심을 전할 수 있도록 매 상황마다 '족집게 조언'을 해주는 조력자가 곁에 있다면 얼마나 든든할까요?

만약 윌 스미스 곁에 '히치'가 있었다면, 제94회 아카데미 시상식에서 그의 배우자를 거론하며 '과도한 농담'을 던진 동료 배우에게 어떤 방식으로 항의하라고 했을까요?

인지심리학의 '게슈탈트 이론(Gestalt theory)'에 따르면, 사람들은 어떤 장면을 접했을 때 장면을 분리해 기억하는 것이 아니라 전체적인 느낌으로 받아들인다고 합니다. 비슷한 내용이나 이미지를 한 데 묶고, 중간에 빠진 정보는 알아서 채워 넣는 방식으로 이해한다는 것이죠.

이 이론을 정치에 적용해보면, 설령 자질이 부족한 정치인일지라도 '히치' 같이 뛰어난 이미지 컨설턴트를 만나면 좋은 이미지로 각인돼 대중의 사랑을 넉넉하게 받을 수 있을 것입니다. 즉, 전략가의 역량에 따라 자신이 지니지 못한 능력도 마치 있는 것처럼 느끼게 할 수 있고, 혹은 드러내고 싶지 않은 부분도 잘 포장해 유권자에게 좋은 이미지만 남길 수도 있다는 건데요.

이 같은 잣대로 20대 대선을 되돌아보면, 여야 양강 후보 모두 '비호감' 이미지가 있었으니 캠프 내 전략가가 제대로 된 컨설팅을 못했다고 볼 수도 있겠습니다. 후보의 자질을 논하는 것이 아닌, 단순 '포장' 차원에서 말이죠.

민주당 이재명 후보는 당내 경선 승리 직후, 제 판단에는 '미래권력 이재명'을 홍보하고 세일즈 하기보다 노무현 전 대통령이 떠올려지는 행보를 이어간 듯한 모습이었습니다.

노 전 대통령이 2002년 대선을 승리로 이끌었던 것은 '20년 전 노무현에게 최적화된 전략'을 사용한 덕분인데, 이 후보는 당시 전략에서 큰 변화를 주지 않고 사실상 그대로 가져다 쓴 것 같은 느낌이었습니다. 이 후보의 동선과 메시지를 보면 말이죠.

제 판단이 잘못됐을 수 있겠지만, 주변에 저와 비슷한 감정을 느끼는 '중도 성향' 분들이 적지 않았던 것으로 봤을 때 대체로 비슷한 생각들을 한 듯합니다.

제가 이 후보의 참모였다면 경선 승리 직후 코로나19 재확산세를 감안, '경기지사 이재명'의 대표적 치적인 '드라이브 스루(drive-through)

선별진료소'를 가장 먼저 찾도록 했을 것입니다.

과거 이재명 지사가 일궈낸 성공 사례를 유권자에게 재차 각인시킬 수 있고, 그와 동시에 위기관리에 능하다는 이미지도 전면에 내세울 수 있기 때문입니다. 그런 다음 대기업 등을 찾아 '고용 유지'를 당부하면서, 그 과정에서 기업가들의 애로사항도 청취했다면 더 좋았을 것 같다는 생각이 들었습니다.

이 후보는 경선 승리 직후 '더 좌클릭' 행보를 이어가다, 본격 선거운동 기간이 임박해서야 비로소 중도층 잡기로 방향을 틀었습니다. 그렇기 때문에 더욱 초반 행보에 아쉬움이 남는 것이죠.

민주당의 대선 승리를 위해서는 중도와 합리적 보수 성향의 유권자를 향한 '러브콜'을 빼놓을 수 없는데, 기왕 할 거 진정성을 의심받지 않도록 초반에 잘 다져놨다면 더 좋았을 것 같아서요. 당시 일정을 주도했던 이 후보의 참모 분들은 제 생각에 동의하지 않겠지만요.

같은 이유로 윤석열 후보의 경선 승리 직후 행보도 '참모 시각'으로 바라보면 아쉬움이 남습니다. 1997년과 2002년 대선에서 잇따라 패한 이회창 후보의 모습이 그려졌기 때문입니다.

윤 후보는 당시 일자리와 부동산이 아닌, 공정과 상식을 전면에 내세웠는데요. 이는 20년, 24년 전 이회창 후보의 아름다운 원칙, 법치확립이라는 슬로건과 사실상 같은 내용이었습니다.

이회창 후보는 과거 국무총리 이임식 자리에서 "법과 질서를 존중하는 것이 국가발전의 요체라는 소신을 실현하기 위해 최선을 다해 노력했지만 이렇다 할 성과를 거두지 못한 채 떠나게 됐다"고 말할 정도로, 평소 법치와 원칙을 강조했는데요. 그는 정계에 입문해서도 '법질서 존중이 국가발전의 요체'라는 소신에 사로잡힌 탓에 대권을 놓

윤석열·이재명 후보의 답습

쳤다는 평가를 받았습니다.

국민 대다수는 '안정된 일자리'와 '따뜻한 잠자리'를 희망합니다. 우리나라를 선진국의 문턱까지 올려놓은 것은, 엄밀히 따지면 정치가 아니라 경제였습니다. 정치는 서민들이 일터로 나가 열심히 일할 수 있도록, 그들에게 '잘 먹고 잘 살 수 있다'는 꿈과 희망을 심어주는 역할을 했고요.

그런 측면에서 대선 후보가 나의 삶 속에서 벌어지는 현실(現實)이 아니라 공정과 법치 등 원칙(原則)을 전면에 내세우는 것은, 국민들의 기본적 욕구를 충족시키기에 '2%'가 아니라 '20% 이상' 부족한 슬로건입니다. 경제를 살릴 리더라는 느낌보다 'MR. 법치' 이미지에 머물 뿐이니 말이죠.

만약 윤 후보의 경쟁자가 '문재인+이재명'이 아닌 DJP 연합이었다면, 고전했을 것이라는 관측이 나오는 이유도 이 때문입니다.

노무현 후보의 승리로 귀결된 2002년 대선 결과는, 당시 사회의 주류 세력들에게 큰 충격을 준 일대의 변혁(變革)이었는데요. 당시 한나라당 부총재를 지낸 한 인사는 "우리는 당시 사회가 많이 변했고, 또 계속 변하고 있는 것을 전혀 알지 못했다"며 "뒤늦게 정신을 차려보니 우리는 사회의 큰 물결에서 상당히 벗어나 있었다"고 회고했습니다.

아무리 유력한 정치인일지라도 패배를 답습하는 모습에서 벗어나지 못한 채, 민심과 유리된 언행을 이어간다면 또 다른 패배의 길로 들어설 것입니다. 그것도 매우 신속하고 정확하게요.

축제인지 장례식인지, 선거 전 분위기 파악부터

고통 받고 살던 사람이 생을 마감하고도 하늘로 올라가지 못한 채 '표랑혼(漂浪魂)'이 돼 세상을 떠돌아다닐 정도라면, 아마 그에게 맺힌 한(恨)의 크기는 짐작하기 어려울 정도로 컸다고 볼 수 있는데요. 최근 코로나19 여파에 경제난까지 복합적으로 더해지면서, 안타깝게도 각 종 한을 안고 살아가는 분들이 급격히 늘어난 듯합니다.

한은 욕구 좌절이나 계획 실패에서 오는 '내부 원인'을 비롯해, 국가 나 사회의 정치·경제·제도적 불평등과 소외 등 '외부적 환경'으로 인해 발생하기도 합니다. 한을 참고 살다 화병(火病)이 나기도 하고, 다른 질 병의 원인이 되기도 하는데요. 한을 다루는 방법은 '참고 견디는' 억제 (抑制)와 '승화시키는' 용서(抑制) 등 크게 두 가지입니다.

한을 풀기 위해 용서한다? 다소 생소하게 느껴질 수도 있을 텐데, 용서를 통해 한을 해결할 수 있다는 메시지를 전해준 소설이 이청준 선생님의 『서편제』입니다. 그리고 이를 영상으로 구현한 영화 '서편 제'도 관객들에게 큰 공감을 얻어냈고요.

사실 각박한 현실을 살아가는 일반인들에게 선뜻 '용서가 진리요, 생명'이라는 교조적(敎條的) 가르침, 속된 말로 '꼰대짓' 하기에는 무리가 따르기 마련입니다. '남의 속도 모르고' 무책임하게 말을 던진다는 비난을 받을 수도 있기에 '눈치'를 잘 살펴야 하는데요.

한은 스토리가 있어 서리고 쌓이고, 응어리지는 경우가 일반적입니다. 살풀이춤은 대부분 땅으로 향하는 느낌이 드는데요. 땅에 묻어버리는 듯한 느낌이라고 할까요? 반면 그 대척점에 있는 '흥(興)'은 대부분 감각기관을 통해 퍼포먼스로 분출됩니다. 하늘로 솟아 소멸되는 듯한 느낌이라고 해야 할까요? 한국 무용과 달리 발레는 뭔가 하늘로 향하는 듯한 자세로 느껴지기도 하고요.

선거 날 유권자들이 투표장으로 나갈 때 모두가 같은 마음은 아닐 것입니다. 가슴에 한을 품고 갈 때도 있고, 혹은 흥에 이끌려 투표장으로 향할 때도 있습니다.

일반적으로 개별 후보나 정당에 대해 별다른 생각이 없는 분들보다는, 한이든 흥이든 특정한 마음을 가지고 계신 분들이 투표장으로 향할 가능성이 높은데요. 한이나 흥이 투표율 제고(提高)를 견인하고, 소위 말하는 '적극 투표층'이 되도록 인도하는 것이죠.

과거에는 대중들이 정치 집단에게 개인과 공동체의 삶을 위임하는 '대의 민주 시스템'을 따르려고 노력했지만, 지금은 그것만으로 충분하지 않다는 각성이 일고 있습니다. 국민의 위임을 배반하고 '정치 권력화' 하려는 시도를 막기 위해, 각자의 위치에서 정치권에 직·간접적으로 항의하거나 개선을 촉구하는 모습이 많아졌습니다.

그런데 대한민국의 정치인들 참 똑똑합니다. 유권자의 이런 모습들까지 다 감안해 선거 슬로건과 구호를 만드니 말이죠. 여권의 분위기가 좋은 상황에서, 한 번 더 밀어주고 믿어달라고 요구할 때에는 '계승'과 '추진'이라는 단어를 사용합니다. 반대로 정권 지지율이 바닥을 치면 야당에선 '교체', '척결'과 같은 심판성 구호를 넣고요. 같은 여당 내에서 '개혁', '대전환' 같은 표현이 등장하면 선거 분위기가 안 좋다는 뜻이겠지요?

선거는 축제라고 하지만, 정부의 실정을 심판하러 투표장으로 향하는 분들 입장에선 축제가 아니라 분노 표출의 장입니다. 결혼식 하객이 아니라 일종의 저승사자로 볼 수 있을 텐데요.

축제라면 시민들의 목소리가 떼창(Sing Along)*으로 들릴 수 있겠지만, 그게 아니라면 곡소리로 들려야 정상입니다. 동조행동이라는 측면에서 공통점이 있지만, 서로 정반대의 감정을 기반으로 나타난다는 점에서 상당한 차이가 있습니다.

정책이 큰 지지를 받고 있는데 '심판'이라는 용어를 꺼내거나, 반대로 여론이 악화된 상황에서 '계승'을 언급하면 민심과는 더욱 멀어질 것입니다. 결혼식장에 상복을 입고 간다거나, 빈소에 화려한 옷을 입고 조문가는 것을 떠올려 보면 이해가 쉬울텐데요. 최소한 이번 선거가 결혼식 분위기인지 장례식 분위기인지부터 제대로 파악해야 실패 확률이 줄어들 것입니다.

간혹 선거 초반까지는 축제 상황이 아니었는데, 중후반 이후 희망을 발견해낸 경우도 간혹 있었습니다. 난파 속에서 '거대한 돛'이 당을

---

* 우리말 '떼'와 노래를 부른다는 한자 창(唱)을 합성한 말.

축제인지 장례식인지, 선거 전 분위기 파악부터

살려낼 것이라고 믿고만 있으면 필패인데, 늦게나마 민심이라는 바람에 맞춰 당을 뜯어 고친다면 최악은 면할 수 있습니다. 진한 눈물을 흘린 다음에야 희망의 빛이 보이기도 하니, 선거 초반의 분위기가 좋지 않다고 해서 절망할 필요는 없습니다.

선거 도중 분위기 반전을 위해 회초리로 자신을 때리며 청렴을 다짐하는 회한(悔恨)의 눈물, 민심을 읽지 못했다며 한 번만 더 기회를 달라는 호소(呼訴)의 눈물, 세 걸음 걷고 한 번 절하며 흘리는 참회(懺悔)의 눈물 등 많은 종류의 눈물이 등장했는데요.

그 눈물에서 반성과 변화의 의지가 엿보이지 않았을 때는, 큰 효과를 발휘하지 못했습니다. 국면 전환을 위해서는 분위기 파악만큼이나, 진정성 묻어나는 '진실된 노력'도 부족함 없이 잘 해야겠지요?

대선 후보와 특검

독일의 대문호(大文豪) 괴테는 "최고의 표현은 그것이 현실성과 경합할 때"라고 했습니다. 현실과 동떨어진 표현은 아무래도 독자나 유권자의 마음을 사기 어렵겠지요. 정치인의 공약이나 슬로건도 이와 무관치 않습니다. 언행일치 여부를 판단하는 기준이 될 수 있기 때문입니다.

2007년 대선 당시 한나라당 이명박 후보 캠프는 '전체 득표율 55%에, 2위 후보와의 격차도 20% 이상 벌리는 것'을 목표로 했습니다. 하지만 투표 결과, 5년 전 노무현 후보의 득표율인 48.9% 보다도 낮은 48.7%를 기록했습니다. 선거 막판 무소속 이회창 후보가 합류해 3자 구도가 형성되면서 분위기가 많이 바뀐 탓이죠. 2위 후보와의 득표 격차가 26.1%로 벌어져, 목표를 상회한 것에 만족해야 했습니다.

당시 이명박 후보가 주가 조작 사건에 연루된 'BBK'의 실소유주라는 의혹이 제기된 점도 지지율 하락에 큰 영향을 미쳤습니다. 훗날 사실이 아닌 것으로 밝혀졌지만요. 이명박 후보의 대선 핵심 슬로건은 '실천하는 경제대통령'이었는데, 그에 못지않게 회자된 슬로건이

'잊지 말자 김대업, 속지 말자 (BBK) 김경준'이었던 것도 이 상황과 무관치 않았고요.

'BBK 특검' 이슈는 2007년 대선 국면 마지막까지 지속됐는데요. 이명박 후보는 대선을 사흘 앞둔 12월 16일 밤 11시 30분, 특검을 수용하겠다는 내용의 기자회견을 했습니다. 승부수를 띄운 것이죠.

다음날 신문 1면 톱기사는 전부 '이명박, BBK 특검 수용'이라는 제목이었고, 하단 광고는 10대 일간지 가운데 'NH 광고'를 실었던 A신문을 제외하고는 모두 특검 관련 정당 광고였습니다. 대선을 이틀 앞둔 아침 풍경은 사실상 '특검'으로 점철된 셈이었죠.

한나라당은 또 다른 광고에서 '저는 말 잘하는 사람이 아니라 일 잘하는 사람입니다. 대한민국은 이제 일 잘하는 사람을 원하고 있습니다'라는 문구도 썼는데, 특검 이슈를 덮을 정도는 아니었습니다.

20대 대선에서도 여야는 특검 관련 이슈로 공방을 벌였습니다. 그런데 이번에는 한 쪽에서 일방적으로 다른 한 쪽을 공격하기보다, 서로 치고받는 형태로 진행됐습니다. 그런데 양측 모두 큰 성공도 실패도 거두지 못한 채, 서로 공방만 벌이다 마무리 됐습니다. 아마도 15년 전 '특검 공방'이 어떤 식으로 전개됐고 어떤 영향을 미쳤는지를 면밀히 살펴본 뒤, 최적화된 공격과 방어 방식을 선택했기 때문으로 보입니다.

과거의 실패 경험을, 성공의 밑천으로 탈바꿈시키는 일은 의외로 간단할 수 있습니다. 문제를 정확히 파악한 뒤, 그에 맞는 처방을 찾아내 그대로 시행하면 되기 때문입니다. 만약 진전이 없다면 문제를 잘못 파악했거나, 혹은 맞지 않는 처방이 나왔거나 아니면 처방을 제대로 시행하지 않았기 때문일 것입니다.

에이스급 인사들이 모인 조직에서 이른바 자질이 부족해 진단을 제대로 못하거나, 혹은 알고도 시행하지 않는 경우는 많지 않습니다. 일을 처리하는 방식, 즉 어떤 처방을 내리는지에 대한 차이만 있을 뿐입니다. 이른바 '두견새 일화'가 그 차이를 잘 나타내는데요.

'울지 않으면 죽여버린다' (오다 노부나가)
'울지 않으면 어떻게든 울게 하겠다' (도요토미 히데요시)
'울지 않으면 울 때까지 기다리겠다' (도쿠가와 이에야스).

일본 전국시대 말엽 '전국 3영걸'이라 일컬어지는 오다 노부나가, 도요토미 히데요시, 도쿠가와 이에야스 등 세 명의 성격을 '두견새가 울지 않을 때'의 반응에 비유한 정형시로, 이들 세 명의 성격을 '현실성 있게' 적용해 본 글인데요. 이 같은 상황에서 독자 여러분들께서는 어떤 선택을 하시겠습니까?

율사 출신 정치인들을 보면 전제와 조건을 다는 '가언적 표현'을 자주 사용하는데, 정치 언어는 정언적이고 간결해야 울림이 있습니다. 그래야 숨은 속내가 없다고 생각할 것이고요.

대선 후보의 특검 수용도 여부도 마찬가지입니다. '가정에 가정을 거듭하면서' 받아들인다고 발표 한다면, 유권자들은 뭔가 다른 속내가 있을 것이라고 생각하지 않을까요?

반대로 선거 때만 되면 정치인들이 특검을 비롯해 무책임하고 실현 가능성 낮은 약속을 남발하는 것도 효과적으로 견제해야 합니다. 낭비적인 소비로 풍요로움이 드러나는 사회, 우리가 궁극적으로 그리는 지향점과 이상향은 아닐 테니까요.

대선 후보와 특검

효과적인 정치 커뮤니케이션

캐나다 출신 커뮤니케이션 이론가인 마셜 맥루한(Herbert Marshall McLuhan)은 "미디어는 메시지"라는 명언(名言)을 남겼는데요. 커뮤니케이션 미디어는 인간의 감각 기관이 확장된 형태라, 세상을 받아들이는 방식에 영향을 미친다는 주장은 설득력을 갖기에 충분합니다.

제 15대 대선을 코앞에 뒀던 지난 1997년 늦가을 당시 대한민국은 극심한 외환위기를 겪었는데요. 국민들은 국가 부도라는 최악의 위기 상황인 'IMF 체제'에서 하루 빨리 벗어나기를 염원했습니다.

그 당시 야당의 김대중 후보는 '준비된 경제대통령', '외교에도 능한 글로벌 정치인'을 슬로건으로 내세웠습니다. 국민들의 기대와 합치되는 메시지였지요. 반대로 여당의 이회창 후보가 내세웠던 슬로건은 '나라를 잘 다스릴 수 있는 후보'였습니다. 뭔가 조금 한가해 보이지 않습니까? 나라를 어떻게 잘 다스리겠다는 건지, 가장 중요한 '어떻게'가 빠져 있으니 말이죠.

이 후보는 국가부도 사태 등을 야기했다며, 당시 김영삼 대통령을 형상화한 인형에 불을 붙이는 화형식(火刑式)을 감행하기도 했는데요. 정작 국민들이 원하는 '해결 방안'은 시원하게 제시하지 못했다는 평가를 받았습니다.

순간의 이미지가 영원히 고착되기도 하지만, 의지에 따라 긍정과 부정 사이를 넘나들기도 합니다. 간절한 마음을 가지고 열심히 노력하다 보면, '좋지 않은 이미지'도 좋은 쪽으로 바꿀 수 있는데요. 미국의 제37대 대통령을 지낸 리처드 닉슨 전 대통령이 그랬습니다.

그는 제35대 대선에서 존 F. 케네디 후보에게 패한 뒤, 권토중래(捲土重來) 끝에 재도전했는데요. '확 달라졌다'는 평가를 받을 만큼 절실함을 보인 덕분에 권좌에 오를 수 있었습니다. 그의 변화를 두고, 앞장에서 언급했던 마셜 맥루한은 "과거의 닉슨은 말이 많고 공격적인 사람이었지만, 최근의 닉슨은 신중하고 말이 없으면서 날카로운 지적을 해내는 사람으로 바뀌었다. 우리가 좋아할 만한 사람으로 기획된 것"이라고 평가했습니다.

2021년 가을, 대한민국에서도 비슷한 상황이 벌어졌습니다. 당시 국민의힘 대선 후보 경선에 나섰던 홍준표 예비후보가 5년 전의 '꼰대' 이미지를 벗고, 2030세대 젊은이들과의 소통 전문가로 변신했습니다. 좋게 표현하면 환골탈태(換骨奪胎)요, 덜 좋게 표현하면 '포장'에 성공했던 것이죠.

그는 2017년 대선과 2018년 두 번째 당 대표직을 수행했을 당시만 해도 '꼰대 정치인'으로 평가 받았습니다. 그는 도널드 트럼프 전 미국 대통령과 북한 김정은 위원장이 2018년 6·13 지방선거 하루 전 날 싱가포르에서 정상회담을 하자 "위장 평화 쇼"라고 했는데요. 젊은 세대들은 이 표현을 두고 "정말 꼰대스럽다"고 지적했습니다.

효과적인 정치 커뮤니케이션

하지만 시간이 흐를수록 문재인 정부의 실정(失政)이 늘어나면서, 그의 언행은 재평가되기 시작했습니다. 일자리 구하기는 더 힘들어지고 주거 문제도 심각한 상황으로 치닫고 '국민연금 고갈 전망' 관련 뉴스까지 전해지는 등 설상가상(雪上加霜) 상황에 놓이자, '콜라처럼 톡 쏘고, 말도 시원시원하게 한다'며 홍 후보의 주가가 상한가를 치게 된 것입니다.

그는 비록 당내 경선에서 윤석열 후보에게 패했지만, 꼰대의 대명사에서 2030의 압도적 지지를 받는 정치인으로 탈바꿈하는데 성공했습니다. 그가 워낙 달변이기도 하지만, 젊은 층의 요구를 적절히 잘 수용한 덕분이기도 합니다.

정치인들은 말로 점수를 따기도 하는데, 사실은 말실수로 점수를 잃지 않도록 하는 것이 더 중요합니다. 주의를 기울인다고 해서 반드시 점수를 딴다는 보장은 없지만, 최소한 잃지는 않기 때문입니다. 말을 잘 가려하시는, 즉 수비를 잘 하시는 분들도 자칫 방심하다 논란의 중심에 설 때도 있기 때문에 더더욱 그렇습니다.

평소 말실수는 고사하고, 너무나도 점잖고 과묵한 성격이라 '여의도의 영원한 신사'로 불렸던 김근태 전 열린우리당 의장 조차도 그런 실수를 하신 적이 있으니 말이죠.

김 전 의장은 2007년 대선 당시 한나라당 이명박 후보가 'BBK 관련 의혹'에도 불구하고 높은 지지율을 지속적으로 유지하자, "이 땅의 민주주의와 경제 발전을 이뤄낸 우리 국민이 노망 든 게 아닌가 하는 걱정이 있다"고 했습니다. 그는 바로 이어서 "우리 국민들은 위대하다. 우리 국민들을 믿는다"고 덧붙였지만, '국민 노망' 발언이 너무나도 선명하게 각인된 뒤였습니다.

파장이 커지자 김 전 의장은 보도 자료를 통해 "명백한 실수를 했다. 내가 강조하고 싶은 말은 위대한 우리 국민들을 믿는다는 것이었지만 변명하지 않겠다"며 "적절치 못한 단어 선택으로 국민 여러분께 심려를 끼쳐드린 점에 대해 정중하게 사과드린다"고 했습니다.

그는 당시 대통합민주신당 공동선대위원장을 맡고 있었는데, 대선 패배의 불안감이 말실수로 이어졌던 것입니다. 만약 발언자가 김 전 의장이 아니었다면 논란이 더욱 확산됐을 텐데, 당시 여당 출입기자들이 그의 평소 인품을 감안해 확대 재생산하지는 않았습니다.

딱할 정도로 세상을 더 혼탁하게 만드는 사람들은 논외로 하더라도, 정치인은 언제나 세상의 막힌 숨통을 뚫는 길목에 서 있어야 합니다. 그들의 언행을 기사화 하는 언론인들도 이는 마찬가지고요. 탁한 공기를 맑게 해주는 한 줄기 바람이어야 할 것입니다. 아무리 탄산음료가 시원하다고 한들, 청명한 샘물을 필요로 할 때가 훨씬 더 많을 테니까요.

효과적인 정치 커뮤니케이션

정치인 윤석열의 언어코드

언어와 사회계급에 관한 연구로 명성(名聲)이 자자한 영국의 교육사회학자 바실 번스타인(Basil Bernstein)은 하층 계급의 언어적 소외에 대해 설명하면서 '제약된 언어코드'라는 표현을 썼습니다. 자신의 언어코드가 집단의 언어코드와 맞지 않을 경우, 여러 측면에서 제약을 받게 된다면서요.

그는 부모가 노동 계급에 속할 경우, 그의 자녀는 '차분하고 자세한 설명'을 듣지 못하는 경우가 대부분이라고 주장했습니다. 부연 설명이 필요한 상황에서, 자세한 설명을 생략하는 '구멍 많은 교육'에 머물러 자녀들이 제약된 언어를 쓸 수밖에 없다는 것이죠.

언어코드라는 것이 실제로 존재한다면, 여의도 정치인들의 언어코드와 비정치인들의 언어 코드도 조금 다르다고 볼 수 있습니다. 물론 그렇지 않은 분도 계시겠지만, 소위 비정치인들이라고 하면 논란을 비켜갈 수 있는 '정치적 표현 훈련'을 못받은 분들이 대다수일 것입니다.

이런 경우 정작 본인이 드러내고자 하는 부분은 이슈화 시키지 못한 채, 불필요한 부연 설명을 하다 추가 논란만 야기하는 억울한 상황과 맞닥뜨릴 가능성이 더 커지게 됩니다. 노련한 정치인은 논란이 야기될 부분은 알아서 피해가는 '제약된 언어 코드'를 사용하는데, 훈련이 덜 된 분들은 상대가 미리 짜놓은 덫에 걸리거나 아니면 부지불식간에 뱉은 표현들로 본의 아니게 고초를 겪게 되는 것이죠.

윤석열 대통령도 이른바 비정치인 출신이라, 이전 대선 후보들에 비해 상대적으로 말이나 표현 관련 실수가 많았습니다. 사석에서는 달변가로 알려져 있음에도, '제약된 언어코드' 훈련이 덜 된 탓입니다.

그런데 크게 걱정할 일은 아닙니다. 실수가 아니었다면 상황은 달라지겠지만, 그야말로 실수였다면, 그 자리에서 인정하고 바로 잡으면 되니까요.

저는 윤 대통령을 직접 취재해본 적은 없습니다만, 선거방송을 준비하면서 후보 시절 두 차례 만나볼 기회가 있었습니다. 그런데 그 때 전해진 느낌은 '언어 감각이 상당하다'였습니다. 두 번째 만남이었던, 대선 후보 TV광고 촬영장에서 특히 더 그런 느낌을 받게 됐습니다.

TV 광고는 5분 이내로 제작해야 하는데, 당시 후보실에서 작성한 '원고'로 첫 촬영을 하니 7분 30초가 넘었습니다. 대선은 프로들의 무대이다 보니, 사실 이런 실수는 거의 나오지 않는데요. 그날 유독 분량이 넘치는 사고가 났던 겁니다. 원고의 1/3을 줄여야 했는데 당시 윤 후보가 직접 '빨간펜'을 들고 원고를 수정하며 했던 '품평(品評)'이 압권이었습니다.

정치인 윤석열의 언어코드

- 대중의 언어로 쉽게 써라. 공모전 나가는 글처럼 어렵게 쓰지 마라.
- 문어체(文語體)가 너무 많다. 되도록 구어체(口語體)를 써라.
- 중언부언(重言復言)하지 마라. 차라리 쉬운 예시를 하나 더 들어라.

'광고 촬영' 한 달 전쯤이었을 겁니다. 국민의힘 최고위 관계자가 윤 후보에게 사실상 '시키는 대로 연기만 잘 하라'고 했던 말이 논란이 되기도 했는데요. 제가 그 날 받은 인상은 그 언급과 전혀 어울리지 않는, 180도 다른 모습이었습니다. 무능하고 연기도 못 해 걱정이라는 주장보다는, 오히려 두루 잘 알기 때문에 다른 분들의 조언을 안 듣는 게 아닐까 하는 우려가 더 설득력이 있어 보였습니다.

사실 대통령 주재 국무회의 발언이나 기자간담회 내용을 공개하는 궁극적 목적은 아마도 소통일 것입니다. '진정한 소통' 여부에 성패가 달려있지, 상대를 이해하고 받아들일 자세가 돼 있다면 제약된 언어코드의 장벽은 그리 높지 않을 것입니다.

윤 대통령은 정치 참여 선언 이후, 시종일관 '국민의 부름을 받았다'고 했는데요. 그 어떤 위정자든 국민들이 판단하기에 '원칙에 맞는 정치(principled politics)'를 해가면서 '정치적 원칙(political principle)'만 잘 지켜낸다면 문제될 것이 전혀 없을 것입니다.

바벨탑이 무너진 이유는 뜻과 마음을 전달하지 못해서였습니다. 서울올림픽이나 2002년 월드컵 등 대한민국에서 '세계인의 축제'가 벌어졌을 때, 우리가 성공적으로 마무리할 수 있었던 것은 참가자들 사이의 소통에 문제가 없었기 때문입니다. 원활한 소통을 위해 지구 반대편에서부터 기꺼이 날아와, 평화공존의 꿈을 실어 날랐던 통역 자원봉사자 분들이 바벨탑 수호의 첨병이었고요.

지식의 저장수단인 언어가 소멸될 경우, 그 언어를 바탕으로 하는 지식과 문화도 함께 소멸될 것이라고 전망하는데요. 한 세대의 '정치언어'도 그 흐름과 무관치 않을 것입니다. 정치인과 대중의 정상적 의사소통을 방해하는 언어 코드의 생명력은 길지 않을 것이고, 그와 공생했던 지식과 문화도 결국 사장될 것입니다.

타고 남은 재가 거름이 되기도 하지만, 정치인과 국민들의 소통을 방해하는 요소는 그야말로 흔적도 없이 사라지기를 모두가 염원하는 것처럼 말이죠.

미국의 사상가 겸 시인인 랄프 왈도 에머슨(Ralph Waldo Emerson)은 "세상을 내가 오기 전보다 조금이라도 더 살기 좋은 곳으로 만들어 놓고 떠나는 것, 내가 이 세상 살았음으로 해서 단 한 사람이라도 더 행복해질 수 있는 것, 이것이 진정한 성공"이라고 했습니다. 정치인들의 말과 행동이 국민 한 사람이라도 더 행복하게 한다면, 그 이상 가는 성공이 있을까요?

대선후보 여론조사에서 이름 빼달라고 안 한 죄?

> 현직에 있으면서, 여론조사에서 야권 대권주자 1위에 오르고 있음에
> 도 이름을 빼달라고 요청하지 않았던 검찰총장⋯　▌조국의 시간, 147p

조국 전 장관이 이와 같이 주장한 정확한 취지는 알 수 없으나, 아마도 그의 입장에서 생각해보면 '윤석열 총장이 결국 정치권에 입성하기 위해 검찰 권력을 무리하게 휘둘렀다'는 이야기를 하고자 했을 것으로 보입니다.

조 전 장관의 주장대로 공무(公務) 과정에서 큰 인기를 얻어 정치 참여를 권유받았던 인물이 '나는 절대로 정치에 참여하지 않을 것'이라고 맹세(盟誓)한 사례는 있습니다. 미국 남북전쟁 당시 남군이 '악마'라고 부르며 두려워했고, 결국 전쟁도 승리로 이끈 북군의 용장(勇將)인 셔먼(Sherman, William Tecumseh) 장군이 그랬습니다.

그는 미국의 제22대 대통령 선거를 앞두고 출마 요청을 받았는데, 강도가 점점 강해지자, "나는 후보에 지명돼도 출마하지 않을 것이고, 당선돼도 근무하지 않을 것 (If I nominated I will not run, If I elected I will not serve.)" 이라고 잘라 말했습니다. 그의 단호한 거절에, 주변에서도 더 이상 대선 출마 요청을 할 수 없었죠.

"역사는 가정을 허용하지 않는다"는 조 전 장관의 말(『조국의 시간 38p』)처럼, 이미 흘러간 역사에 가정이라는 것은 의미가 없을 것입니다. 하지만 조 전 장관의 또 다른 말처럼, 만약 윤 대통령이 총장 시절에 서면 장군과 같이 '러브콜'을 단호하게 거절했다면 어떤 분위기가 형성됐을까요? 추측컨대, 인기가 더 올라가지 않았을까요?

마치 '코끼리를 생각하지 마'라고 하면 오히려 코끼리가 더 생각나는 것처럼, 정치 참여 요구가 더욱 거세졌을 수도 있다는 이야기입니다.

2015년에 있었던 일이죠? 당시 반기문 UN 사무총장도 각종 여론조사에서 '차기 대선 주자' 가운데 지지율 1위를 달리고 있었습니다. 그러자 반 총장은 자신을 여론조사 후보군에서 빼달라고 요청했지요.

그런데 결과는 어떻습니까? 여론조사에서 빠졌을지언정, 차기 대권 후보군으로 더욱 선명하게 부각됐습니다. 대중의 정치 참여 요구가 거세지면 반 전 총장처럼 훗날 자신이 했던 말을 되돌려야 할 수도 있는데, 당시 윤 총장이 그런 부담까지 짊어져야 할 이유가 있었을까요?

두 분이 돌아가시기 직전 따스한 손을 맞잡으셨지만, 생전에 김영삼 전 대통령(YS)은 '평생의 라이벌' 김대중 전 대통령(DJ)을 이야기할 때 거짓말쟁이라는 말을 붙이곤 하셨는데, 이유가 없지는 않았습니다.

지난 1986년 말이었죠? DJ는 "직선제 개헌이 되면 대통령에 출마하지 않겠다"고 했고, 1992년 말 대선에서 YS에게 패한 뒤에는 "정계에서 은퇴하겠다"고 선언했는데요. DJ는 직선제 개헌이 이뤄진 이후세 차례 더 대선에 출마했고요, 정계 은퇴 선언 5년 만에 '대통령 취임

대선 후보여론조사에서 이름 빼달라고 안 한 죄

식 연설문'을 읽어 내려갔습니다.

DJ의 '대선 4수' 기록은 깨지지 않고 있는데요. 세대 교체가 빨라지는 최근의 흐름으로 볼 때, 한동안 깨지지 않을 것이란 관측이 나옵니다.

이렇듯 대선 주자 스스로 '시대가 요구하고, 국민이 요구한다'는 확신이 들면, 설령 말을 되돌리는 한이 있더라도 승부수를 던지기 마련입니다. 그 과정에서 필연적으로 마주하게 될 '사과와 변명'이 시대정신에 부합한다면 큰 장애가 되지도 않을 것이고요.

DJ도 제 15대 대선에 나서면서 "국민이 원한다"고 했는데, 결국 승리하지 않았습니까? 이와 같은 마음은 윤 대통령도 마찬가지였을 텐데요. 다만, 윤 대통령이 국정운영 과정에서 '셔먼 장군이 주는 교훈'은 꼭 가슴에 품고 지내실 수 있기를 기대해 봅니다. 군인으로서 큰 업적과 유공을 쌓았던 셔먼이 가졌던 고민이, 검사 출신인 윤 대통령의 그것과 유사할 수도 있을 것 같아서요.

셔먼 장군은 전쟁 과정에서 수많은 사람을 죽인 죄책감 때문인지 돌아가시기 전에 아래와 같은 말을 남겼습니다.

> 전쟁을 명예로운 일처럼 생각하는 젊은이들이 많다.
> 그러나 젊은이들이여, 그것은 모두 지옥이었다.
> 너희들이 다가올 세대에게 이 경고를 들려주어야 한다.
> 나는 전쟁을 공포로 바라본다.

윤 대통령은 당선인 시절, 사실상 자신의 손으로 구속시켰던 박근혜 전 대통령을 만나 "참 면목 없고, 늘 죄송했다"며 인간적인 사과를 했습니다. 일각에서는 자가당착이라고 비판하지만, 나라를 이끌어야 하는 입장에서 반드시 해야할 일이었다는 생각입니다.

자신을 중용해, 결국 대통령의 자리에 오를 수 있는 기회를 마련해 준 문재인 전 대통령에 대해서도 비슷한 마음일 것이라고 생각됩니다. 구원은 내려놓고 인간적인 감사함과 미안함을 갖고 있다면, 이전 정부와 같은 '적폐청산이라고 쓰고, 정치보복이라고 읽는' 상황은 벌어지지 않을 것입니다.

이 연장선상에서 '하고 싶은 것은 덜 하고, 하지 말아야 일들을 최소화 할 수 있다'면 훗날 성공한 정부로 평가받을 것이라고 저는 확신합니다.

대선 후보여론조사에서 이름 빼달라고 안 한 죄

생맥주에 묻힐 뻔한 어퍼컷 세레머니

저는 제 20대 대선과 제 8회 지방선거가 치러지던 당시 TV조선 선거 방송기획단의 일원으로 선거 당일 방송 '결정 2022'를 준비했는데요. 그 당시 겪었던 국민의힘 윤석열 후보와 더불어민주당 이재명 후보 '크로마키 촬영'* 뒷얘기를 소개해 보려 합니다.

제 20대 대선을 한 달 앞둔 시점에, 여야 양강 후보들은 바쁜 시간을 쪼개 '크로마키 촬영'에 임해주셨습니다. 당시 촬영을 잘 마칠 수 있도록, 저희에게 시간과 에너지를 내주신 두 후보와 관계자 분들께 이 글을 빌어 다시 한 번 감사하다는 말을 전하고 싶습니다.

양 후보 측과 사전에 시간을 조율한 결과, 같은 날 윤 후보가 먼저

---

* '크로마키 촬영' : 선거 방송에서 각 후보별 득표 상황을 보여줄 때, 장표 데이터와 함께 나가는 후보의 몸동작 등을 카메라에 담는 것.

촬영하는 것으로 정리가 됐습니다. 촬영 당일 윤 후보는 점심을 못 드신 상태로 현장에 도착했습니다. 촬영 전 "갸름하게 나오겠다"는 농을 던지기도 했지만, 사실 감사하고 또 죄송한 마음이었습니다.

크로마키 촬영은 대선 후보의 경우 대개는 30분 안팎입니다. 국회의원이나 광역단체장 입후보자의 경우는 15~20분 정도 소요되고요. 윤 후보는 촬영 초반 다소 어색해하기도 했지만, 시간이 지나면서 내재된 끼가 발현됐습니다.

촬영 시작 15분 정도 지났을 무렵, 저는 "대선 승리의 기쁨을 몸으로 표현해 주십시오. 주먹을 불끈 쥐셔도 되고, 주먹 쥔 양손을 하늘 높이 드셔도 좋습니다"라고 했습니다. 그러자 윤 후보는 "무슨 그런 걸 하나? 그런 거 없이, 그냥 생맥주나 마시는 거지 뭐"라고 했습니다.

소위 말하는 '제목이 바로 뽑히는' 멘트였는데요. 아무래도 윤 후보가 크로마키 촬영이 낯선데다, 캠프 관계자들과 촬영 스텝 등 50여 명 앞에서 해야 하니 면구스럽고 쑥스러워 '아이스 브레이킹(ice breaking)' 차원에서 그런 발언을 했을 것으로 짐작됐습니다.

재차 요청하자, 윤 후보는 주먹을 불끈 쥐어 허리에서 가슴 쪽으로 들어올리는 '제스처(gesture)'를 취했습니다. 그 즉시 "자세 너무 좋습니다. 조금 더 격하게 표현해주세요"라고 했더니, 윤 후보는 세레머니(ceremony)라고 표현할 수 있을 정도로 힘 있는 어퍼컷 자세를 취했습니다. 그야말로 윤석열 대선 후보의 '어퍼컷 세레머니'가 처음으로 세상의 빛을 본 순간이었습니다.

윤 후보 캠프 관계자들은 자세가 너무 좋다며 환호성을 질렀습니다. 이른바 '어퍼컷 세레머니' 이후 윤 후보의 흥이 오르고 분위기도 고조되면서, 후속 촬영은 큰 어려움 없이 마무리됐습니다.

생맥주에 묻힐 뻔한 어퍼컷 세레머니

저희는 윤 후보 촬영을 마치고 간단히 요기를 한 뒤 민주당 이재명 후보를 맞았습니다. 아무래도 이 후보는 선거 방송 촬영 경험도 많고, 기본적으로 가지고 계신 끼도 많으신 분이죠. 게다가 표정까지 다채로워, 사실 걱정이 되기보다 좋은 그림을 만들어 보고픈 욕심이 더 컸습니다. 다만, 혹시라도 촬영장 분위기가 무거워 이 후보가 끼를 발휘 못하는 것은 아닐지, 그 부분이 염려됐을 뿐입니다.

그런데 뚜껑을 열어보니, 기우(杞憂)였습니다. 이 후보는 반가운 얼굴로 스텝들에게 일일이 악수를 건넸고, 촬영 내내 저희가 요구한 동작을 어려움 없이 잘 소화했습니다. 촬영 도중 이 후보가 특정 동작을 역제안 할 정도로 분위기가 좋았습니다.

민주당은 이재명 후보가 저희 촬영장에 도착해 분장을 받기 세 시간 전쯤, 이 후보의 국방·보훈 공약을 발표했는데요. 내용이 기시감 있었고, 공전의 히트를 쳤던 탈모 관련 공약 슬로건이죠? '이재명은 심습니다'처럼 문구가 눈과 귀에 쏙 박히지도 않았습니다.

그런 상황 속에서 직전 일정과 거리감이 있었음에도 저희 촬영장을 직접 찾아준 감사함에 보답하고자, 이 후보가 분장 받으실 때 보훈 공약 소제목 아이디어 하나를 말씀드렸습니다.

'보훈(報勳)'은 문자 그대로 '갚을 보'에 '공 훈'입니다. 나라를 위해 헌신한 공을, 국가가 갚는다는 의미겠지요. 이런 의미를 제목으로 부각시키는 것이 좋겠다는 생각에, '이재명은 갚습니다'를 써보시는 것은 어떠냐고 전했습니다. 그런데 마음만 받으셔서 세상의 빛을 보지 못했습니다.

반면 윤 후보의 어퍼컷은 '크로마키 촬영' 일주일 뒤, T자 형태로 마련된 부산의 한 유세장에 몰려든 수 백 명 앞에서 첫 선을 보였습니다. 윤 후보 스스로 동작을 이끌어냈고, 촬영장에서의 반응도 좋았기 때문에 '예정된 수순'이라는 생각이 들었습니다.

기본적으로 '선거는 축제'라는 콘셉트(concept) 하에서, 구름 관중의 환호를 이끌어내는 어퍼컷도 좋고 그에 버금가는 동작인 '부스터 슛 발차기'도 좋긴 한데요. 제 20대 대선은 '축제(祝祭)'라기 보다 코로나19 여파와 경제난 등 숨이 막히고 지쳐있는 국민을 위로하는 자리였다고 생각합니다. 그런 차원에서 아쉬움은 남았습니다.

어퍼컷과 발차기 보다 이런 상황에 대한 '양해와 용서'를 구하면서 멀지 않은 미래에 반드시 치유될 것이라는 믿음을 전해주는 것이 더 바람직했다는 생각입니다. 공감하고 위로하는 마음을 전하는 매개체가 주먹이나 발은 아닌 것 같아서요.

대선 승리의 축배는 윤 후보가 들게 됐는데요. '승리가 확정된 순간', 그러니까 '대통령 당선인'으로 신분이 바뀐 그 때 윤 대통령이 실제로 생맥주를 마셨는지 여부는 확인해보지 못했습니다. 다만 코로나19를 성공적으로 극복하고 경기도 되살아나, 국민 모두 기분 좋게 생맥주를 마실 수 있는 그 날이 하루 빨리 도래하도록 나라를 잘 운영해야 되겠다는 마음은 새기셨을 것으로 믿습니다.

생맥주에 묻힐 뻔한 어퍼컷 세레머니

스윙보터 MZ 세대

20대 대선의 핵심 키워드는 아마도 MZ 세대였을 겁니다. 제가 여의도를 취재했던 15년 가량을 돌이켜봐도, 이렇게까지 20대와 30대가 선거 국면에서 주목 받고, 주된 설득의 대상이 된 적은 없었습니다.

이런 분위기가 얼마나 이어지고 정책적으로 어떻게 표출될지는 모르겠지만, 선거 때마다 상대적으로 '소외 받는다'고 느끼던 젊은 층이 이번엔 '대접 받는다'는 생각이 들었을 것 같아 그나마 다행이라는 생각도 듭니다.

일각에서는 MZ 세대를 두고 보수화·우경화됐다는 이야기를 하는데, 저는 그 판단에 동의하지 않습니다. 정치부에 몸 담았을 때보다, 사회부 기동취재팀장(시경캡)을 맡았을 때 MZ 세대를 만날 기회가 훨씬 많았는데요. 당시 제가 직접 보고 접했던 MZ 세대는 자신에게 피해가 가거나, 훗날 피해 받게 될 것이라고 생각되는 부분에 대해 기민하게 반응하는 것일 뿐 이념과는 무관하다고 생각됐습니다.

아내가 집에서 아이를 돌보고 있는데, 직장 상사와의 술 혹은 골프 약속이 잡힌 것과 같은 소위 '난감한 상황'을 한 번쯤은 접해 보셨을 텐데요. 불법은 아니지만 대놓고 하기에도 부담스러운 상황에 직면하면, 다들 어떻게 헤쳐 나가시나요?

정치인 입장에서는 아마도 유권자들이 예민하게 받아들일 수 있는 '증세 문제'가 난감한 이슈일텐데요. 한정된 재화로 인해 필연적으로 발생하는 갈등 해소 과정에서 '증세 요인'은 생길 수밖에 없습니다. 하지만 유권자들이 증세에 대한 저항 방식으로, 반대 진영에 투표하는 이른바 '정치적 불이익'까지 감수해가며 강행하기란 쉽지 않습니다.

민주주의는 '갈등이 존재하지 않는 사회'를 지향하는 제도가 아닙니다. 이 보다는 늘 존재할 수밖에 없는 갈등을 사회화하고 제도화해서, 민주적 절차와 방식이라는 테두리 안에서 합의점을 모색해 보고자 하는 제도인 것이죠.

유권자 가운데 증세 자체에 불만을 가진 분도 계시겠지만, 세금의 용처(用處)에 대해 불만을 가진 분들도 있을 것입니다. 돈을 더 내는 것이 불편하다기 보다, 내가 낸 세금이 어떤 식으로 쓰이느냐에 더욱 민감하게 반응하시는 거죠. 예컨대 6070세대에게 복지 혜택을 더 주기 위해 장기적으로 볼 때 2030세대에게 과중한 부담을 주는 과세 정책을 세운다면, 이른바 MZ 세대들은 동의가 불편할 수 있겠죠?

정치권에서 10년 전 논의된, '매월 지급하는 만 65세 이상 기초연금을 20~30만 원 수준으로 끌어올리겠다'는 공약이 나왔을 당시에는 2030세대가 별다른 불편함 없이 받아들이는 분위기였습니다. 실제로 지난 2012년 대선에서는 기초연금 인상 공약이 장년층 표심에만 큰 영향을 미쳤다는 분석이 많았습니다. 훗날 부담이 커지는 '2030 표심'에 미치는 영향은 그리 크지 않았다는 것이죠.

스윙보터 MZ 세대

하지만 제 20대 대선 과정에서 기초연금을 40만 원으로 인상하겠다는 공약이 제시되자, '그 돈은 누구 주머니에서 나오는 것이냐. 도대체 우리가 앞으로 얼마를 내야하는 것이냐'며 MZ 세대 일각에서는 대놓고 반발하기도 했습니다. 곳간이 넉넉하면 '효도'라는 긍정적인 이미지를 앞세워 일부의 반발을 누그러뜨릴 시도라도 해볼 텐데요. 당장 일자리도 부족한데다 부동산 가격까지 급등하는 등 중장년층에 대해 '상대적 박탈감'을 크게 느끼는 MZ 세대에게 무조건적으로 '추가 증세'를 강요할 수도 없는 실정이었습니다.

'기초연금 40만 원' 공약으로도 장년층 표심은 생각보다 크게 흔들리지 않았고, 도리어 MZ 세대에서 '우리는 더 많은 세금을 내면서도, 훗날 연금이 고갈돼 손에 쥐는 돈은 더 적어질 것'이라며 반작용이 더 크게 나타났다는 것이 국민의힘 측 분석입니다.

공동 결의에 의한 증세는 '산악인의 목숨을 구하는 로프'와도 같지만, 국가에 의한 강제적이고 강압적인 증세는 '벗어나고 싶은 노예의 쇠사슬'이라는 오명을 뒤집어 쓸 수도 있습니다.

대북 문제도 비슷한 상황입니다. 가령 '남북 단일팀'이라고 하면, 제가 속한 4050세대만 해도 큰 틀에서 '좋은 취지'라는 생각에 대체적으로 큰 거부감 없이 응원을 보내는데요. 지난 2018년 평창올림픽 당시를 떠올려 보면, MZ 세대들은 '그동안 열심히 훈련한 우리 대표팀 선수들이 피해를 본다', 실력이 부족한 북한 선수들을 내 보내는것은 '공정하지 못하다'며 부정적 입장을 표명하지 않았습니까?

이는 MZ 세대가 이념적으로 보수적이라기 보다는 '예측 가능성'과 '공정'이라는 단어에 보다 예민하게 반응하기 때문으로 풀이됩니다. 민주당의 한 586 정치인은 "MZ 세대는 기존 정치 문법으로는 해석이 불가능하고, 이들의 행태가 기존 정치 문법에 부합하지도 않는다"며 "4050세대에 비해 관리하기 너무 어렵다"고 토로했습니다.

차이가 차별을 만드는 상황을 피해갈지, 아니면 맞서 부닥칠지에 대한 고민도 정치권의 오랜 숙제였습니다. 하지만 고민이 깊어도 만족할 만한 해법은 제시하지 못하는 실정이었죠.

2030 세대들은 '주거 문제가 가장 불안하다고' 입을 모읍니다. 2030 세대가 '취업'에 대한 고민 보다 '주거' 문제를 최우선 고민으로 꼽은 건 아마도 문재인 정부 들어 처음일 것입니다. 역대 최고의 대선 슬로건으로 꼽히는 손학규 전 민주당 대표의 '저녁이 있는 삶' 슬로건 대로 되려면 기본적으로 저녁 직전까지 일을 해 월급을 받을 수 있는 '직장'과 퇴근 후 가족과 함께 살 수 있는 '집'이 있어야 가능할 텐데요. MZ 세대에게는 그야말로 '산 넘어 산'이었습니다.

제 20대 대선은 사실상 직업 선택권과 주거권을 박탈당한 2030 세대의 아픈 마음을 공감하는 데에서 여야 후보의 정치가 출발해야 했습니다. 그게 아니라면 대통령 선거가 대의민주주의 제도 하에서의 '권한 부여를 위한 과정'이 아니라, 대선 후보자와 특정 정파의 '권력 획득 과정'에 그치고 말 뿐이죠.

'최근 몇 년 사이 MZ 세대 자살률이 증가했다'는 기사를 접했는데요. 혹시라도 기성세대가 다음 세대에게 불편부당함을 강요하거나, 전가했던 것은 아닌지에 대해서도 함께 살펴봐야 할 필요성을 느꼈습니다.

그들 주변을 취재하다보니, 개인 탓으로 치부하기에는 이 사회가 짓누르는 힘이 너무나 컸기 때문입니다. 헌법에 적시된 '경제민주화'라는 용어, 취지로 보나 사회통합 효과로 보나 참 매력적인 말입니다.

하지만 아무리 좋은 취지의 말이라 할지라도, 정치 세력이 아젠다(agenda)로 설정하고 힘있게 추진해야 실현 가능할 것입니다. 증세 문제도 마찬가지고요.

'우리 사회의 근본 문제는 제도가 부실하다기 보다 부도덕한 정치 집단이 권력을 사유화해서 정의를 무너뜨리고 경제 파국을 불러온 데 있다'는 생각이 머릿속에 강하게 뿌리박힌 유권자가 적잖이 보입니다. 그렇기 때문에 유권자들에게 증세가 필요하다는 점을 절절하게 호소하는 것도 중요하지만, 정치인에 대한 '신뢰감 제고'가 선행돼야 할 것이라는 생각이 드는데요.

변화의 절실함, 고대 그리스의 정치인이자 웅변가인 데모스테네스(Demosthenes)의 노력에서 교훈과 해답을 얻을 수 있을 것입니다. 그는 아버지에게 많은 재산을 물려받았는데, 자신의 후견인이 유산 일부를 횡령했다는 사실을 파악하고는 반환 소송을 청구했습니다. 그런데 기본적으로 말더듬이인데다 호흡량까지 짧아 말을 길게 할 수 없었고, 어눌하기까지 해 소송에서 이기기 힘든 상황이었지요. 결국 패소했고 하늘이 무너지는 절망감을 느꼈습니다.

하지만 그대로 주저앉지 않고 스피치의 중요성을 깨달은 바, 3년 동안 세상과 담을 쌓고 연설 연습에 매진했습니다. 말을 더듬는 것을 고치기 위해 입에 자갈을 넣고 피가 나도록 연습했고, 호흡량이 짧아 말을 길게 못 하는 것을 고치기 위해 산등성이에 올라 시와 연설문을 큰 소리로 읽었으며 발성 연습도 게을리하지 않았습니다. 말을 할 때 어깨가 올라가는 나쁜 습관을 고치기 위해 어깨 위에 날카로운 칼을 매달아 연습하는가 하면, 유명한 연설가의 연설문을 필사해 질겅질겅 씹어 먹었다고 합니다. 스스로를 변화시키기 위한 그의 피나는 노력들, 그가 얼마나 절박했는지 느껴지시지요?

매력적인 지도자는 권력을 잘 생산할 뿐 아니라, 제대로 소비할 줄 아는 사람입니다. 집권 개념만 있는 정치는 혐오감을 주지만, 국민과 충분히 소통하면서 변화하는 환경에 유연하게 대처하고 또 필요한 부분에 대한 설득까지 해내는 정치는 '노예의 쇠사슬'이 아니라 '산악인의 로프'와 같겠지요?

삶의 의미는 '역경과 괴로움을 극복하고, 서로 한 단계씩 도약하는 과정'이 전제돼야 찾아볼 수 있을 것입니다. 미래에 대한 희망도 계속 품을 수 있어야 하고요. 그래야 큰 어려움을 극복한 뒤, 보다 큰 희망을 품을 수 있을 테니까요.

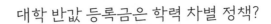

대학 반값 등록금은 학력 차별 정책?

지난 2010년 6·2 지방선거 최대 쟁점은 '무상급식' 이슈였는데요. 여당인 한나라당은 소득 수준에 따른 차등 지원을, 야당인 민주당은 전면 무상급식을 주장했습니다. 선거는 민주당의 압승으로 끝이 났을 정도로 당시는 성장 보다 이른바 복지 이슈가 정치 담론의 핵심 화두였습니다.

그 연장선상에서 고액의 대학등록금 문제도 수면 위로 재부상 했는데요. 상아탑이 아니라 소를 팔아서 대학을 다녀야 한다는 의미에서 '우골탑'이라는 씁쓸한 조어가 생겨날 정도로 등록금은 큰 부담으로 작용했습니다. 한 해에 천만 원 넘어가는 학비 내기도 버거운데, 등록금이 사실상 매년 인상되는 상황에 대해 문제를 제기했던 것이죠.

학비 부담을 줄이기 위해 세금이든 뭐든 지원이 필요하다는 것이 당시 정치권의 주된 목소리였는데, 결국 현실화 하지는 못했습니다. 사립대의 등록금에 대해 국가 차원에서 왈가왈부하는 것이 일종의 월권이었고, 부가적인 문제도 파생됐기 때문입니다.

당시 세금을 투입해서라도 학비 부담을 줄여야 한다고 논의하는 과정에서 소홀히 했던 부분이 있었습니다. 이른바 '고졸 이하'에 대한 지원책인데요. 고등학교를 졸업한 뒤 바로 취업 전선에 뛰어들면 대졸에 비해 상대적으로 박봉이고 평균 임금 인상폭도 낮은데, '예비 대졸자'인 대학생들을 위해 자신이 납부한 세금이 투입되는 것에 대한 그들의 상대적 박탈감은 크게 고려하지 않았던 겁니다.

그런데 최근의 사회 분위기는 그 때와 많이 달라진 듯합니다. 요즘 MZ 세대들은 자신이 고졸이라는 것을 당당히 밝히면서 '고졸 차별' 문제에 대해 "공정하지 못하다"고 꾸준히 지적하니 말이죠. 동등한 대우는 어렵더라도 사회적 합의를 통해 대졸과 고졸의 임금 격차 등은 전보다 줄어야 하지 않느냐는 움직임도 이런 흐름의 연장선에서 진행되고 있습니다. 국가 발전의 근간이 되는 실업계 교육을 간과하는 분위기에 대한 지적도 전보다 많아졌고요.

공정이라는 키워드와 관련해, 과거에 비해 더욱 섬세하게 접근해야한다는 목소리가 많아진 게 사실입니다. 과거의 잣대로 살아가다 사회적으로 큰 낭패를 볼 수 있는 게 작금의 분위기고요.

혹시 나에게 평균치가 넘는 행복이 주어졌다면, 그게 혹시 타인의 몫은 아니었는지를 되돌아 봐야 할 것입니다. 혹시라도 누군가는 빼앗긴 행복만큼 어려움을 겪고 있을지도 모르니까요.

대학 반값 등록금은 학력차별 정책?

2장

바라볼 '대통령 윤석열'의 시간

도나텔로의 오함마와 대통령 집무실 이전

아마도 대학 초년생 때였던 것 같습니다. 교수님께서 수업 시간에 '도나텔로가 오함마를 든 이유는?'이라고 판서(板書) 하신 뒤, 일일이 호명하며 물으셨던 게 기억납니다. 안타깝게도 정답을 이야기했던 학생은 없었다는 것도요.

저는 그때 이탈리아 출신으로 르네상스 시대 조각가인 도나텔로 (Donatello)라는 인물을 몰랐고, 망치는 알아도 오함마라는 용어도 처음 들어봤습니다. 제가 정말 무지하다는 부끄러움과 이제라도 제대로 익히자는 마음에 열심히 메모했던 기억만 납니다.

> 도나텔로는 '창조 추구자'의 본질적 모습을 보여준다. 대중의 관심을 끌 때, 그것에 만족하지 않고 스스로를 파괴시키는 조각가였다. 인간 내면의 고통을 창조로 잇는, 당장은 대중의 시선을 불편하게 할지라도 결국은 대중의 마음을 휘감을 창조적 작품을 만들어내는…

당시 교수님께서는 도나텔로가 전통의 고딕 조각을 넘어서, 자연 관찰의 결과로 제작된 르네상스 조각 세계를 열었다는 취지의 설명을 이어가셨는데요. 교수님 설명을 듣고 난 뒤, 도나텔로의 오함마는 기존 질서를 망가뜨리는 도구가 아니라, 창조적 파괴로 인도하는 '요술 망치'였다는 것을 깨닫게 됐습니다.

'창조적 파괴'를 견인하는 오함마는 1995년 3월, 삼성전자 구미사업장의 운동장 한복판에서도 볼 수 있었습니다. 당시 이건희 회장이 애니콜 휴대전화의 치솟은 불량률에 대노 '애니콜 화형식'을 지시하자 그것을 집행했던 자리에서요.

운동장 한복판에 휴대전화 15만 대를 산더미처럼 쌓아놓고 몇몇 직원이 오함마로 내리쳐 박살내더니, 급기야 제품에 불을 붙이기까지 했습니다. 화형식 이후 전사적으로 품질에 대한 경각심과 책임감이 제고됐고, 마침내 삼성은 초일류 기업으로 성장할 수 있게 됐죠.

故 리영희 선생님의 말씀처럼 그 어떤 사회, 그 어떤 정부도 비판의 여지없이 최선이거나 만능일 수는 없습니다. 그렇기 때문에 정치권에는 계속 진일보할 수 있도록 다양한 방식으로 창조적 파괴를 시도하는 것이고요.

선거 때마다 새로운 인물도 등장하는데요. 이들은 직접 전면에서 후보로 뛰거나, 아니면 당 대표 옆에서 조력하거나 혹은 막후에서 영향력을 행사하는 형태로 '정치 개혁'을 외칩니다. 이들이 계속 조연에 머물다 무대 뒤편으로 퇴장할지, 아니면 기존 메인스트림을 대체하는 주연으로 급부상할지는 '신선한 아름다움' 여부에 달려있습니다.

이들이 신선하다면 기존의 익숙함을 대체하고 극복할 수 있지만, 그런 느낌이 아니라면 익숙함을 잃는 것에 대한 서운함까지도 전해 듣게 되지요.

'Something old and new'. 정말 감각적인 문구 아닙니까? 미지를 향한 도전이라는 점에서, 변화는 모험적이고 낭만적이기까지 한데요. 세상의 변화를 감지하지 못한 정치인의 도전은 훗날의 생존을 담보할 수 없다는 점에서, 자신은 물론 주변인들에게 큰 부담으로 작용하기도 합니다.

'이명박 대통령 당선인' 시절에는 규제 전봇대를 뽑겠다는 당선인의 야심찬 계획 보다, 이경숙 인수위원장의 발언으로 촉발된 '어린쥐 논란'이 더 부각됐던 것 같고요. '박근혜 대통령 당선인' 시절에는 시종일관 '창조 경제란 무엇인가'를 두고 설왕설래가 이어졌던 것 같은데요. 문재인 전 대통령은 '당선인' 기간 없이 바로 대통령직을 이어받았기 때문에 기준이 좀 다릅니다만, 정권 출범 초기 널리 회자됐던 말은 '이니 마음대로 다 해'로 기억됩니다.

제가 서두에 도나텔로의 오함마 이야기를 꺼낸 것은, '윤석열 대통령 당선인' 시절에 대해 이야기 하고자 함인데요. '윤석열 당선인'의 두 달 동안, 정국은 '대통령 집무실 이전' 화두를 중심으로 흘러갔습니다. 민주당의 공세 포인트도 이 지점에 있었고요.

민주당은 앞서 20대 여성을 공동비상대책위원장에 임명하면서 아마도 윤 대통령의 공약이었던 '여성가족부 폐지' 이슈를 중심으로 전선을 구축해야겠다는 생각을 했을 텐데, 대선 직후 인수위 측에서 불현듯 집무실 이전 이슈를 들고 나와 전장이 옮겨진 것으로 보입니다.

당시 '문재인 청와대'와 민주당은 집무실 이전을 '기존 질서를 망가뜨리는 행위'로 규정했는데요. 윤 당선인 측은 오욕(汚辱)의 역사에 종지부를 찍는 '창조적 파괴'라고 맞섰고, 결국 이전에 성공했습니다.

대통령 집무실 이전의 성패는, 앞으로 윤석열 정부가 어떤 모습을 보이느냐에 달려있을 것입니다. 다른 국정과제 추진 과정에서 잡음이

도나텔로의 오함마와 대통령 집무실 이전

전해지고, 민심을 잃어 정국 주도권까지 빼앗긴다면 윤석열 호의 앞길에는 험난한 여정만 남게 되겠지요. 그 반대라면 원활한 국정운영은 기본이요, 창조적 파괴자라는 호평도 받게 될 것이고요.

제 20대 총선을 한 달여 앞두고, 중소기업을 운영하는 A씨를 만났던 일화를 소개하며 글을 마칠까 합니다. 당시는 코로나19 여파로 경기가 한 단계 더 침체한 듯한 모습을 보였을 때인데요.

A씨는 "한국은 굉장한 속도로 발전해왔는데 최근엔 낮잠을 자고 있다"며 "현실의 극한에 있는 '꿈'을 이루려면 '목표'라는 문지방을 넘어야 하는데, 요새 기업들은 목표를 상실한 듯하다"고 했습니다. '늘 새로운 사업을 창조해 결과적으로 국민 모두를 부유하게 만드는 것이 바로 기업가 정신'인데, 그렇지 못하다는 지적이었습니다.

정치권을 향해서는 "세금을 어떻게 쓸지 궁리하는 것 이상으로, 새로운 먹거리 창출을 위해 더 많은 에너지를 쏟아야 하는데 그렇지 못하다"며 뼈있는 비판을 했습니다.

현직이 소임을 다하지 못하면, 새로운 인물에 대한 기대와 염원을 낳게 됩니다. 국민의힘 윤석열 후보도, 제 20대 윤석열 대통령도 그 바람 속에서 탄생한 것이고요.

그런데 새롭게 중용된 인사가 변화를 두려워하고 권력의 단맛에만 취한다면, 그들 역시 '또 다른 올드 패션'으로 낙인찍힐 것입니다. 유권자의 마음을 흔들지 못하면, 본인이 흔들리는 상황에 놓이는 것이죠. 대통령 집무실 이전에 대한 평가를 비롯해 5년 임기를 성공적으로 마무리하고 싶다면, 민심의 파도가 어느 방향으로 움직이는지 잘 살펴야겠지요?

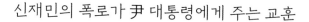 신재민의 폭로가 尹 대통령에게 주는 교훈

"(2017년 12월) 이른바 '적자 국채 사건' 관련해 그 사건은 제 담당이었고, (김동연) 부총리님 보고를 4번 들어갔습니다. 최초 보고를 올렸을 때 부총리께서는 8.7조 원을 발행하지 않은 채로 유지하겠다고 말씀하셨습니다. 그런데 (청와대에서 기획재정부의 담당 국장과 과장에게 전화를 건) 이후 태도가 바뀌었습니다.

저는 GDP 대비 채무비율 때문에 채권발행량을 줄여야 한다는 지시에 대해, 공무원으로서 상당히 회의를 느꼈습니다. 정확하게 얼마 이하로 줄이라는 지시가 아니라 '39.4'라는 수치를 주면서, GDP 대비 채무비율이 그 위로 올라가야 된다며, 그에 맞게 부채발행 액수를 결정해달라고 제 눈앞에서 부총리께서 말씀하셨던 거죠.

어떤 사람들은 '바이백 취소는 별 게 아니다'라고 말씀하시는데요. 한 달 전에 1조 원 규모를 한다고 해놓고 하루 전에 취소해버리면, 어떤 기업은 큰 타격을 받을 것이고 생활인 누구 한 명은 그것 때문에 고통을 받게 될 것입니다. 우리 사회가 조금 더 합리적이고, 조금 더 나은 공무원구조가 되면 좋겠습니다."

▌ 2019년 1월 2일 신재민 전 사무관 기자회견 발언 中 ▌

문재인 정부 출범 후 반 년이 지난 2017년 11월 23일, 기획재정부는 '4조 6000억 원 규모의 국고채를 다음 달 경쟁 입찰 방식으로 발행하고 5000억 원을 매입한다'는 내용의 보도 자료를 냈습니다. 그런데 얼마 뒤 관련 내용을 담은 기사들이 하나 둘씩 사라졌습니다.

이 같은 상황을 두고 신재민 전 기재부 사무관은 청와대가 당시 계획된 국채발행액 4조 6000억 원에 최대 8조 7000억 원의 적자국채 한도를 더해 시장에 뿌릴 것을 기재부에 요구했다고 주장했습니다. 전 정권 시절인 2016년(38.3%)보다 국가채무비율을 1.1%포인트 이상 올리기 위해 나랏빚을 20조 원 이상 늘리려는 취지에서 이 같은 지시가 내려왔다고 했습니다. 2017년 세수가 15조 원 가량 초과한 상황에서 연말에 대규모 국채를 추가 발행하는 것은 현실성이 떨어진다는 지적이 많았음에도, 그런 결정을 내렸다고 비판하면서 말이죠.

그에 따르면, 김동연 전 부총리는 당초 '채권시장 혼란' 등을 우려하는 정부 내 반대 의견이 지속되자, 적자국채를 발행하지 않는 쪽으로 결론을 냈는데요. 보도 자료가 나간 뒤 청와대 측 '압력 전화'를 받게 됐고, 그 이후 태도를 바꿨다는 것이 신 전 사무관 주장의 핵심입니다. 이른바 '전 정권 망신주기' 차원에서 내린 결정이 '어떤 기업'과 '생활인 누구 한 명'에게 큰 타격'이 되고 고통도 받을 수 있게 된다며, 합리적 의사결정의 중요성을 다시 한 번 강조했던 것이죠.

당시 신 전 사무관이 견문발검(見蚊拔劍) 한 것인지, 아니면 기재부 최고위층에서 내부의 반대에도 비합리적 결정을 내렸던 것인지 여부는 시간이 더 흐르면 명확하게 밝혀질 것으로 보이는데요.

다만, 오로지 전 정권을 망신주기 위한 목적으로 추진된 '설익은 정책' 등에 대해서는 여야 모두 반성의 시간을 갖고, 재발 방지 등에 대한 명확한 약속이 있어야 할 것입니다. 셀 수 없을 정도로 많았던 '정책적 과오'를 되풀이하지 않으려면 말이죠.

말이 나온 김에 한 말씀 더 드리면, 윤석열 정부의 '대통령 집무실 슬림화 시도'에서도 일견 그런 느낌이 드는 게 사실입니다. 제 느낌이 100% 기우이길 바랄 뿐이지만요.

당초 청와대 인력은 대략 450명 규모였는데요, 문재인 정부 들어 700명을 넘어서게 됐습니다. 몸집이 이전보다 60% 가량 불어난 상황에 대해, 당시 야권에서는 '청와대 중심의 국정 운영'이라고 비판했습니다. 특히 정부의 경제 정책과 방역 대책을 두고 논란이 커졌을 당시, '청와대에 있는 비전문가 집단이 나라를 망치고 있다'는 거친 표현까지 써가면서 목소리를 높이기도 했죠.

정권이 교체되고 윤석열 정부가 들어선 뒤, 과도하게 비대해진 몸집을 줄이겠다며 '대통령실 슬림화'를 공언(公言)했습니다. 그러면서 그 이전 정부의 450명 대로 환원시키는 것이 아니라, 200명 대 수준으로 낮추겠다고 했습니다.

'문재인 청와대'의 근무 인원이 많기는 했지만 450명이라는 기준점이 갖는 '합리적 함의'가 있을 텐데, 그 기준의 절반으로 줄이겠다는 주장이 과연 어느 정도 실효성이 있을지는 사실 잘 모르겠습니다. 마치 '39.4'라는 수치를 제시하면서, 전 정권을 망신 주려는 듯한 모습과 유사하다는 느낌도 불현듯 들었고요.

혹시라도 정권 초반 극단적으로 허리띠를 졸라 매 '슬림해진 대통령실' 상황을 연출한 뒤, 시간이 지나면서 점차 '요요 현상'이 발생해 어느새 450명 선을 회복하는 그런 모습이 나타날 수도 있겠다는 염려도 되는 게 사실인데요.

혹시라도 6.1 지방선거를 맞아 각 선거 캠프에 파견 나가있던 인원들이 하나 둘씩 청와대로 모여들어, 정권 출범 반 년 뒤쯤 몸집이 보다 커진다면, 이 상황은 해명이 될까요? 대통령실 리모델링이 완료되고 활용 공간이 보다 넓어지게 되면서 추후 근무 인력이 부득불 늘어날 수도 있을 텐데, 그 때는 과연 어떤 해명을 해놓을지 미리서부터 궁금해지기도 하고요.

윤석열 정부 입장에서는 대통령실 슬림화 정책이 좋은 의도였다는 점을 호소력 짙게 잘 설명해야겠지요. 자신들이 비판했던 문재인 정부와 다르다는 것을 몸소 보여주려면 말이죠.

『정의론』*A Theory of Justice*의 저자이자 미국 하버드대학에서 수십 년 간 '최고의 강좌'라는 평가를 받으며 큰 인기를 누렸던 존 롤스(John Rawls) 교수는 피자라는 친숙한 소재로 공정과 정의를 설명했습니다. 피자를 공평하게 나누기 위해서는, 피자를 자르는 그룹과 배분하는 그룹을 나눠야 한다고 했는데요. 만약 A라는 사람이 칼을 쥐고 피자를 잘랐다면, B에게 먼저 선택권을 줘야 공평할 수 있다고 했습니다.

신 전 사무관의 폭로도 사실은 결정권자가 '정파적 이해관계에서 자유로웠고, 해당 업무에 직접 관여하지 않았던' 기재부 내부의 우려에 조금만 더 귀를 기울였다면 애초에 벌어지지 않았을 일입니다.

주요 정책에 대한 크로스 체크가 큰 불편함 없이 진행될 수 있는 정부라면, '제2의 신재민'은 등장하지 않을 것입니다. 신 전 사무관도 '제2의 신재민'이 등장하지 않는 나라를 꿈꾸고 있을 것이고요.

마키아벨리가 경멸할 프로크루테스의 침대

'프로크루테스'는 고대 그리스신화에 나오는 전설적 강도입니다. '잡아 늘리는 자'라는 뜻의 이름을 가진 이 도둑은 아티카 지방에 살고 있었지요. 그는 잠자리가 필요한 나그네를 집으로 유인한 뒤, 쇠로 제작한 특수 침대에 눕도록 안내했습니다. 그리고는 나그네의 키가 침대 길이 보다 작으면 망치로 두드려 펴거나 잡아당겨 죽였고, 키가 더 크면 침대 밖으로 나온 부분을 잘라내 죽게 만들었습니다.

그는 이런 방식으로 자신에게 도움을 구했던 나그네들을 전부 죽였는데, 단 한 명만 정확하게 크기가 맞아 극적으로 살아남았습니다. 하지만 프로크루테스는 악행을 멈추지 않고, 그 역시도 노예로 삼아 부렸지요.

그의 악행은 그리스 로마 신화의 영웅이자 고대 그리스의 군주인 테세우스에 의해 종지부가 찍혔습니다. 테세우스는 프로크루테스와 똑같은 방식으로 그를 특수 침대에 눕힌 뒤 죽였습니다.

이 신화에서 파생된 '프로크루테스의 침대'라는 말은, 어떤 절대적 기준을 설정해 모든 현상을 획일적으로 만드는, 즉 '판에 박혀 융통성 없는 상황'을 의미합니다.

매사 유연한 대처 능력을 요구받는 대선 후보에게 '융통성 없다'는 지적만큼 치명적인 것도 없을 것입니다. 그들은 '논리(論理)의 세계'가 아니라, 철저히 현실주의적 삶을 살아가기 때문입니다. 일관성에 대한 집착보다 시대 변화상을 읽어내면서, 자신의 행보를 지속적으로 수정·보완할 수 있는 유연함을 발휘하는 것이 더 중요한 것이죠.

물론 우리 사회가 『군주론』이 집필된 16세기 이탈리아만큼 어지럽고 혼란스럽지는 않지만, 위정자들 입장에서는 '군주에게는 군주의 도덕이 있고, 국민들에게는 그들에게 합당한 도덕이 있다'는 마키아벨리의 주장도 곱씹어볼 필요가 있어 보입니다.

마키아벨리는 '사자는 함정을 피할 수 없고, 여우는 늑대를 피할 수 없다'며 군주는 사자와 여우의 성품이 적절히 배합돼야 한다고 주장했는데요. 각각의 상황에 적절히 대처하는 유연함을 갖춰야 한다는 의미일 것입니다. 곳곳의 함정을 알아차리기 위해서는 여우가 돼야 하고, 때로는 강인한 힘으로 늑대도 굴복시킬 수 있는 사자가 될 수 있어야 한다는 의미입니다.

만약 대선 후보가 바쁜 일정 혹은 제한된 정보로 주위 상황을 제대로 살피지 못한 채 잘못된 길을 가고 있다면, 올바른 방향으로 되돌아갈 수 있게 주변 참모들이 인도해야 합니다. 그래야만 더 큰 화를 면할 수 있겠지요.

반면 없는 일도 생기게 하거나, 별 것 아닌 일도 크게 만드는 참모가 주변에 있다면 어떨까요? 권위와 권위주의를 구별하지 못한 채, 세워야 할 권위는 무너뜨리면서 타도해야 할 권위주의만 굳건히 지키려 들면 민심이반은 시간 문제일 것입니다.

내공(內功)은 점점 쌓이는 반면, 기술(技術)은 점차 노출되고 응전의 위기를 맞습니다. 기교를 앞세운 선거 기술자들은 잠시 반짝할 수 있지만, 시간이 지날수록 유연함에 내공까지 지닌 정통파를 이길 수는 없습니다.

미국 루스벨트 대통령의 아내인 엘리너 루스벨트는 "패배보다 승리 때문에 몰락하는 사람이 더 많다"며 퍼스트레이디 시절 '겸손한 마음과 공존의 자세'를 줄곧 강조했습니다. 승리의 기쁨을 오랜 기간 이어갈 수 있도록 해주는 삶의 지혜를 말이죠.

프랑스의 사상가이자 철학자인 미셸 드 몽테뉴(Michel de Montaigne) 는 "자신의 인생이 '일어나지도 않은 불행'으로 가득 차 있다고 생각 하는 사람은 고통을 피할 수 없다"고 했습니다. 손에 쥐고 있는 권력 이 결핍될까 우려하고, 그것을 두려워하는 것 만한 '불필요한 고통'이 또 있을까요?

천하의 마키아벨리도 '국민들의 마음에 미움과 경멸이 싹트는 순간, 음모를 꾸미는 자들이 생겨난다'고 했습니다. 그러면서 군주가 '미움과 경멸을 받지 않도록 하는 것이 자신의 지위를 확고히 하는 길' 이라고도 했지요. 민심을 잘 살피라는 이야기일 것입니다.

1, 2위 후보 간 격차가 0.73%p 차이였던 지난 대선 결과를 보면서, 다시 한 번 민심의 위대함을 느끼게 됐는데요. 경직된 자세로 국민에 게 미움과 경멸을 사는 길로만 간다면, 그 권력은 오래가지 못할 것 입니다. 미래를 향한 시작이 무엇이냐고요? '민심을 향한 첫 걸음'입 니다.

마키아벨리가 경멸할 프로크루테스의 침대

듣는 말귀가 밝고, 뱉는 말에 씨를 담는 지도자

대통령에게는 '통치력(backbone)'과 함께 유머감각(funny bone)도 요구됩니다. 균형 감각에 유머 감각까지 더해지면, 위대한 대통령이 될 수 있는 자격을 상당부분 갖췄다고 볼 수 있는데요. 제대로 된 유머는 골프 어드레스(address) 자세처럼 힘을 빼고, 자기 스스로를 내려놓을 때 구현될 수 있습니다.

미국의 제 16대 대통령으로 선출된 에이브러햄 링컨(Abraham Lincoln)은 전쟁으로 국토의 상당 부분이 폐허가 된 상황을 보면서 "나는 울면 안 되기 때문에 웃는다"라는 '씁쓸한 조크'를 던졌습니다. 감정에 함몰되지 않으려 안간힘을 쓰는 모습이 엿보이는 대목이죠.

링컨은 또 평생의 라이벌이었던 스티븐 아널드 더글러스(Stephen Arnold Douglas)가 '링컨은 두 얼굴의 사나이'라고 하자, "만약 제게 또 다른 얼굴이 있다면 지금처럼 못생긴 이 얼굴을 하고 있겠느냐"고 받아치기도 했습니다. 일종의 '자학 개그'를 선보였던 것입니다.

유머는 행복한 마음을 전하는 일종의 기부 행위입니다. 자신이 지닌 웃음끼를 주변에 나눠주고, 그 과정에서 스스로 더 많이 돌려받았다는 느낌을 받은 분들은 대부분 유머가 멋진 기부라고 말합니다. 다음에는 더 많이 나눠줘야겠다는 생각도 하게 되고요. 성취와 기부, 기부 뒤에 더 큰 성취라는 선순환 프로세스가 아름답게 작동하고 있는 셈이죠.

정치인들은 유권자의 마음을 얻어야만 국정운영의 동력인 권력을 계속 유지할 수 있습니다. 말은 하는 사람의 것이 아니라 듣는 사람의 것이니, '권력 유지'를 위해서는 '유권자의 마음을 움직일 수 있는 말'을 해야 하는데요. 말을 잘 한다는 평가를 받는 사람들, 혹은 말을 재밌게 하는 사람들의 공통점은 남의 이야기를 잘 듣고 그 상황에 꼭 들어맞는 말을 시의(時宜) 적절하게 잘 한다는 것입니다.

방송을 잘 한다고 이름이 알려진 앵커나 MC들을 보면, 상대방이 무슨 이야기를 하는지 충분히 들은 뒤 시청자들이 궁금해 하거나 좋아할 만한 질문을 콕 찍어 합니다. 말이 많다고 말을 잘 하는 것도 아니고, 혼자 멋진 말을 한다고 해서 좋은 평가를 받는 것도 아닙니다. 속된 말로 '말귀를 잘 알아듣고, 씨를 담은 말을 해야' 좋은 평가를 받을 수 있는 것이죠.

청와대와 통일부를 출입했을 당시, 북한 김정은 국무위원장 관련 기사를 쓰기 위해 나름대로 그를 탐구해 봤는데요. 그의 어투, 습관, 주변 인물을 비롯해 국제사회가 그에 대해 어떤 시각을 가지고 있는지 등을 주로 살폈습니다. 그런데 당시 '김정은은 과연 다른 사람의 말을 경청할까?' '노동당 간부가 말을 길게 해도, 끊지 않고 끝까지 들어줄까?' 등은 정말 궁금했습니다.

듣는 말귀가 밝고, 뱉는 말에 씨를 담는 지도자

제가 당시 내렸던 결론은 '아마, 아닐 것 같다'였는데요. 사실상 종신 군주인데다 북한 체제가 직언할 수 있는 분위기도 아니기 때문에, 굳이 남의 말을 경청할 필요성을 느끼지 못했을 것 같습니다. 그런 부분이 학습되지도 않았을 듯했고요.

TV조선의 빅히트 상품이죠? '미스트롯'과 '미스터트롯' 등을 진행한 김성주 씨와 붐 씨를 보면, 그야말로 씨가 먹히게 말을 합니다. 말한마디 한마디가 귀에 쏙 들어와 남녀노소 누구나 그들의 말을 이해하는데 어려움이 없고, 그들의 재치에 큰 행복도 느낍니다.

정치 지도자들이 어떤 말을 해야 유권자의 귀에 쏙 박히고, 행복도 전해줄 수 있을까요? 국민 모두를 '좋은 목적지'로 안내하고 싶다는 마음을 품고, 그 마음을 있는 그대로 전할 수 있는 말을 해야 하겠죠. 그 과정에서 유권자의 이야기도 많이 들어야할 것이고요.

노자는 도덕경 17장을 통해, 좋은 지도자에 대해 네 단계로 설명했습니다. 백성들이 편안하고 여유있게 살 수 있도록 누군가가 국가를 운영하고 있다는 정도로만 인식할 수 있게 해주는 사람(太上下知有之)을 최고로 치고, 칭찬을 받는 지도자가 그 다음이라고 했습니다. 두려움을 주는 지도자가 그 뒤를 잇고, 최악은 국민들이 경멸하는 사람이라고 했고요.

국민들의 고민거리를 AI처럼 알아서 다 해결해 주지는 못할지라도, 최소한 소통이라도 잘 한다면 적어도 두려움을 주거나 경멸 받을 일은 없을 것입니다.

화이트하우스 버블과 도어스테핑

대통령이 외부 세상과 단절돼 대중의 일상과 멀어지는 현상을 '화이트 하우스 버블(White House Bubble)'이라고 합니다. 대중과의 소통이 어렵고, 대중의 언어도 이해 못하는 일종의 '정치적 문맹(文盲)'을 꼬집을 때 사용되곤 하는데요.

미국 백악관(White House)의 위치는 도심 한가운데입니다. 저는 미국의 제 45대 대통령 선거가 있었던 지난 2016년에 워싱턴 특파원(단기)으로 나가 있었는데요. 집에서 미용실을 가거나 식료품점을 갈 때 혹은 아울렛 매장을 갈때마다 백악관을 지나쳐야 했습니다. 그만큼 백악관은 사통팔달의 중심부라고 해도 과언이 아닌데요.

그럼에도 보안이나 경호 문제 등을 고려해 볼 때, 대통령의 삶 그 자체는 대중에게 1%도 오픈되지 않았을 것입니다. 아무래도 제한되는 부분이 많기 때문에 그랬을 텐데요. 대통령은 고작해야 '백악관 1야드(91.4 센티미터) 밖에서 벌어지는 상황'에 대해서도 보고를 받아야만 파악할 수 있는 '도심 속 고립'이라는 생각도 들었고요.

정치인이 대중과 떨어져 있으면, 현실감이나 방향 감각을 잃어 독선에 빠질 가능성은 그만큼 커집니다. '21세기의 문맹(文盲)'은 상대방의 마음을 읽지 못하는 것인데요. 정당의 목적에 유권자의 소망을 부합시킨 뒤 실현가능성을 높이는 정치를 해야, 지속적으로 유권자의 선택을 받을 수 있을 것입니다.

8선 국회의원에 국회의장을 두 차례 지낸 故 이만섭 전 의장은 "정치인의 흥망과 부침을 숱하게 봤는데, 오만과 독선에 가득한 사람은 절대 롱런하지 못했다. 가끔 손해를 보더라도 의리를 지키고 정도를 걷고 민심을 잘 반영하는 사람이 성공하고, 오랜 기간 동안 정치권에 남아 있을 수 있었다"고 회고했습니다.

정치라는 산업은 스타성이 있는 정치인을 생산하고, 이들을 '잘 팔릴 수 있는' 이념과 정신으로 포장(包藏)하는 것이 핵심입니다. 이에 각 정당에서는 생산성 극대화를 위해 자본과 기술, 노동력 등을 적재적소(適材適所)에 집중 투입하는 것이고요.

일종의 성적표(成績表)라고 할 수 있는 대차대조표(貸借對照表)는 각종 선거 결과로 공개됩니다. 매 선거마다 독립된 결과가 나온다고 하지만, 엄밀히 따지면 이전에 받아든 성적표가 그 이후의 결과에 영향을 미치게 됩니다. 그렇기 때문에 여야 모두 차곡차곡 좋은 데이터를 쌓아가기 위해 노력하는 것이고요.

대한민국의 청와대는 대중과의 거리는 물론, 참모들과의 거리도 미 백악관보다 더 떨어져 있는 구조였습니다. '민심을 얻고 살피기에' 굉장히 불리한 구조지요.

대통령 집무실이 있는 본관에서 참모들이 근무하는 위민관(爲民館)

까지는 걸어서 15분 가량 걸리는 것으로 알려져 있습니다. 이 때문에 과거에는 대통령이 호출하면 뛰거나 자전거를 탔다고 하는데, 그래도 10분 정도는 걸렸던 것으로 전해집니다.

물론 관용차와 운전 기사분이 제공되는 비서실장이나 수석급 인사들은 승용차를 타고 이동할 때도 있는데, 본관 안에서 2개의 경비 관문을 통과하고 난 뒤에야 대통령을 만날 수 있습니다.

이 같은 청와대의 폐쇄적 구조에 대한 지적과 우려를 고려한 듯, 문재인 전 대통령은 '탈권위'를 강조하면서 후보 시절 청와대에 있는 대통령 집무실을 광화문 정부종합청사로 옮기겠다고 공약했습니다. 하지만 집무실 이전 공약은 지키지 못했고, 대통령 개인 업무 공간을 비서동인 위민관으로 옮기겠다는 약속만 지켰습니다.

사실 앞선 대통령들도 집무실 이전을 약속했지만, 비용과 경호 등의 이유로 무산된 바 있습니다. 대신 그 때마다 청와대 일부 공간을 국민께 개방하는 것으로 '민심'을 달랬습니다.

윤석열 대통령 역시 대선 후보 시절부터 '집무실 이전'을 공약으로 내걸었습니다. 대선을 40여 일 앞둔 시점에 미국 백악관 사례를 들며 "대통령이 근무하는 오벌 오피스(Oval Office) 주변에 참모들이 쫙 있고, 바로 붙어 있는 웨스트 윙에 또 전문가들이 밀집해 있기 때문에 의사소통이 원활하게 이뤄진다"며 이전 계획을 밝혔는데요.

'당선인 시기'에 집무실을 용산으로 이전하고 청와대 전체를 개방하는 '결단(決斷)'을 내리고, 문재인 정부와 협의해 '관련 예산'도 확보했습니다. 결국 취임 첫 날을 용산에서 보냈고, 청와대 개방 범위도 전면 개방을 목표로 지속적으로 넓혀나가고 있습니다.

이와 함께 출근길에 복도에서 기자들과 만나 약식 질의응답을 갖

화이트하우스 버블과 도어스테핑

는 이른바 '도어스테핑(Doorstepping)'도 지속적으로 이어가고 있고요.

일각에서는 '언제까지 가는지 두고 보자', '저러다 큰 실수 한다'며 곱지 않은 시선으로 바라보기도 하는데요. 큰 틀에서 볼 때 '대한민국 정치사에서 중요한 변곡점이 될 수 있다'는 의견이 보다 많은 게 사실입니다. '티끌 모아 태산'이라는 말처럼 차근차근 하나씩 바꿔나간다면, 당대에는 큰 결과를 이끌어낼 수 없더라도 종국에는 대변혁의 중추 역할을 할 수 있다면서 말이죠.

윤 대통령은 앞서 '미 백악관 집무실처럼' 하나의 연결된 건물에서 공무원들과 함께 호흡하고, 민간 인재들과도 격의 없이 소통해 가면서 국정을 부드럽게 운영하겠다는 구상을 밝혔는데요. 관련 공약을 지켜가고 있는 만큼, 앞으로는 정부 정책을 반대하는 분들과도 허심탄회한 대화를 '끈기 있게' 이어가실 수 있기를 기대해 봅니다.

尹 대통령이 결별해야 할
'쩍벌남, 검사 윤석열'

> "지금까지 역대 정부가 전부 대통령과 주변 특수 관계자 또는 고위공직자들의 권력형 비리 때문에 국민들에게 준 상처가 얼마나 큽니까?
>
> 앞의 두 정부, 대통령과 그 주변이 지금 그런 일로 재판을 받고 있습니다. 그렇게 하라고 특감을 두고 있는 거예요.
>
> 다행스럽게도 우리 정부에서는 과거 정부처럼 국민들에게 실망을 줄만한 권력형 비리라든지 이런 것들이 크게 발생하지 않았기 때문에…"
>
> ▌2019년 1월 10일 문재인 대통령 신년기자회견 ▌

문재인 전 대통령의 5년 임기를 기준으로 볼 때, 2019년 1월 10일 신년기자회견은 정권 초반에서 중반으로 넘어가는 분기점으로 볼 수 있는데요. 당시 문 대통령은 "과거 정부처럼 국민에게 실망을 줄만한 그런 권력형 비리라든지 그런 것들이 크게 발생하지 않았다"고 했습니다.

그런데, 정권 후반으로 갈수록 지지율이 점차 낮아졌던 이유의 상당 부분은, '국민들에게 실망을 줄만한 권력형 비리와 그런 것들' 때문이었습니다. 그 가운데 상당 부분이 당시 기자회견 이전인, '정권 초반'에 벌어졌고요.

정권 초반 지지율이 90%에 육박했을 정도로 워낙 높았기 때문에 시간이 지나면서 떨어질 수밖에 없었지만, 초반과 비교해 지지율이 반토막 나는 과정을 살펴보면 당시 문 전 대통령의 발언과 배치되는 사건들이 없지 않았습니다.

유재수 전 국장 감찰 및 KT&G 사장 선임 전후 상황들, 김학의 전 법무부 차관에 대한 출국 금지 조치를 내리는 과정에서 벌어진 일들, 일부 부처의 '블랙리스트 작성' 의혹, 2018년 지방선거를 앞둔 시점에 발생했던 사건 모두 2019년 신년 기자회견 이전의 일들이었습니다.

그 당시에도 해당 행위의 불법성에 대한 의혹이 꾸준히 제기됐고, 심지어 특감반이 사건에 직접 연루돼 있다는 의혹이 있었음에도 "특감반은 소기의 목적을 달성했다"고 단언했던 것이죠. 이런 이유 때문에 당시 발언이 지속적으로 회자되고 있다는 생각이 드는데요.

임기 막판 '정권 교체를 희망한다'는 비율이 전체의 과반을 넘었는데, 문 대통령 개인에 대한 지지율은 40%대를 유지했습니다. 이른바 '87체제' 이후 역대 최고 수치였죠.

문 전 대통령은 정책을 비판 받을지언정, '쩍벌린 다리' 등 비난받을 만한 모습은 노출되지 않았습니다. 구두를 신은 채 기차 맞은편 좌석에 다리 올린 모습을 보인 적도 없고요. '가족 리스크'가 일부 있었지, 문 전 대통령 스스로는 배려심이 있다는 인식을 주기에 충분했습니다.

이런 인식이 국민들의 가슴 속에 자리 잡게 되면, 비 오는 날 경호실 관계자가 우산을 씌워주는 모습이 언론에 노출돼도 '경호처가 할 일을 한 것'이라며 엄호받을 수 있을 것입니다. 민심을 잃은 분들은 같은 상황에서 권위적이라고 '억울한 지적'을 받을 수도 있고요.

윤석열 정부 대통령실 관계자는 이런 이야기를 전했습니다. 윤 대통령이 당선인 시절, "나 퇴근하니, 알아서 퇴근들 하라"고 이야기 했는데, 저녁 식사 후 다시 사무실로 들어온 날이 있었다고 합니다. 그때 일부 직원이 퇴근을 안 하고 있자, "원래 내가 퇴근하려 했는데 갑자기 들어오게 됐다"며 멋쩍은 듯 다시 들어오게 된 이유를 구구절절 이야기하면서 미안함을 표시했다고 하고요.

그러면서 대부분의 경우 '수고하라' 정도의 말을 건네며 퇴근하고, 혹시 사무실로 다시 들어오게 돼도 '수고한다'는 수준으로 말을 건네는데, "기존에 봐왔던 정치인들과 달리 굉장히 정이 많다"고 했습니다. 그는 "아무래도 검사 출신이다 보니 권위적인 모습이 밖으로 더 비춰지는 경우가 많은데, 사실은 외부에 비춰지는 모습보다 훨씬 더 인간미 넘치는데 안타깝다"며 아쉬움을 표하기도 했습니다.

이른바 '쩍벌남'으로 대변되는 '권위적이고 고루한 꼰대' 이미지가 고착되는 듯한 상황이 안타깝다는 취지에서 이 같은 에피소드를 전했겠지요.

야권에서는 '검사 출신이라 더 권위적인 대통령'이라고 주장하고 있는데요. 대부분의 검사가 권위적일 것이라는 취지의 전제에는 동의하지 않습니다. 다만 '개인의 합리적 판단'이 중요한 판사 조직에 비해, 소그룹이라 할지라도 리더 역할을 해야 하는 검찰 조직에는 여전히 권위적인 문화가 다소 남아있다는 주장에는 동의합니다.

尹 대통령이 결별해야 할 '쩍벌남, 검사 윤석열'

윤 대통령은 과거 검찰 조직에 적응하고 성공한 검사로 자리매김 하기 위해, 이른바 '고시 9수생 윤석열의 모습 가운데 지워야 할 부분'을 하나씩 지워나갔을 것입니다. 마찬가지로 대중 친화적 정치 문화에 적응해 성공한 대통령으로 자리매김 하기 위해, '검사 윤석열'의 모습 가운데 버려야 하는 모습과는 결별해야 할 것이고요.

윤 대통령은 지난 대선 국면에서 'TV조선 백반기행' 프로그램에 출연해 칼국수를 먹었는데요. 당시 윤 대통령이 칼국수를 반쯤 먹자, 식당 주인께서 "이것을 넣고 드시면 또 다른 맛이 날 것"이라며 양념장을 건넸습니다.

그런데 윤 대통령이 자신의 생각보다 양념을 많이 넣었다고 생각되셨는지, 식당 주인께서는 걱정스런 표정을 지으며 '짜지 않느냐'고 물었습니다. 그러자 윤 대통령은 "괜찮습니다. 먹다가 짜면 국물을 더 넣으면 됩니다."라고 답했습니다.

국정운영도 이와 같은 이치겠지요. 국민들이 '양념장(쩍벌남 등의 설화)'이 과도한 것 아니냐고 느낀다면, 추가적으로 국물(다른 미담)을 넉넉하게 넣어 국민들이 짜지 않다고 느낄 수 있도록 해야 할 것입니다.

음식은 각자의 기호에 맞춰 혼자 먹을 수 있지만, 국정 운영은 국민 어느 한 사람도 빼놓고 생각할 수 없습니다. '보편적 입맛'에 맞출 수밖에 없는 것이죠. 만약 이도저도 아니라면, 국민들은 맛도 없고 짜다며 젓가락을 내려놓고 다른 음식을 찾을 테니까요.

패배 답습이냐 승리 계승이냐

'I awoke one morning and found myself famous'.

'어느 날 깨어나 보니 유명해진 것을 알았다'라는 명언을 남긴, 영국의 낭만파 시인 조지 고든 바이런(George Gordon Byrons)은 "미래에 대한 최선의 예언자는 과거"라고 했습니다. 과거를 돌아보면 앞으로 전개될 일을 어렵지 않게 알 수 있다는 이야기죠.

습관적으로 패배하는 사람들이 있습니다. 패배 요인을 숨아내고, 극복하지 못한 채 계속 패배를 답습하는 분들 말이죠.

초창기 메이저리그의 슈퍼스타이자 역사상 최고의 우완투수 중 한 명으로, 90.7%의 득표율로 명예의 전당에 헌액된 크리스티 매튜슨(373승188패, 통산 방어율 2.13)은 다음과 같은 말을 남겼습니다.

> You can learn little from victory, You can learn everything from defeat.
> (승리를 통해 배울 수 있는 것은 조금 밖에 없지만, 패배로부터는 모든 것을 배울 수 있다).

그의 통산 전적을 보면 승리가 패배보다 두 배 가까이 많은데, 패배했던 경기 하나하나까지 얼마나 알차게 활용했는지를 엿볼 수 있는 '명언'입니다.

크리스더 매튜슨은 이미 병역이 면제된 상황에서 '38세의 나이에 자원해서' 1차 대전에 참전했는데요. 전선에서 독가스를 흡입했던 게 악성 폐결핵으로 번져 45세의 일기로 생을 마감하게 돼, 전 세계 팬들이 하나 같이 안타까워했던 분이기도 하죠.

'답습(踏襲)'은 무언가를 이어간다는 점에서 '계승(繼承)'과 같지만, 결과는 정반대라는 점에서 차이가 있습니다. 실패학이라고, 실패를 성공의 디딤돌로 삼자는 내용을 담은 학문도 있는데요. 과거의 실패를 교훈 삼는 정치인은, 상황을 길게 볼 줄 아는 분입니다. 일종의 '시간 투자'를 잘 하는 분이기도 하고요.

정치인 가운데 승리의 과정과 결과를 계속 이어가는 '승리 계승자'가 있는 반면, 답습만 되풀이하는 '패배 답습자'도 있습니다. 정치인 입장에선 답습은 최악의 정무적 선택이기 때문에, 횟수가 거듭될수록 중앙 정치권에서 점점 멀어지게 되겠죠.

열린 사고를 해야 눈에 잘 보이지 않는 사물의 이면도 보이고, 지엽적이거나 작은 목소리까지도 들을 수 있는데요. 답습만 하는 사람은 그야말로 보지도 듣지도 못하는 분들이겠죠.

『로마인 이야기』를 쓴 작가인 시오노 나나미는 "인간은 역사에서 보고 싶은 것만 보고, 듣고 싶은 것만 듣는다"고 했는데요. 저는 이 문장을 차용해, "미련한 정치인은 보고 싶은 것만 보고, 듣고 싶은 것만 듣는다. 그래서 점점 더 미련해진다"고 주장하고 싶습니다.

물 흐르듯 변화하는 민심을 따라가지 못하고, 세상이 바뀌고 있음을 깨닫지 못하는 정치인들의 행위는 미련한 결과를 야기할 가능성이 높기 때문입니다. 목표 앞에서 모든 것을 내려놓을 준비가 돼 있어야 하는데, 모든 것을 손에 쥐려고만 하니 상황은 더더욱 꼬여만 갈 것이고요.

세(勢)는 주변에 '권력을 나눠주겠다'고 약속하며 모아가는 방식이 일반적인데요. 이미 주변에서 많은 것을 쥐고 있으면, 새로운 인물을 발굴하고, 상대 진영의 유력 인사들을 모셔오기가 그만큼 더 어려울 수밖에 없습니다.

새로운 사람을 영입하기 위해서는 누군가가 쥐고 있는 것을 받아서 새로운 인물에게 넘겨야 하는데, 주변이 전부 '무언가를 손에 쥐고 있는 사람들'뿐이라면 운신이 폭이 그만큼 좁을 수밖에 없겠지요.

또 아무리 여건이 좋아서 승리가 눈앞에 보여도, 패배를 답습하면 과거와 똑같은 결론에 이르게 됩니다. 2002년 대선에서 한나라당 이회창 후보와 그 주변 분들이 그런 전철을 밟았습니다.

'유권자의 욕구는 어느 정도 제어가 가능하다'며 사회 변화를 염원하는 마음을 외면한 오만(傲慢), '사회의 메인스트림을 늘상 같은 잣대로 바라보는' 고정관념(固定觀念), 어설프게 알고 있으면서도 '사회 변화상을 충분히 알고 있다'고 느끼는 착각(錯覺)이 낳은 결과였습니다.

인류학자 겸 언어학자인 그레고리 베이트슨(Gregory Bate -son)은 "낡은 아이디어를 버리기 전에는 새로운 아이디어를 얻을 수 없다"고 했습니다. 그의 말처럼, 잘못된 옛 것을 버리고 제대로 된 새 것을 추구해야 도태되지 않습니다. 선거 기술자들이 잠시 반짝일 수는 있겠지만, 세상을 영원히 밝게 비추지는 못하는 것과 같은 이치겠지요.

고등학교 시절 교실에서 벽면에 쓰여 있던 '낙서 아닌 낙서'를 보고

패배 답습이냐 승리 계승이냐

감탄을 금치 못했던 기억이 있습니다. 고대 그리스의 철학자인 소크라테스(Socrates)의 '너 자신을 알라'라는 명언과, 영국 고전 경험론의 창시자인 프랜시스 베이컨(Francis Bacon)의 '아는 것이 힘이다'라는 문장을 합쳐서, '너 자신을 아는 것이 힘이다'라고 써놓은 것을 발견하고는 말이죠.

'세상을 바꾸려는 자라면, 먼저 자신부터 바꾸도록 하라'는 소크라테스의 말도 결국 같은 맥락으로 풀이됩니다. 벤저민 프랭클린이 260년 전에 썼던 『가난한 리처드의 달력』_poor Richard's almanack_ 속에 담긴 문구죠? '세상에는 세 가지의 무척 단단한 것들이 있는데, 금속과 다이아몬드 그리고 자기 자신 알기'라는 문장이 전하는 의미도 이와 크게 다르지 않을 것이고요.

거울에 비친 자신의 모습을 보면서 손으로 만지려 하면 만져지지 않지만, 유권자의 손을 통하면 스스로를 만질 수 있습니다. 유권자들의 눈동자에 비친 모습을 통해, 자신을 바라볼 수도 있고요. 부족한 부분을 어떻게 개선해 나갈지에 대한 해답 또한 유권자를 통해 발견할 수 있을 것입니다.

박근혜 전 대통령이 자신의 저서에도 쓰고, 공적인 자리뿐 아니라 사적인 자리에서도 자주 했던 말이 떠오릅니다. "민심은 파도와도 같다. 뒤에서 배를 밀어주기도 하지만, 성난 민심은 배를 뒤집기도 한다".

윤석열 대통령도 이 같은 이치를 이미 너무나 잘 알고 있습니다. '국민의 지지와 성원이 지속되지 않는다는 것을 압니다. 지금의 이 지지가 비판과 분노로 바뀌지 않도록 하겠습니다'라는 약속을 국민 앞에서 수차례 했으니 말이죠.

윤 대통령은 정치인 출신이 아니기 때문에 '정치적 이해관계'에서 상대적으로 더 자유로운 만큼, 정파 이익보다 국민 이익을 우선시하는 대통령으로 자리매김 하실 수 있기를 국민의 한 사람으로서 기원해 봅니다.

패배 답습이냐 승리 계승이냐

명예라는 유산

프랑스 왕국의 '루이 16세(Louis XV)'와 왕비인 마리 앙투아네트가 시민혁명군에 포위됐을 때 궁전을 마지막까지 지킨 사람은 프랑스 군인이 아니라 스위스 용병 220명이었습니다. 이들은 '남의 나라' 왕과 왕비를 위해 용맹스럽게 싸우다 전원 전사(戰死)했지요.

시민혁명군은 퇴각할 시간과 기회를 줬는데, 스위스 용병은 '계약 기간이 몇 개월 남았다'는 이유로 거절했습니다. 당시 한 용병이 가족에게 보내려했던 편지에는 '우리가 신뢰와 신용을 잃으면 후손들은 영원히 용병(傭兵)을 할 수 없기 때문에 죽을 때까지 계약을 지키기로 했다'는 내용이 담겨 있었던 것으로 전해집니다.

오늘 날까지 스위스 용병이 로마 교황의 최측근 경비를 담당하는 전통이 이어지는 것도 이런 배경이 있어서일 것입니다. 미국의 정치학자인 프랜시스 후쿠야마(Francis Fukuya -ma)가 토지, 노동, 자본에 이어 '신뢰(信賴)'를 제4의 자원으로 꼽은 것도 같은 맥락일 텐데요.

신뢰가 바탕이 된 '명예(名譽)'는 제2의 '유산(遺産)'이라고 해도 과언이 아닙니다. 스위스 용병이 지킨 명예는 스위스 은행 금고에 대한 신뢰(信賴)로 이어지고 있으니 말이죠.

스위스 은행은 당시 용병들이 송금한 '피묻은 돈'을 관리했는데요. 지금 이곳을 이용하려면 이자는 고사하고, 적지 않은 금액의 보관료(保管料)를 내야 합니다. 그럼에도 전 세계의 부호들이 몰려와 자금을 맡기고 관리를 부탁하니, 안전과 신용의 대명사였던 스위스 용병의 명예를 스위스 은행이 유산으로 받은 셈이죠.

정치인들 역시 명예가 굉장히 중요할 텐데요. 안타깝게도 마지막 순간까지 명예를 지키고 영예(榮譽)롭게 물러나신 분들보다, 오히려 말년에 오명(汚名)을 뒤집어쓰고 퇴장한 분들이 더 많았던 것으로 기억됩니다.

대통령이든 국회의원이든 선출된 지 1년도 안 돼 권력의 흐름과 그 힘이 작동하는 원리와 성질을 완전히 파악합니다. 쉽게 이야기해서, 권력이라는 것이 낯설지 않게 되는 것이죠. 그 때부터는 권력이 마치 손에 잘 익은 칼처럼 느껴지면서, 봉사의 수단이 아니라 추구하는 대상 혹은 목적 그 자체로 변질되는 경우가 적지 않았습니다.

임기 절반이 지난 시점부터는 권력이 새나갈 두려움에 서서히 초조해지면서, 스스로를 실기(失期)하게 만들고 급기야 자신을 파괴하는 행위를 스스럼없이 자행하기도 했고요.

2005년에 개봉된 '스타워즈 에피소드3-시스의 복수' 편을 보면 주인공인 이완 맥그리거는, 처음에는 권력을 낯설어 하지만 권력이 아내의 죽음을 막아줄 수 있다는 말에 그것을 거부하지 않기로 결정합니다. 순수한 목적에서 권력과 마주했지만, 이후 권력 자체의 마력에

명예라는 유산

빠져들더니 어느새 권력 그 자체가 목적인 상태로 돌변합니다.

역대 대통령들은 저마다 자신의 집권을 구시대와 결별하는 '새로운 시대의 시작'이라고 주장했습니다. 하지만 그 초심은 오래가지 못했습니다. 퇴임 이후 평온한 삶을 사는 전직 대통령을 만나보기 어렵고, '존경받는 정치 원로'가 언뜻 떠오르지 않은 상황도 이와 무관치 않을 것입니다.

윤 대통령도 이전 정부와 180도 다른, 차별화 노선을 구축하고 있습니다. 권력의 상징으로 여겨졌던 청와대를 국민께 돌려드리고, 취임 초 각종 개혁 작업에 역점을 두는 등 '역대 대통령의 안 좋은 전철'은 밟지 않겠다는 의지를 표현하고 있는데요.

역대 대통령의 경우처럼 시작은 창대했지만 그 끝이 미약할지, 아니면 0.73%p 차이로 신승(辛勝)했지만 오히려 임기 막바지에 국민적 지지를 온 몸으로 받을지는 계속 지켜볼 일입니다. 그런데 이제는 우리나라에서도 '대통령의 명예로운 은퇴', 이런 멋진 전통이 뿌리 내릴 때가 되지 않았나요? 제 생각에는 이미 좀 지난 것 같은데요.

한 게 없는 정치, 한계가 없는 정치

'여행자의 발걸음을 무겁게 만드는 가장 무거운 짐은 텅 빈 지갑이다'. 정말 씹을수록 짙은 여운이 남는 말인데요. 돈 때문에 울기도 하고, 돈 덕분에 웃기도 하고….

다들 돈에 얽힌 희로애락(喜怒哀樂)이 많으실 텐데요. 소득이 적은 분들이 고통스럽게 느끼는 '일차적 고통'은 아마도 배고픔이겠지만, 가난이 몰고 오는 무기력과 수치심, 소외감과 같은 심리적 고통은 사회적으로 볼 때 '더 크고 무거운 짐'입니다.

'이해의 나무에는 사랑의 열매가 열리고, 오해의 줄기에는 증오의 가시가 돋는다'는 말처럼, 넉넉한 마음을 나누는 것이 중요한데요. 나눔과 복지는 '가진 자가 베푸는 시혜'가 아니라, '함께 나누는 행복'으로 방향을 잡아야 모두가 미소 지을 수 있을 것입니다.

미국의 유일한 4선 대통령인 프랭클린 루스벨트는 1933년부터 1945년까지 집권 기간 내내 대공황(大恐慌, Great Depression)과 세계 1, 2

차 대전 등 굵직굵직한 어려움에 직면했습니다. 이 같은 과중한 업무 스트레스 때문에 4선에 성공한지 1년 만에 하늘의 부름을 받았는지도 모르겠는데요.

그는 재임 시절, 대공황 타개책으로 뉴딜 정책의 일환인 '기업 개혁안'을 내놓았습니다. 반대 진영에서는 그가 백만장자의 아들이지만 이념적으로는 공산주의자, 파시스트가 분명하다고 매도했는데요.

하지만 그런 시도도 결실을 맺지는 못했습니다. 루스벨트의 아내인 엘리너(Eleanor Roosevelt)가 소외 계층의 삶에 대해 생생하게 보고했고, 루스벨트 스스로도 노동자계급의 비참한 삶과 발생 원인인 독점자본주의적 환경 개조에 관심이 많았기 때문입니다.

엘리너가 남긴 수많은 명언도 유명하죠? 주로 삶에 대해 긍정적인 자세를 갖자는 말들이었는데요. 그래서인지 훗날 '행복 연금술사'라는 별칭도 갖게 됐나 봅니다. 어떤 말을 했는지 살펴 볼까요?

- It is better to light a candle than curse the darkness"
  (어둠을 저주하기 보다는 촛불을 켜는 것이 낫다).
- "The future belongs to those who believe in the beauty of their dreams"
  (미래는 자신의 꿈이 아름답다는 것을 믿는 사람들의 것이다).
- "Great minds discuss ideas, average minds discuss events, small minds discuss people.
  (위대한 정신의 소유자는 이상을 논하고, 평범한 사람은 사건을 이야기하며, 마음이 좁은 자는 다른 사람 이야기를 한다).

루스벨트 대통령의 급서(急逝)로 부통령에서 대통령이 된 트루먼의 민주당은 1946년 중간 선거에서 패배했습니다. 의회의 역학구도가 바뀌어, 공화당이 상하 양원의 다수당이 된 건데요. 이런 상황에서, 루스벨트의 국정 운영에 대한 내용적 측면보다 장기 집권 형태에 익숙해 있던 트루먼은 공화당과의 '대결 구도'로 방향을 잡았습니다.

이 선택이 어떤 결과를 야기했을까요? 의회에서 통과된 법안 가운데 트루먼의 반대로 무산된 것은 250건에 달했고, 반대로 트루먼이 제안한 법안 21개 가운데 의회가 통과시켜준 것은 7개에 그쳤습니다. 이런 상황을 비꼬아, '트루먼 정부는 타율이 0.333인 정부'라는 별칭이 붙기도 했습니다. 트루먼 집권 시기의 미국 80대 의회 역시 '아무 일도 못한 국회(Do Nothing Congress)'라는 오명을 함께 뒤집어썼고요.

반면 중간 선거에서 똑같이 패했던 빌 클린턴 전 대통령은 트루먼과 정반대의 길을 택했습니다. 패배를 인정하고 공화당과 협력했습니다. 물론 의회와 잘 지내야 했던 다른 특별한 이유도 있었지만요.

이 같은 내용의 미국 정사(政史)가, 압도적 여소야대 국회 속에서 임기를 시작한 윤 대통령에게 전하는 시사점은 적지 않습니다.

윤 대통령도 익히 알고 있는 대로, 국민이 파도라면 시대정신은 바람입니다. 국민 개개인은 물방울처럼 나뉘어 있다고 볼 수도 있지만, 그 물방울이 모이면 파도가 됩니다. 파도와 바람은 배를 띄우고 빠르게 갈 수 있도록 도와주기도 하지만, 배가 파도와 바람을 거스르면 '난파(難破)'를 피할 수 없습니다.

한계가 없는 대통령이 될지, 아니면 한 게 없는 대통령이 될지는 결국 파도와 바람을 대하는 태도에서 결정되지 않을까요?

한 게 없는 정치, 한계가 없는 정치

바흐의 대위법과 부부동반 정치

　음악의 구성 요소로 소리의 높낮이(高低音)와 속도(rhythm) 등을 꼽는데, 이 둘의 조화로 멜로디가 생겨납니다. 그런데 요한 제바스티안 바흐(Johann Sebastian Bach)는 둘 이상의 멜로디를 동시에 결합하는 작곡 기법인 대위법(對位法)을 개발했습니다. '푸가의 기법 BWV 1080 1곡, 주제에 의한 4성부 푸가곡'으로 집대성했고요.

　두 개 이상의 선율이 주연과 조연으로 나뉘지 않고 같은 시간 속에 주인공으로 함께 존재할 수 있다는 것을 증명해낸, 음악에 '공동 주연' 개념을 정립한 선구자적 인물이라고 할 수 있겠지요.

　두 개의 멜로디가 함께 흐르며 만들어내는 긴장감과 그 안에서 전해지는 묘한 어울림은 각기 다른 성부의 '완벽한 조화'를 견인합니다. 화음이 평범한 멜로디 라인 밑에 흐르는 것이 아니라 2개 이상의 멜로디가 겹치기도 하고, 때로는 함께 어우러지면서 표현의 범위를 무한정 확장시킨 것이죠.

그는 '푸가의 기법(실내악곡)'에서 볼 수 있듯 전통 음악기법의 완성자이면서도, 평균율(옥타브를 균등한 비율로 나눈 음)도 적절히 활용해 '피아노 음악의 구약성서'로 불리는 평균율 클라비어곡집까지 만들었습니다. 여기에 교회와 궁중 음악의 중흥, 그리고 대위법까지 개발해 냈으니 클래식의 전성기를 이끌었다고 해도 과언이 아니겠죠?

바흐가 대위법과 평균율이라는 음악 형식의 기틀을 세운데 대해 '악성(樂聖)' 루트비히 반 베토벤(Ludwig van Beethoven)은 "화음의 원조 아버지이며 거대한 음악의 바다와 같다"고 할 정도였으니 말이죠.

바흐는 이 같은 업적에도 불구하고, 생전에는 지금과 같은 명성을 얻지 못했습니다. 숨을 거둘 당시엔 돈이 없어 빈민구호조치에 의해 장례식을 치를 정도로 가난과 사투를 벌였습니다. 시쳇말로 '다 가진 사람'이 아니라, 하늘이 그야말로 '천재적 재능'만 허락하셨나 봅니다.

다시 대위법으로 돌아와 대위법을 사용할 때 이른바 '튀는 소리'로 곡을 망치지 않으려면 조화와 공존이라는 '균형 잡힌 틀'을 염두에 둬야합니다. 여러 성부가 일정한 규칙에 따라 조화롭게 결합돼야, 환상적인 하모니로 거듭날 수 있기 때문이죠. 즉, '양자 공존의 원칙'을 지킬 때 비로소 한 차원 높아진 작품이 태어날 수 있습니다.

TV조선 인기 예능 프로그램이죠? '백반기행'은 맛있는 음식을 안주 삼아, 만화가 허영만 씨가 출연자들과 더 맛깔스러운 대화를 주거니 받거니 합니다. 맛없는 음식을 오래 씹는 것만큼 고역이 없는데 먹음직스러운 음식이 나오고, 주고받는 대화가 풍미까지 더하니 시간 가는 줄 모르고 보게 됩니다. 마치 바흐의 대위법처럼 먹음직스러운 음식, 따스한 대화라는 두 개의 선율이 서로 완벽한 하모니를 이뤄낸 결과겠지요.

바흐의 대위법과 부부동반 정치

20대 대선 국면에서 여야 주요 대선 후보들도 '백반기행'에 출연했습니다. 특히 이재명 후보는 부부동반으로 출연해 방송에 무게감을 더해줬는데요. 각종 선거 상황을 보면, 아무래도 후보 혼자 고군분투하는 것보다 가족이 총출동해 '선거 무게'를 나눠 갖는 모습이 보기도 좋고 다득표로도 연결되는 경우가 많았습니다. 물론 가족의 참여가 반드시 긍정 효과만 가져다준 것은 아니었지만요.

역대 대통령을 되돌아볼 때 배우자가 최고의 보완재(補完財) 역할을 했던 사례는 보수 진영에서는 故 육영수 여사, 진보 진영에서는 故 이희호 여사를 꼽습니다. 아무래도 국민들이 '시끌벅적한 내조' 보다는 '소리없이 강한 내조'를 더 선호하는 경향이 반영된 듯합니다.

육 여사는 '한지붕 내 야당'을 자처하면서 민심의 동향을 박정희 전 대통령에게 가감 없이 전달했고, 도처에 소외된 분들을 찾아다니면서 슬픔을 위로하고 아픔도 공유했습니다. 박 전 대통령이 불교계와 불편한 관계에 놓였을 때에는, 육 여사가 불교계 인사들과 직접 만나 격의 없이 소통했고, 남편이 재벌 총수를 만나 경제와 성장에 대해 논할 때 그는 사회적 약자를 찾아 복지와 분배를 이야기했습니다.

박정희 전 대통령의 마지막 비서실장이었던 故 김계원 실장은, 생전에 저에게 차를 한 잔 내주시던 자리에서 "영애(박근혜 전 대통령)께서 빈자리를 잘 메우긴 하셨지만, 육 여사가 살아계실 때 국정운영이 더 섬세했던 것 같다"고 회고했습니다.

이희호 여사도 여성 인권 관련 정책을 비롯해, 사회적 약자 지원 정책 설계 과정에서도 부족한 부분을 '티 나지 않게' 채워주셨던 것으로 잘 알려져 있고요. 비호남 지역 문제도 DJ 임기 막바지까지 챙겨보려 했던 것으로 전해지고 있습니다.

제가 실제로 가장 많이 볼 수 있었던 영부인은 김정숙 여사입니다. 취임 전이나 퇴임 후 김윤옥 여사도 가끔 뵀지만, 아무래도 '문재인 정부 청와대'를 출입한 덕분에 김정숙 여사를 뵐 기회가 가장 많았습니다. 김 여사는 지난 2015년 2·8 전당대회 당시 문재인 의원이 민주당 대표로 선출된 직후부터 지역 곳곳을 돌며 '내조 정치'를 했습니다.

그 즈음 '문재인 대표'는 호남 출신 구 민주계 의원들과 불편한 관계였고, 일부 의원들이 집단 탈당 후 국민의당을 창당하며 호남 지역에서 돌풍을 일으키기도 했습니다. 아마도 이 같은 분위기는 '박근혜 대통령 탄핵 사태' 직전까지 이어졌던 것으로 기억합니다.

이런 상황에서 김 여사가 지역 곳곳을 돌면서 '돌아선 호남 민심'을 수습하고자 했습니다. 김 여사의 측근으로 꼽히는 A씨는 "여사님이 전당대회 직후부터 대선 직전까지 화장실 갈 틈도 없이 지역을 돌고 또 돌았다. 그 때 여사의 건강이 걱정돼 소화제와 심지어 변비약까지 상시 준비했다"고 전했습니다.

이 같은 행보 덕분인지, 제가 민주당을 출입했던 2016년 총선과 2017년 대선 당시 호남 지역에선 문재인 후보 보다 김 여사의 인기가 더 많다는 말이 돌기도 했습니다.

2007년 한나라당 대통령 후보 경선 당시에는 이명박 후보의 가족들이 견디기 힘든 수준으로 판단되는 악성 거짓 루머가 퍼지기도 했습니다. 하다하다 이명박 후보에게 혼외자가 있다는 내용도 돌았는데, 결국 사실이 아닌 것으로 밝혀졌죠. 소문이 일었던 당시 한 기자가 '혼외자 소문에 대해 어떻게 생각하느냐'고 묻자, 김윤옥 여사는 "그게 사실이면 어디 좀 데려와 보세요. 선거 때문에 바쁜데 일 좀 시키게요"라고 받아 넘겼습니다.

바흐의 대위법과 부부동반 정치

비단 김윤옥 여사 뿐 아니라 모든 정치인의 배우자와 가족들이 비슷한 일을 지속적으로 겪고, 그 때마다 인내하고 오뚜기처럼 다시 일어나야만 했을 것입니다. 대통령의 일상을 보면 하루하루가 전쟁인데, 배우자나 가족들의 삶도 최소한 준전시 상태는 된다는 생각이 들었습니다. 이런 삶 속에서도 조화와 공존을 통해 아름다운 화음까지 내야하니, 심신의 건강이 염려되는 게 사실인데요.

윤석열 정부 출범 이후 대통령의 배우자인 김건희 여사 행보에 대한 관심이 날로 커지고 있습니다. 김 여사는 지난 대선 당시 자신의 허위 이력 등에 대해 사과하는 기자회견을 열고, 총 1,088자의 '사과문'을 낭독하며 머리를 숙였는데요. 그러면서 "남편이 대통령이 돼도 아내 역할에만 충실하겠다"고 약속했습니다. 그런데 당선 이후 점차 보폭을 넓혀가는 듯한 행보를 보이자, 일각에서는 '과거 약속'을 언급하며 가사(家事)에 충실하라는 듯한 지적을 이어가고 있습니다.

하지만 어디까지가 '아내의 역할'이고, 어디까지가 퍼스트레이디의 역할인지에 대해 명확하게 규정하기는 어려울 것입니다. 배우자의 정무적 판단에 대한 조언과 공식 행사 동참도 아내의 역할일 수 있기 때문이죠. 아마도 앞서 김 여사가 '아내의 역할'이라는 표현을 선택했던 것도, 중의적으로 해석될 여지가 있기 때문일 것으로 생각되는데요.

그 대상이 누구든 간에 기본적으로 대통령, 혹은 정치인 가족을 향한 합당한 의혹제기나 합리적 비판이 아니라, 무분별한 의혹 제기나 선을 넘어서는 공격은 지양하는 것이 맞다는 생각입니다. 용인될 수 있는 적정선이 있겠지요.

반대로 과거의 잘못된 행동에 대한 비판 여론이 형성된 상황에서, 용인 불가능할 수준의 '광폭 행보·튀는 행보'를 이어간다면 그 또한 역풍을 피할 수 없을 것입니다.

국민들이 보기에 '조화와 공존의 틀'이 잘 갖춰진 합당한 수준의 행보인데, 그럼에도 불필요한 시비만 지속적으로 늘여놓는다면 그 주도 세력 역시 역풍을 맞을 것이고요.

비정규직, 을의 갑질을 꿈꾸다

아마 10년도 더 된 이야기인 것 같은데요. 한 때는 지상파 방송에서 '일본 드라마에 영감을 받아 원작을 새롭게 각색한 드라마'가 큰 사랑을 받으며 방영된 적이 있었습니다. 지난 2006년 일본 후지TV에서 방영한 '노다메 칸타빌레(のだめカンタービレ)'를 재해석한 '베토벤 바이러스(2009)'가 있었고, 일본 NTV의 '파견의 품격(ハケンの 品格, 2007)'에서 영감을 받아 우리 실정에 맞게 각색한 '직장의 신(2013)'이라는 드라마도 있었습니다.

'베토벤 바이러스(김명민)'와 '직장의 신(김혜수)' 모두 톱스타의 열연으로, 원작의 인기만큼이나 큰 흥행을 거뒀습니다. 특히 똑 부러지는 일 처리를 바탕으로 비정규직이 '어설픈 정규직'의 코를 납작하게 해주는 내용이 담겼던 '직장의 신'은 이 세상의 '을'들에게 큰 용기와 희망, 통쾌함을 전하기도 했는데요.

배우 김혜수 씨가 연기한 '미스 김(극중 이름)'은 항공기 정비사, 크레인 기사 등 124개의 자격증을 바탕으로 회사가 위기에 처했을 때마다 결정적 역할을 해내며 위기에서 구해내는 원더우먼 같은 캐릭터였습니다. 정규직(正規職)인 아닌 비정규직이었음에도 말이죠.

'미스 김'은 근로계약서에 명시된 업무만 하는 가운데 점심시간이 되면 하던 일을 바로 멈췄고, 오후 6시가 되면 '칼 퇴근'했습니다. 회식에 참석해 '고기 굽기 20만 원, 노래방 탬버린 치기 40만 원' 등 시간외 수당도 요구했고요.

현실에서는 비정규직이 이런 추가 수당을 요구하는 것이 사실상 불가능할 것입니다. 도리어 극중에서 배우 정유미 씨가 연기했던, '일은 일대로 하고 희생은 희생대로 하지만 돌아오는 것은 허탈함 뿐'인 '정주리' 같은 사원이 흔한 모습일 겁니다. 계약 연장을 위해 온갖 궂은 역할도 마다하지 않지만, '언감생심(焉敢生心)' 정규직이 누리는 혜택은 기대도 못하는 '을(乙) 중의 을' 말이죠.

비정규직 제도가 도입된지 어느새 25년이 됐습니다. 선거 때마다 여야 후보들은 너나할 것 없이 '친노동(親勞動)', 노동존중 사회를 주창합니다. 하지만 일부 고용주들의 악용과 일부 정규직들의 갑질과 멸시 등 직장 내 갈등이 지속되다 보니 전체적으로 노사 간 신뢰와 근로의욕이 많이 저하된 상태입니다.

급기야 경기 악화로 노동시장이 보다 경직돼 '주 52시간 근무제'와 '급격한 최저임금 인상'을 강행한 문재인 정부도 건강한 노동환경 구축에는 실패했다는 평가를 받게 됐습니다. 미래가 불확실한 단기 일자리만 많아진 탓입니다.

쉬운 고용만큼 해고도 쉬운데다, 값싼 일자리라는 부정적 인식도 생겨났습니다. '싸고 좋은 중고차'가 존재하지 않듯, '양질의 비정규직'도 일종의 말장난일 것입니다.

비정규직, 을의 갑질을 꿈꾸다

이 문제를 어디서부터, 어떻게 풀어야 할까요? 영화 '에반 올마이티 (Evan Almighty)'에서 남편 문제로 고민이 많던 여성(로렌 그레이엄)에게 신(모건 프리먼)이 식당종업원의 모습으로 나타나 조언하는 장면이 나오는데요. 다음과 같은 이야기를 전합니다.

> "제가 하나 물어 보죠. 누군가 신에게 인내심을 가질 수 있도록 해 달라고 기도하면, 신은 인내를 주실까요, 아니면 인내를 발휘할 기회를 주실까요? 용기를 달라고 기도하면 용기를 주실까요, 아니면 용기를 발휘할 기회를 주실까요? 만일 가족끼리 좀 더 가까워지도록 해달라고 기도하면 신이 당장 사랑을 선물로 줄까요, 아니면 서로 사랑할 기회를 마련해 주실까요?"

정치인은 신(神)이 아닙니다. 신도 이럴 진데, 정치인이 할 수 있는 역할은 어디까지일까요? 능력의 한계치와 정책의 최대치를 사실대로 솔직하게 설명하는 게 최선의 방책일 것입니다.

하지만 완벽하게 해내야 한다는 마음에, 도리어 시도조차 하지 못해 결과적으로는 더 많은 것을 해내지 못 하는 경우가 더 많습니다. '완벽한 일처리'를 떠올리다 '실패의 두려움'에 봉착해 출발도 못하는 상황 말이죠. 결핍에 대한 두려움이 우리 삶을 지배하면, 삶은 그만큼 더 궁핍해질 수밖에 없는 것과 같은 이치죠.

윤석열 대통령은 가장 존경하는 정치인으로 제2차 세계대전 승리의 주역이자 영국의 제61·63대 총리를 지낸 윈스턴 처칠(Winston Leonard Spencer Churchill)을 꼽았는데요. 처칠은 "비관주의자는 모든 기회에서 난관을 보지만, 낙관주의자는 모든 난관에서 기회를 봅니다. 저는 낙

관주의자입니다. 낙관 이외에 다른 것은 쓸모가 없어 보입니다"라고
했습니다.

일을 망칠까 두려워서 시도조차 하지 않는 것보다, 오히려 실패도
좋은 약이라는 마음으로 도전해보는 것은 어떨까요? 어차피 전직 대
통령 모두가 '비정규직 일자리' 관련해 시원한 해답을 마련하지 못했
으니 윤 대통령도 더 이상 손해 볼 것이 없어 보이는데 말이죠.

'선량한 독재자'라는 표현처럼, '양질의 비정규직'이라는 말장난만
이어가려면 차라리 안 하는 것이 낫습니다. 말장난 식 조어를 고민할
시간에 실질적 해결 방안을 찾는 것이 보다 현명한 처사일 것입니다.

닭은 추우면 나무 위로 올라가는데, 오리는 추우면 물속으로 들어
갑니다. 같은 조류(鳥類)지만 추위에 반응하는 모습은 전혀 다릅니다.
같은 비정규직이라고 해서 천편일률적으로 규제하려 든다면, 추위를
피하는데 도움을 주기 보다는 오히려 얼어 죽게 만드는 지름길로 안
내하는 것일 수도 있습니다. 이롭지도 의롭지도 않은 결정을 내리는
것은 오히려 비정규직을 더욱 힘들게 만들 뿐입니다. 교각살우(矯角殺
牛)의 우를 범하는 것이죠.

융통성 없는 고집의 줄기에는 비난과 증오의 가시가 돋지만, 경청
과 이해의 나무에는 사랑의 열매가 열리는 법입니다. 윤 대통령의 기
르는 나무줄기는 과연 어떤 결실을 맺게 될까요?

비정규직, 을의 갑질을 꿈꾸다

문재인의 조국, 윤석열의 한동훈

> 일찍이 루돌프 예링은 "저울 없는 칼은 폭력"이라고 정의했다. 만약 저울과 칼을 든 권력이, 저울을 자의적으로 설정하고 칼을 선택적으로 휘두른다면 그 칼은 단순한 폭력이 된다. ▌조국의 시간, 178p ▌

　조국 전 장관이 이른바 '폭력의 칼'이었다고 주장하는 수사의 선봉에 섰던 검사장이 윤석열 정부의 초대 법무부장관이 됐습니다. 이른바 '조국 수사' 이후 한직을 떠돌던 '한동훈 검사장'이 화려하게 부활한 건데요.

　'한동훈 법무부장관' 인사가 전하는 메시지는 명확해 보입니다. 능력 뿐 아니라 소통 측면에서도 '믿을맨'인 한 장관을 통해, 윤 대통령이 생각하는 법치의 틀을 확고히 세우겠다는 것이죠. 조심스럽게 에둘러 가는 방식이 아닌, 일사분란하고 거두절미한 '정공법'을 선택한 것입니다.

　이는 문재인 정부의 초대 법무부장관과 민정수석 인사와는 정반대 되는 듯한 모습인데요. 문재인 전 대통령은 법무부장관에 연세대 법학전문대학원 교수를, 민정수석에는 서울대 법학전문대학원 교수를 각각 임명했습니다. 법조 실무보다는 상대적으로 이론에 능한 분들이 전면에 나서는 모양새였는데, 이 분들의 실제 영향력에 대해서는 당시 민정수석실 인사들 사이에서도 설왕설래가 있었습니다.

오히려 재선 출신의 백원우 민정비서관과 민정수석실 곳곳의 민변 출신 인사들이 국정 운영의 큰 방향을 잡아가는 듯한 모습이었다는 게 당시 청와대 주변의 주된 정서였습니다.

대신 조국 민정수석이 갖고 있던 이미지가 너무나도 좋았기 때문에, 그를 앞세워 여론을 주도하도록 했다는 시각이 강했고요. 정무적 판단은 백원우 비서관이, 수사 등과 관련한 조언은 박형철 비서관을 통해 보완하도록 했다고 봤습니다.

이 연장선상에서 조 수석은 자신이 주도적으로 의견을 내서 비서관들에게 지시를 내리는 것이 아니라, 민주적 절차에 따라 비서관들에게 의견을 내보라고 지시한 뒤 의견 수렴 과정을 거쳐 최종 결정을 내리는 방식으로 주된 의사결정을 했던 것으로 알려져 있습니다.

이 기준으로 최근 그가 법리 다툼을 하고 있는 부분을 굳이 따져 본다면 조 전 수석은 자신의 직권을 남용했다기 보다, 오히려 직권남용 지적을 받을 수 있는 의견을 철저히 걸러내지 못한 직무유기적 성격에 가까웠다는 것이 보다 정확한 관점일 듯합니다. 업무 진행 과정을 보면 '고의적 직권남용'이나 '악의' 등과는 거리가 있어 보이니 말이죠.

실무나 수사 등의 경험이 없었던 교수 출신 '박상기-조국' 조합의 성격은, 특수부 검사 출신인 '한동훈 법무부장관-주진우 법률비서관' 조합의 성격과 많이 달랐다는 것을 어렵지 않게 느끼실 수 있을 텐데요.

'박상기-조국' 조합과는 정반대 측면에서 '한동훈-주진우' 조합에 대한 염려의 시각도 일부 있는 게 사실입니다.

이들은 민정수석이 없는 상태에서 자연스럽게 과거 민정수석이 담

문재인의 조국, 윤석열의 한동훈

당한 역할을 사실상 조금씩 나눠 맡게 될 것이라는 관측이 많은데요. 워낙 법을 잘 알고 있고 실무 능력도 뛰어나다 보니, 법의 테두리 안에서 이른바 '법꾸라지'처럼 법을 활용해 정국을 '유리한 판'으로 이끌어 갈 것이라는 우려가 야권을 중심으로 제기되고 있습니다.

가령 지난 정부에서 유재수 전 국장 감찰 직후, '사표만 받고 처리하면 어떻겠느냐'는 백원우 비서관의 제안에 검사 출신 박형철 비서관은 '감찰을 계속해야 하고 수사 의뢰까지 검토해야 하는 사안'이라고 답한 것으로 알려져 있지요.

박 비서관 말대로 당시 청와대 특감반에는 종결 권한이 없기에 '수사기관 이첩', '해당 부처 감사관실 이첩', '특감반 내부 감찰 지속' 등 세 가지 선택지 가운데 하나를 택했어야 합니다. 징계 여부는 수사 기관이나 해당 부처에서 징계위를 열어 자율적으로 판단하도록 돼 있기 때문입니다.

그런데 당시 청와대 민정 라인은 비정상적으로 감찰이 중단된 상황에서, 이 세 가지 선택지 가운데 하나를 고른 것이 아니라 사실상 '인사 조치'라고 적힌 제 3의 선택지를 들고 금융위 측과 대화를 나눴으니 훗날 '직권 남용' 논란이 제기될 수밖에 없었습니다.

그런데 '한동훈-주진우' 듀오는 이와 비슷한 상황에서 사실상의 '감찰 무마 효력'을 갖는 '합법적 선택지'를 문재인 정부 청와대 민정라인보다 훨씬 세련되고도 다양한 방식으로 취할 수 있을 것이라는 염려는 일견 합당해 보입니다. 아는 만큼 보이는 게 법이고, 쓸 수 있는 카드가 많다면 그만큼 더 정교하게 접근할 수 있으니까요.

하지만 잘못한 자, 이를 수사 혹은 감찰한 자, 그리고 이 상황을 무마시키려는 자 등 최소한 세 명 이상이 알고 있는 세상사에 영원한 비밀은 없습니다. 정권 임기가 후반에 다다를수록 더더욱 그렇습니다. 역사의 많은 단면들이 이를 입증해주고 있고요.

미국 애플 사(社)의 창업자인 스티브 잡스는 "무엇을 하지 않을지 결정하는 일은, 무엇을 할지 결정하는 것만큼 중요하다"고 했는데요. 야당의 우려가 현실화 할지, 아니면 기우에 그칠지는 전적으로 윤석열 정부의 핵심 관계자들에게 달렸습니다.

이들이 만약 잡스가 전한 교훈을 잘 새기고 지행합일까지 이뤄낸다면, 도리어 이와 같은 우려를 제기했던 분들이 더욱 초라해 보일 수도 있을 것입니다. 어느 진영이든 머리를 효과적으로 잘 쓰고, 신중하게 행동해야 늘 미소 지을 수 있겠지요.

3장

청와대 출입기자가 본
조국의 시간, 윤석열의 시간

여야 대선 후보를 바꾼 윤석열 검찰총장 인사청문회

> 윤석열 검사를 서울중앙지검장으로 승진·발탁하는 것에 대해서는 당시 청와대 안팎에서 이견이 없었던 것으로 기억한다. (중략) 윤석열 서울중앙지검장을 검찰총장으로 임명하는 것에 대해서는 청와대 안팎에서 의견이 확연하게 나뉘었다. 나는 민정수석으로서 찬반 의견을 모두 수집해 보고해야 했기에 그 내용을 잘 알고 있지만, 의견을 표명한 사람의 실명을 밝힐 수는 없다. 다만 당시 더불어민주당 법사위원과 법률가 출신 국회의원 대다수와 문재인 대선 캠프 법률지원단 소속 법률가들 다수는 강한 우려 의견을 제기했다는 점은 밝힌다.
>
> ▌조국의 시간, 348p ▌

2019년 6월 17일, 문재인 대통령은 '결국' 윤석열 서울중앙지검장 (사법연수원 23기)을 검찰총장 후보자로 지명했습니다. 윤 지명자는 문재인 정부 출범 직후 중앙지검장에 발탁됐는데, 2년 만에 검찰 조직의 수장으로 더더욱 중용된 겁니다. 기수를 4~5개 가량 뛰어넘었고, 1988년 검찰총장 임기제 도입 이후 처음으로 고검장을 거치지 않고 총장이 된 그야말로 '파격(破格)' 인사였습니다.

그런데, 발표 직전까지, 청와대와 민주당 등 여권 일각에서는 보고서까지 작성해가며 윤 지명자를 반대했습니다. 그런 흐름은 청문회가 진행되는 그 시각까지 계속 이어졌습니다. 원하는 사람이 후보가 되지 못했으니 낙마(落馬)라도 시키겠다는 것이었는데, 윤 대통령 역시 당시 그와 같은 분위기를 파악하고 있었던 것으로 알려져 있습니다.

'친윤(親尹)' 핵심으로 꼽히는 한 인사는 "그 당시 여권 일각에서 '윤석열 배제' 흐름들이 나타났는데, 윤 대통령은 그 즈음부터 '해도 너무한다, 같이 가기 어렵겠다'는 마음을 조금씩 싹틔웠던 것 같다"고 전했습니다. 그는 다만 "여권 내 반대 흐름에도 마지막 순간까지 자신을 믿고 총장 후보자로 지명한 문 대통령과의 의리는 마지막 순간까지도 지키려 했고, 자신을 믿어준 당시 결정에 대해 진심으로 감사한 마음을 가지고 있었던 것으로 알고 있다"고 했습니다.

그는 또 '윤 총장의 우려 표명에도, 문 대통령이 조 수석을 법무부 장관에 지명해 여권과 멀어지기 시작했다'는 일각의 관측은, 엄밀히 따지면 사실과 다르다고도 했습니다. 그 시작은 '조국 불가론'이 처음 불거진 2019년 9월이 아니라, 그보다 석 달 전 '윤석열 검찰총장 후보 인사청문회' 전후였다는 겁니다. 『조국의 시간』 348페이지에도 당시 분위기를 엿볼 수 있는 글이 담겨 있고요.

결국 이야기를 종합해보면, '윤석열 검찰총장' 임명 직전부터 시작된 일련의 상황이, 여야의 제20대 대선 후보 선출에 결정적 영향을 미쳤다고 볼 수 있습니다. 여당의 강력한 예비 주자였던 조 전 장관을 대열에서 이탈하게 만들고, 아이러니하게도 윤 대통령이 '여당이 아닌 야당 후보'가 되는 초석이 됐기 때문이죠.

대선 이후 민주당 내부에서는 애초에 윤 대통령을 검찰총장으로 지명하지 말았어야 했는지, 아니면 임명 이후 공개적으로 비토하기보다 '불가근불가원(不可近不可遠)'의 자세를 유지해야 더 좋았을지 등에 대한 설왕설래(說往說來)가 많았다고 합니다.

그런데 이런 논의가 무슨 의미가 있겠습니까? 거울 속의 클레오파트라처럼 의미도 실속도 없는데다, 서로 남 탓하는 계기로 작용할 뿐입니다. 반성 없는 후회는 또 다른 패배의 씨앗만 될 뿐이고요.

벤자민 프랭클린(Benjamin Franklin)이 노년에 한 말이죠. "모든 논쟁과 토론에서 승리하는 사람은, 사실 스스로 지고 있는 셈"이라는 격언을 이제라도 마음에 새기는 것이 어떨까요?

돌이켜보면, '윤석열 총장' 지명 당시 검찰은 조용한 분위기였던 반면, 여권이 서너갈래로 나뉘어 '자기 사람 밀기'에 혈안이었던 것 같습니다. 민주당이 검찰의 중립성을 큰 소리로 외쳤던 제 19대 대선 이전과 검찰개혁을 정치권 최대 화두로 올렸던 제 20대 대선 전후 태도와는 조금 다른 모습이었죠.

국민들은 정부 고위 관료의 각종 비위 사건을 접하면서 '굳이 몰라도 되는 수많은 법률 지식'을 쌓아 왔습니다. 문재인 정부에서도 그런 형태의 '국민 학습'이 지속돼 안타까울 따름이었는데요.

우리 사회의 근본 문제는 부도덕한 정치집단이 권력을 사유화해서 정의를 무너뜨리고, 정작 최우선 과제로 삼아야 하는 경제의 근간마저 크게 흔들리게 하는데 있습니다.

정의를 바로 세우고, 좌고우면 하지 않으면서 경제 살리기에 집중할 수 있는 '정치 윤리'를 확립하는데 검찰력이 그다지 필요하지는 않을 것 같습니다. 각자가 맡은 역할을 정의롭게 소화하고 있다면 말이죠. 이 이야기는 정권을 내준 민주당은 물론이고, 가까스로 국민의 선택을 받은 국민의힘에서도 각골난망(刻骨難忘) 해야 할 것입니다.

여야 대선후보를 바꾼 윤석열 검찰총장 인사청문회

문재인과 윤석열, 짧지만 강렬했던 2년 간의 공존

문 대통령이 희망했던 환상적 조합은 산산조각 났다. 대통령도 어찌 예상했겠는가. 대통령이 임명한 검찰총장은 대통령이 임명한 법무부장관 불가론을 펼치면서 전방위적 저인망 수사에 들어갔다. 보수언론과 야당은 환호하고 응원했다. 내가 물러난 후에도 검찰은 문재인 정부를 공격하는 수사를 멈추지 않았다.

박근혜 정부와 맞서 박해받는 검사가 되어 대중적 명망을 얻고 문재인 정부의 검찰총장이 되더니, 문재인 정부를 쳐서 수구 보수진영의 대권후보로 부상한 것이다. 윤석열은 서울중앙지검장, 검찰총장을 넘어서는 꿈을 실현하기 위해 상징자본을 쌓아나갔고 이를 활용했다.

❙ 조국의 시간, 271p, 318p ❙

'문재인 대통령과 윤석열 서울중앙지검장'. 이제는 전·현직 대통령이 된 이 분들은 소위 '간부'였습니다. 서로에게 필요한 것이 무엇이었는지 잘 알았고, 그것을 상대방에게 '넉넉히' 제공했습니다.

적폐가 청산되고 있다는 분위기가 조성되니 국민들도 큰 응원을 보냈습니다. 공소장이 쌓일 때마다 주변에서 박수갈채가 쏟아졌고요. 장애물이라는 것은 애초에 존재할 상황이 아니었기에 그 어떤 눈치를 볼 필요가 없었고, 국민적 지지도 받았으니 권한과 힘은 시간이 지날수록 점점 커졌습니다.

그에 대한 반작용으로, 국민의힘(당시 자유한국당) 내부에서의 '윤석열 비토' 분위기 역시 커져만 갔습니다. 국민의힘 A의원이 '여권과 윤 총장의 관계가 좋았던 시절' 전해준 이야기가 여전히 생생합니다. 그 주장의 신빙성 여부에 대해서는 제가 이렇다 할 말씀을 못드리지만요.

- 검찰이 여권에서 막후 영향력 행사하던 A씨 사무실을 압수수색 했는데, 당시 청와대 인사가 전화를 거니 수사가 유야무야 됐다.

- 윤 지검장 주변이 온통 '민주당 계열' 투성이다. 하다못해 비서까지도 여권에서 출신지와 이념적 성향을 봐가면서 배치했다더라.

- 윤 지검장의 핵심 측근이 청와대 모 인사와 독대하기 위해, 일주일에 두 차례 정도 청와대에 들어간다더라. 영상 한 번 잡아봐라. 그 주변 어디에 24시간 감시 카메라를 설치할 수 없나?

당시 야권에서는 이런 뉘앙스의 '제보'를 쏟아냈을 정도로, 이른바 '반윤 정서'가 팽배했습니다. 그런데 윤 지검장의 '체급'이 눈부신 속도로 커지고 여권 내부의 견제도 그만큼 커지면서, 이들 간부 사이에 균열이 조금씩 생기기 시작했습니다. 역으로 국민의힘과는 물리적 간극이 점차 좁혀지기 시작했고요.

국민의힘이 '윤 지검장'의 대선 승리를 위해 사력을 다한 상황을 떠올려 보면, 가수 이문세 씨의 노래처럼 '알 수 없는 인생'이라는 생각도 듭니다. 알 수 없는 인생이라 더욱 아름다운지는 모르겠지만요.

A 의원은 20대 대선 국면에서 다음과 같은 말을 했습니다. 2년 여 전의 구원(舊怨)은 잊은 지 오래로 느껴졌습니다.

"빙판 아래로 흐르는 강물은 날씨가 아무리 춥더라도 가던 길을 멈추지 않습니다. 두꺼운 얼음장을 이고 있지만, 바다로 향하는 꿈은 잃지 않고 있는 것이죠.

윤석열 후보도 마찬가지입니다. 그가 처음부터 정치를 하려 했던 것으로 생각되지 않습니다. 검찰의 수사권 독립을 꿈꿨을 것입니다.

하지만 정권과 틀어지고 그 과정에서 국민적 지지를 받게 되자, 직접 권좌에 올라 그 토대를 만들어 놓고 퇴장해야겠다는 꿈과 용기를 가지게 되지 않았을까요?"

환경은 전략을 구사하는 마당인데요. 옛말에 '누울 자리 보고 발을 뻗으라'는 말이 있지 않습니까? 주어진 환경에 맞는 적절한 대처의 중요성을 강조한 표현일 텐데요.

숱한 상황에서 변수를 상수로 하나씩 바꿔나가고, 불리한 변수들은 모조리 제거해야만 승리의 길에 오를 수 있다는 교훈도 전해주지요.

윤 대통령 역시 구원이 있던 '변수(국민의힘)'를 완벽하게 상수로 바꿨기 때문에 대선에서 승리할 수 있었습니다. 윤 후보의 대선 승리 국면을 죽 떠올려 보니 故 신영복 선생님의 글귀가 떠올랐는데요.

"나이테가 우리에게 가르쳐 주는 것은 '나무는 겨울에도 자란다', '겨울에 자란 부분일수록 여름에 자란 부분보다 훨씬 단단하다'는 사실입니다. 햇빛 한 줌 챙겨줄 단 한 개의 잎새도 없이 동토에 발목 박고 풍설에 팔 벌리고 서서도 나무는 팔뚝을, 가슴을, 그리고 내년의 봄을 키우고 있습니다."

반면 '윤 지검장'을 향한 민주당의 기류는 2년 만에 180도 바뀌었습니다. A의원의 그것과 정반대 흐름이었죠.

'윤 지검장'이 애초에 정치적 야심이 강했고 보수색채가 짙은 검찰주의자였는데, 자신들이 그 '뾰족한 발톱'을 발견하지 못해 '뒤통수' 맞은 것이라고 했습니다. 인선 과정에서 파격이 연이어진 게 결국 자충수가 돼 비수(匕首)로 돌아왔다는 한탄도 뒤늦게 했고요.

민주당이 윤 대통령을 비판하는 과정에서 박근혜 전 대통령을 위로하는 듯한 모습을 보면서, 그야말로 '옛정은 간 데 없고 뼛속 깊은 증오만 남았다'고 느껴졌습니다.

이런 상황을 관조(觀照)하는 내용이라고 해야 할까요? '깊이 사귀지 말라'는 내용의 시 한 편을 소개하며, 잠시 쉬어가겠습니다.

> 작별이 잦은 우리들의 생애
> 가벼운 정도로 사귀세.
> 악수가 서로 짐이 되면 작별을 하세.
> 어려운 말로 이야기하지 않기로 하세
> 너만이라든지 우리들 만이라든지
> 이것은 비밀일세라든지 같은 말들은
> 하지 않기로 하세
>
> 내가 너를 생각하는 깊이를
> 보일 수가 없기 때문에
> 내가 어디메쯤 간다는 것을
> 보일 수가 없기 때문에
> 작별이 올 때 후회하지 않을 정도로 사귀세
> 작별을 하며 작별을 하며 사세.
> 작별이 오면 잊어버릴 정도로 악수를 하세
>
> - 공존의 이유12, 조병화 -

'조국의 시간'에서 간과하면 안 되는 문장

시사인 고제규 편집장은 12월 24일 페이스북에 다음과 같이 썼다. 조국 수사의 본건은 정경심 교수 건이다. 별건은 유재수 수사다. 본건 수사에서 조국 전 장관의 구속 요건을 찾지 못하자, 9개월 간 묵힌 유재수 사건을 10월에서야 수사해 조 전 장관의 구속영장을 청구했다. 전형적인 별건수사 수법이다.

정경심 교수를 구속하는데 성공했지만 관련 혐의로 나까지 구속시킬 수는 없을 것 같다고 판단한 검찰은 '유재수 사건'으로 나의 구속을 시도한 것이다. 이 과정에서 대검이 중심이 되어 서울중앙지검과 동부지검의 행보를 조율했을 것이고, 나에 대해 공적 업무상의 비리로 영장을 청구해야 명분이 선다고 판단했을 것이다

당시만 해도 유재수 사건은 주변적인 사안이었다. 그런데 2019년 2월 김태우 씨는 유재수 사건을 이유로 나를 고발했다. (중략) 나는 유재수 사건으로 검찰조사를 받을 것이라고는 전혀 예상하지 못했다. 2017년 10월 이후 청와대 민정수석실 산하 특감반의 감찰이 있은 후 유재수 국장을 사직토록 했기에 상황이 종결되었다고 생각하고 있었다.

2019년 9월 6일 법무부장관 인사청문회 종료 후, 검찰이 유재수 사건을 다시 들여다본다는 언론 보도가 나왔다. (중략) 검찰 출신 변호사 지인들은 내 가족 관련 수사에서 나온 혐의로는 나에 대해 영장을 청구하기 어려우니, 유재수 사건을 끄집어내 영장을 청구할 것이라고 알려주었다.

▌ 조국의 시간, 286p, 289p, 292~293p ▌

김태우 전 수사관과 자유한국당이 조국 전 장관 등을 직무유기·직권남용 혐의로 고발한 것은 2019년 2월이었습니다. 이들은 사건을 서울중앙지검에 접수했는데, 동부지검으로 이첩되면서 당시 형사6부장이었던 주진우 검사(現 대통령 법률비서관)가 담당하게 됐습니다.

그런데 사건 처리는 하세월이었습니다. 고발 이후 4개월 넘게 다른 특감반원 등에 대한 참고인 조사는 고사하고, 김 전 수사관을 불러 조사한 적도 없었습니다. 그러다 2019년 7월 검찰 인사가 있었고, 사건 담당 검사는 이정섭 부장으로 교체됐습니다. 조국 전 장관 등의 주장대로 '7개월 넘게 묵히던 유재수 사건 수사'를 '조국 사태' 이후 본격화했다고 볼 여지도 없지 않았던 것이죠. 조 전 장관은 이 같은 검찰의 행태에 대해 다음과 같이 꼬집었습니다.

> 2019년 하반기 이후 검찰 행태에 선택적 수사, '선택적 기소'라는 비판이 있었는데, '선택적 순종', '선택적 반발'도 반드시 기억해야 한다.

> 살아있는 권력에 대한 검찰수사는 정치적 중립성을 지킨 적이 없다. 검찰의 살아있는 권력 수사 대상에는 검찰총장을 비롯한 내부 비리는 제외되거나 최소화되었다. 윤석열 검찰도 예외가 아니었다.
>
> ▎조국의 시간, 121, 147p ▎

그런데 엄밀히 따지면, '2019년 하반기 이후 검찰의 행태'에 대해서만 선택적 수사나 선택적 기소라고 명명하는 것은 실체적 진실과 거리감이 있어 보입니다. 최소한 2019년 상반기에도 이런 일이 분명히 있었고, 2018년 하반기에도 비슷한 일이 있었던 것으로 파악됐기 때문입니다.

1기 특감반을 둘러싼 잡음이 불거지는 과정에서, 청와대는 물론이고 당시 검찰 주요 관계자들도 '창성동 별관 3층*에서 돌아가는 일들'에 대해 상당 부분 파악하고 있었다는 복수 이상의 증언이 이를 뒷받침합니다.

　조 전 장관은 '윤석열 검찰총장'에 대해서만 비판하는데요. 오히려 검찰총장 시절에는 '살아있는 권력' 수사를 철저히 했기에 온전히 평가 받아야 하고, 도리어 '윤석열 서울중앙지검장' 시절의 행태를 비판하는 것이 사리(事理)에 맞다는 판단입니다. 이런 사고의 흐름 속에서 조 전 장관의 일부 주장에 대해서는 전적으로 동의하지만 다른 일부에 대해서는 동의하기 어려운 게 사실입니다.

　조 전 장관의 말처럼 그가 유재수 전 국장을 감싼다고 한들, 그에게 돌아오는 것은 아무 것도 없습니다. 오히려 직권남용과 직무유기라는 '불명예스러운' 꼬리표만 따라 붙을 뿐이죠.

　그렇기 때문에 "유 국장 감찰 중단 상황에서 박 비서관의 의견에 따라 이 사건을 아예 수사기관에 넘겼다면 문제가 없었을 텐데 하는 후회를 한다(『조국의 시간』 292p)"는 문장에서 그의 진심이 느껴졌습니다.

　'청와대 민정수석 시절에서 가장 되돌리고 싶은 일이 있다면 무엇일까'라는 질문을 던진다면, 아마도 조 전 장관은 '유 전 국장 사건을 재처리하고 싶다'고 이야기 하지 않을까 조심스레 짐작해봅니다.

---

* 서울시 종로구 창성동에 위치한 정부 서울 청사 별관으로, 청와대 민정수석실 산하 반부패비서관실 소속 특감반원과 민정비서관실 소속 특감반원 일부가 근무하던 곳.

도대체 유재수가 누구야?

> 유재수 사건을 간단히 설명하면 다음과 같다. 2017년 10월 말~11월 초 민정수석실의 박형철 반부패비서관은 청와대 특별감찰반(이하 특감반)이 금융위원회 유재수 금융정책국장의 비리 제보를 받았음을 나에게 보고했고, 나는 감찰을 지시했다. 박 비서관으로부터 유 국장이 '구명' 운동을 벌이고 있음을 보고받은 후에도 감찰을 계속하라고 지시했다. 이후 참여정부 인사들과 연이 있는 백원우 민정비서관에게 상황을 점검해보라고 지시했고, 백 비서관은 상황을 점검한 후 나에게 보고했다. 검찰은 이를 유 국장의 '구명 로비'에 백 비서관이 호응한 것이라고 규정했지만, 이는 민정비서관의 통상적 '업무'였다. 만약 내가 유 국장을 봐주려고 생각했다면, 감찰 계속을 지시하지 않았을 것이다. 나와 유 국장은 일면식도 없는 사이며, 내가 이 사람을 봐주어야 할 이유도 봐주어서 얻을 이익도 없었다.
>
> ▌ 조국의 시간, 286~287p ▐

앞 장에서 '유재수'라는 이름이 언급됐는데요. 2018년 5월의 어느 날, 청와대 민정수석실의 한 관계자는 뜬금없이 "백 기자, 혹시 유재수라는 이름 들어봤어?"라고 물었습니다. 제가 "처음 들어보는 이름인데, 어디 계신 분이죠?"라고 되묻자, 그는 "아니야, 됐어"라며 화제(話題)를 다른 쪽으로 돌렸습니다.

보름 정도 지났을 무렵 또 다른 청와대 관계자가 지나가는 투로, "혹시 유재수 국장 모르지? 아마도 정치부 기자들은 잘 모를 거야"라는 말을 건넸습니다. 그래서 저는 "얼마 전에도 비슷한 질문을 받았습니다. 혹시 어떤 분이신가요?"라고 되물었습니다.

이 때도 역시 돌아온 답은 없었는데, '뭔가 있다'는 직감(直感)에 저는 그때부터 '유재수 국장' 추적을 본격 시작했습니다.

당시 제 나름대로 파악해본 결과 그는 참여정부 청와대 행정관을 지냈으며, 문재인 정부 들어 금융위원회 '넘버3' 보직으로 꼽히는 금융정책국장에 임명된 명실상부(名實相符) '금융위 핵심 실세'였습니다. 그는 정무직이 아닌 행정고시 출신의 '늘공'임에도 뛰어난 업무처리 능력을 인정받아 노무현 전 대통령의 총애를 받았고, 사회적으로도 이념과 정파를 초월해 각계각층 인사들과 두루 친분을 유지했던 '마당발'이기도 했습니다.

취재 범위를 경제에서 정치 영역으로 확장하니, 그가 한 달전쯤 (2018년 4월) 민주당 수석전문위원으로 자리를 옮겼고 오거돈 부산시장 선거 캠프에 비공식적으로 이름을 올렸다는 사실도 알게 됐습니다. 그런데 주변인 탐문 과정에서, "천하의 유재수"가 "참 안타까운 상황이 됐다"는 의미심장한 표현을 듣게 됐습니다. 정권 실세인데 고초를 겪고 있다는 취지의 발언으로 풀이됐으니까요.

'궁하면 변하고(窮卽變), 변하면 통한다(變卽通)'라는 말이 있지 않습니까? 2018년 7월의 어느 날, 취재를 이어가던 끝에 드디어 '유재수가 지난해 가을 청와대 반부패비서관실 산하 특별감찰반에게 감찰을 받았다'는 내용을 파악했습니다. 금융위에서는 유 전 국장이 '검찰 수사를 받은 적 없다'는 보도 자료를 냈는데, 그게 수사가 아니라 감찰을 받았기 때문에 '수사 받은 적 없다'고 자신 있게 해명할 수 있었다는 '금융위의 꼼수 해명'까지도 파악하게 됐고요.

이 때까지만 해도 제 취재는 고위 공무원의 '개인 비위' 쪽에 초

점이 맞춰졌는데요. 파고 들어가면 갈수록 큰 덩어리들이 엮어져 나와 취재 대상과 범위는 점차 확대됐습니다. 그러다 "도둑이 경찰을 몽둥이로 때린 격이다", "반부패비서관실 특감반 전체가 풍비박산(風飛雹散)났다"는 이야기도 듣게 됐습니다. '개인 비위'를 넘어서는 대형 사건으로 해석될 수 있는 단초 발언을 듣게 된 셈이죠.

취재를 하다보면 출구를 찾지 못해 포기할 수밖에 없는 안타까운 상황에 놓이기도 하는데요. 유 전 국장 관련 취재는 운 좋게도 '구체적 증거', 즉 청와대 특감반이 유 국장을 감찰한 뒤 2017년 11월쯤 생산한 '유재수 감찰 중간보고서'를 확보하게 됐습니다.

확보 이후 '문건 검증 작업'을 여러 달 진행했고, 2019년 1월 20일에 이르러 '보도해도 되겠다'는 확신이 서게 됐습니다. 유재수라는 이름을 처음 들은 뒤, 대략 8개월 만이었는데요.

시기적으로 볼 때 특감반원 A씨가 유 전 국장을 국회로 찾아간 직후에, 제가 유재수라는 생소한 이름을 잇따라 듣게 됐다는 것도 그 때쯤 깨닫게 됐습니다.

독일 시인인 하인리히 하이네(Heinrich Heine)는 5월에 '사랑의 꽃'이 핀다고 했는데, 당시 여권 관계자들의 마음에는 어떤 꽃이 피었을까요?

> '눈부시게 아름다운 5월에 모든 꽃봉오리 떨어질 때
> 나의 마음속에서도 사랑의 꽃이 피었어라.
> 눈부시게 아름다운 5월에 모든 새들 노래할 때
> 나의 불타는 마음을 사랑하는 이에게 고백했어라.'
> ▌하인리히 하이네, '눈부시게 아름다운 5월에' ▌

도대체 유재수가 누구야?

이명박-박근혜-문재인 靑 거친 김태우

유재수 사건의 출발은 검찰수사관 출신 김태우 전 특별감찰반원의 고발이었다. 김 씨는 청와대 내부 감찰로 자신의 비리가 발견되어 징계 및 수사 의뢰가 이루어지자, "민정수석실에서 민간인을 사찰했다"라는 허무맹랑한 주장을 했다.

｜조국의 시간, 288p ｜

이제는 서울 강서구청장이 된 김태우 전 수사관은 이명박-박근혜-문재인 청와대 민정수석실 특별감찰반 근무 경력이 있는, 정보 담당 수사관으로 쌓을 수 있는 최고의 이력을 쌓은 인물입니다.

그는 1기 특감반 구성 과정에서 가장 먼저 합류가 결정됐고, 합류 이후에도 전방위적으로 다양한 내용의 보고서를 작성하는 등 '성과'도 많이 냈던 것으로 알려져 있습니다. 다만 성취욕이 과도해 '인품까지 넉넉하다'는 평가까지는 받지 못했던 것으로 전해지고요.

김 전 수사관은 2018년 여름, 특감반원 가운데 가장 먼저 청와대를 떠날 생각을 했습니다. 앞서 언론에 보도됐던 대로 과학기술정보통신부 5급 사무관으로 자리를 옮기려 했던 것이죠.

그는 유영민 전 청와대 비서실장이 과기정통부 장관이었던 시절, 장관 측근 그룹 등에 대한 감찰 업무를 진행했는데요. 그 과정에서 유 장관과 직접 대면해야만 하는 상황이 있었고, 이런저런 만남이 이어지면서 결국 '검찰 옷을 벗겠다'는 결정을 내릴 수 있는 인연으로까지 관계가 발전됐던 겁니다.

그런데 이직 절차를 진행하던 것이 청와대 민정수석실 고위 관계자 등에게 알려졌고, 그 과정에서 개인 비위까지 불거져 청와대를 떠나야 했습니다. 급수를 올려 이직하려던 꿈도 수포로 돌아갔고요.

특감반 내부에서는 '민감한 정보를 다뤘던 요원이니 나쁘지 않게 보내주는 것이 좋지 않겠느냐'는 취지로 의견이 모아졌던 것으로 파악됐는데요. 박형철 반부패비서관과 이인걸 특감반장은 '잘못한 부분이 있으면 그 책임은 물어야 하지 않겠느냐'는 태도를 견지했다고 합니다.

설왕설래 끝에 책임을 묻는 쪽으로 최종 결론이 나자, 김 전 수사관이 '박 전 비서관과 이 전 반장이 부당한 지시(민간인 사찰 등)를 했다고 폭로하며 공익신고자의 길을 걷는 쪽으로 방향을 잡았다'는 것이 당시 청와대 관계자들의 일반적 시각이었습니다.

김 전 수사관은 여기에 더해 '문재인 청와대가 권력을 부당하게 남용했다'며 직권남용 혐의도 지적했고, '수당을 과도하게 부풀려 지급했다'며 예산의 부정한 사용도 꼬집는 등 내부고발을 이어갔는데요. 어제의 동지가 오늘의 적이 된 셈이었죠.

그러다 1기 특감반이 2018년 11월경 해체되고 조국·유재수 사건 등을 잇따라 겪으면서, 다른 특감반원들과의 소원했던 관계가 다소 회복된 것으로 알려졌습니다.

부유층이라고 해도 부를 축적한 방식이 다 다르듯, 특감반 역시 입직 배경과 방식이 다 달랐습니다. 정부 서울청사 창성동 별관 3층이라는 근무 지역으로 봤을 때는 이들을 동질 집단으로 묶을 수 있지만, 개별 반원들의 생각과 목표가 다 같을 것이라는 '정태적(靜態的) 기대'는 애초에 잘못된 것이죠.

이명박-박근혜-문재인 靑 거친 김태우

운동 경기를 할 때 적에게 패하지 않으려면 방어를 잘 해야 하고, 적을 이기려면 공격을 잘 해야 합니다. 즉 수비의 목표는 안전이고, 공격의 목표는 이익인 셈인데요. 이런 측면에서 봤을 때, 특감반의 존재 이유는 아마도 수비일 것입니다.

"특감반은 민간인을 사찰하는 것이 임무가 아닙니다. 하위 공직자도 관심이 없고요. 출발은 대통령, 그 다음 대통령 주변 특수 관계자, 그리고 고위공직자들의 권력형 비리를 감시하는 것이죠"라고 했던 문 전 대통령의 2019년 신년 기자회견 발언도 결국 같은 맥락이고요.

하지만 당시 청와대 주류의 생각은 조금 달랐던 것 같습니다. 당시 민정수석실 관계자 네댓 명의 이야기를 종합해보면, "야권 인사들을 공격하는 성격의 보고서를 제출하면 '일 열심히 한다'는 반응을 보인 반면, 여권 인사들의 비위 행위에 대한 위험 신호를 보내면 '피아 구분 못 한다', '똥오줌 못 가린다', '고향이 어디냐' 류의 비난을 받았다"고 입을 모았습니다.

일부의 이야기를 듣고 단정하거나 예단해서는 안 되지만, 전체적으로 전해진 느낌은 당시 청와대가 수비보다 공격에 방점을 찍은 듯한 분위기였습니다. 그런데 공격수가 피아 구분 못하고 유재수 전 국장과 우윤근 전 민주당 원내대표 등 여권 인사 관련 보고서를 작성하다, 결국 불명예 속에 해체된 듯한 분위기고요.

김 전 수사관 문제로 촉발된 1기 특감반의 잡음이, 훗날 자신들의 상관인 조국 민정수석을 쓰러뜨리는 결정적 계기가 될 줄 '특감반 해체 당시에' 누가 알았겠습니까?

유재수 감찰 중간보고서 후폭풍,
靑 비서관 '연쇄 이동'

> 서울중앙지검은 자신들이 조사한 자료로는 구속영장이 발부되지 않을 것이라고 판단했을 것이다. 그래서 2019년 12월 23일 서울동부지검은 유재수 전 금융위원회 금융정책국장 관련 감찰 무마 의혹을 이유로 나에게 '직권남용죄'를 적용해 사전구속영장을 청구했다.
>
> **| 조국의 시간, 286p |**

검찰이 조 전 장관 영장을 청구할 수 있었던 것은, 앞 장에서 살펴본대로 김태우 전 수사관이 조 전 장관을 고발해 수사의 단초를 제공했기 때문인데요.

김 전 수사관은 TV조선의 '유재수 감찰 중간보고서' 리포트 내용을 고발장에 그대로 옮겨 적었습니다. 그는 특감반의 보고서 작성 양식을 이미 잘 알고 있었기 때문에 방송을 보면서 '진짜 보고서'라는 것을 쉽게 파악할 수 있었고, 그 덕분에 고발장 작성 과정에서 보도 내용을 그대로 옮겨도 된다는 자신감을 가질 수 있었던 것이죠.

TV조선의 '유재수 중간 감찰보고서' 첫 보도가 나간 바로 다음 날, 청와대는 불현듯 백원우 당시 민정비서관이 사퇴한다고 밝혔습니다. 그러면서 김영배 정책조정비서관이 후임 민정비서관으로 임명됐다고 전했습니다. 다음은 당시 김의겸 대변인의 브리핑 내용입니다.

> "민정비서관에 김영배 現 정책조정비서관,
> 자치발전비서관에 김우영 現 제도개혁비서관,
> 정책조정비서관에 이진석 現 사회정책비서관,
> 사회정책비서관에 민형배 現 자치발전비서관입니다."

　사퇴한 백원우 비서관 자리는 김영배 비서관이 채우고, 김 비서관의 자리는 이진석 비서관이 채우며, 이 비서관 자리에 민형배 비서관이 들어가고, 기존 민 비서관 자리는 김우영 비서관이 맡는 이른바 '돌려막기 전보 인사'가 단행된 겁니다.

　당시 기자들 사이에서 김영배-민형배-김우영 비서관이 임명 5개월 만에 보직이 바뀌자 "이례적"이라는 반응이 나왔습니다. 백 비서관 사퇴 열흘 전쯤에 이른바 '총선 출마 예정자'들에 대한 교체 인사가 있었던 것을 감안하면 당연히 의심이 들 수밖에 없었죠. 사퇴가 예정됐던 분들이 열흘 전쯤 전부 물러나고, 새롭게 진용을 구축한 직후 이런 하석상대(下石上臺) 인사가 났으니 말이죠.

　이와 관련한 질의응답도 있었는데요. A 기자가 백 전 비서관의 향후 거취와 수평 전보 인사 배경에 대해 묻자, 김 대변인은 "백 비서관은 휴식 기간을 가진 뒤 총선 준비를 할 것으로 알고 있다. 나머지 세 분 수평 이동은 이 분들 뿐만 아니라 지금 비어 있는 비서관실이 몇 군데 되지 않나? 그 자리는 현재 검증 중이다. 이미 검증된 내부 인사들에 대해서는 발표할 수 있기 때문에 해 드리는 것이고, 나머지는 검증을 마치는 대로 발표해 드리겠다"고 답했습니다.

　B 기자가 '청와대에 오신지 얼마 안 된 분들이 많은데, 다른 자리

로 줄줄이 전보 발령을 내는 이유를 묻자, "백 비서관이 빠지는데 따른 연쇄이동 성격이 있고, 이진석 비서관 같은 경우는 오래됐다. 그래서 뭔가 새로운 자리에서 새로운 기운으로 일할 수 있도록 하는 성격이 강하고, 다른 분들도 비슷한 조건에서 일을 하게 되는 것으로 생각하고 있다"고 했습니다.

C 기자의 '11일 전에 총선 출마 수요를 조사해 비서관 인사가 이미 단행됐고, 그 때 백 비서관은 대상이 아니었는데 오늘 인사가 난 이유가 궁금하다'는 질문에는, "특별한 이유는 없다. 총선 나가실 분들은 본인 사정이나 지역구 형편, 여러 가지 등을 고려해서 순차적으로 나갈 것으로 알고 있다"고 답했습니다.

이 사안에 대해 저희는 질문하지 않았고, 조용히 질의응답을 지켜봤습니다. 그런데 훗날 검찰이 작성한 유 전 국장과 조 전 장관 공소장을 보니, 저희가 당시 취재하고 짐작했던 내용이 상당부분 드러나 있었습니다.

자유한국당은 당시 '백 전 비서관이 유 전 국장 감찰 무마 과정에 상당 부분 관여했기 때문에 감찰 중간보고서가 언론에 공개된 직후 사의를 표한 것 아니냐'는 취지의 의혹을 제기했습니다. 전희경 대변인은 "청와대 개편에서 당초 빠져 있었던 백 비서관이 유재수 감찰보고서가 언론에 공개되자 총선 출마를 핑계로 황급히 사직한 것은 이 사태를 청와대도 인식하고 있었다는 증거로 보인다"고 논평했습니다.

사건이 발생하면 일반적으로 세 가지 범위 내에서 결론이 도출됩니다. 죄가 경미할 경우 그에 대해 '사과한 뒤 용서받기'도 하고, 혹은 '법리 다툼을 하다가 죄가 없는 것으로 최종 결론'이 나기도 하며, 때로는 '죄에 상응하는 벌'을 받기도 합니다. 조 전 장관과 백 전 비서관

유재수 감찰 중간보고서 후폭풍, 靑 비서관 '연쇄 이동'

은 이 가운데 2번이나 3번 선택지를 받아들게 될 것으로 보이는데요.

관련 취재를 이어가면 이어갈수록, 백 전 비서관이 문재인 정부의 청와대에서 짊어졌던 짐이 참으로 무거웠다는 점을 알 수 있었습니다. 일반적으로 '얻는 것은 불확실한데, 잃는 것이 확실해 보이는' 상태라면, 대부분의 사람들은 자기 것을 잃지 않는 선택을 하는데요.

그런데 어떤 이유에서인지, 백 전 비서관은 그와 같은 선택을 하지 않았습니다. 그것이 용기인지 혹은 과도한 책임감인지, 아니면 다른 그 어떤 것인지는 모르겠지만 말입니다.

법원의 최종 판결을 앞두고 백 전 비서관은 어떤 생각을 하고 있을까요? 과연 이것이 어떤 의미를 가지는지는 모르겠지만, 그럼에도 국회 전체 의석의 60%를 차지하고 있는 야권에서는 문재인 정부 초반 3년여 간의 태평성대(太平聖代) 근저에 백 전 비서관의 '희생'이 뒷받침 됐다는 점은 인식하고 계셔야 할 듯합니다. 물론 여권에서는 '한 치의 의심도 없는, 부정한 직권남용(職權監用)'이라고 강조하지만요.

'정윤회 문건'–'유재수 문건' 데칼코마니

2018년 12월 31일 국회 운영위원회에 출석하자 야당 의원들이 유재수 사건과 관련해서 '민간인 사찰', '별건 감찰' 여부를 추궁했고, 나는 그런 적이 없다고 단호하게 해명했다. (중략) 나는 유재수 사건으로 검찰조사를 받을 것이라고는 전혀 예상하지 못했다. 2017년 10월 이후 청와대 민정수석실 산하 특감반의 감찰이 있은 후 유재수 국장을 사직토록 했기에 상황이 종결되었다고 생각하고 있었다. 특감반이 포착한 비리 가운데 유 국장은 차량 제공만 인정하고 나머지는 대가성을 강력히 부인했고, 이후 감찰에 불응하고 병가를 낸 후 연락을 끊고 잠적했다. 청와대 특별감찰은 대상자의 동의에 기초해서만 진행되는 것이고, 공직자가 청와대 특별감찰을 거부하는 일은 드물었기에 당황스러웠다. 청와대 특감반은 강제수사권이 없어서 감찰이 사실상 불가능하게 되었다.

▐ 조국의 시간, 289~290p ▐

2018년 12월 31일, 조국 청와대 민정수석은 국회 운영위원회에 출석해 유재수 전 금융위 국장에 대한 특감반의 감찰 내용 및 당시 상황 등에 대해 다음과 같이 설명했습니다.

"유 전 국장 경우에 있어, 비위 첩보가 저희에게 접수됐습니다. 조사한 결과 비위 첩보에 관해 근거가 약하다고 봤습니다. 그 비위 첩보와 관계없는 사적인 문제가 나왔습니다."

그런데 이 발언 이후 1년도 채 지나지 않은 시점에, 감찰 당시 파악했던 내용 대부분이 검찰 수사 결과 사실로 드러났습니다. "근거가 약했다"는 언급 자체가 근거가 약했던 겁니다. 하나씩 살펴볼까요?

2018년 12월 31일 국회 운영위 회의 20일 뒤, TV조선은 청와대 반부패비서관실 소속 특감반원이 2017년 11월경 작성한 '유재수 감찰 중간보고서'를 보도했습니다.

입수 시기는 그 보다 빨랐지만, 해당 문건의 진위 확인 및 관련 내용에 대한 크로스 체크 등을 하느라 보도까지 몇 개월 더 걸렸습니다. 다음은 2019년 1월 20일에 방송으로 나갔던 기사의 일부입니다.

"TV조선이 입수한 유재수 당시 금융위 국장 감찰 중간보고서 일부는, 유 전 국장과 모 금융회사 대표의 텔레그램 대화 내용을 분석해 정리한 것으로 시작합니다. (유 전 국장이) 수시로 연락하며, 영향력을 행사해 사업에 도움을 주고 그 대가로 골프 빌리지 무상 이용, 애플PC, 골프 접대, 식사비용 결제 등 스폰 관계를 유지한 것으로 분석됨이라고 적혀 있습니다."

TV조선은 그 다음날(1월 21일)에도 관련 보도를 이어갔는데요. 다음은 해당 기사의 앵커멘트입니다.

"어제 저희가 유재수 부산시 부시장 관련한 청와대 특감반의 감찰 중간보고서를 단독으로 입수해 보도해드린 바 있는데, 오늘 이어서 계속 보도하겠습니다. 이 보고서에는 유재수 부시장이 금융위 국장 재직 시절, 부인에게 선물할 골프채를 사달라고 금융회사 임원에게 요구했다는 내용도 있습니다. 또 공항과 국회를 갈 때마다 다른 민간회사에서 차량과 기사를 제공받은 혐의가 있다고 적혀 있습니다." (후략)

사실 TV조선이 입수한 감찰 중간보고서에는 당시 보도된 내용 이외에, 유 전 국장 관련 내용이 조금 더 적시돼 있었지만, 나머지 내용에 대해서는 일절 보도하지 않았습니다. 국민의 알권리 및 공익과는 무관한 내용이었기에 그런 결정을 내렸던 것입니다.

하지만 최소한 저희가 보도했던 내용만으로도, "근거가 약했다"는 발언은 상당 부분 기각됨을 알 수 있습니다. 유 전 국장과 조 전 장관 공소장 내용을 보면 고개가 바로 끄덕여 지실 텐데요. 다음은 유 전 국장 공소장 내용 중 일부입니다.

> "2016년 8월 아내에게 줄 골프채(드라이버·우드)를 사달라는 유 전 부시장 요구에 따라 각각 80만 원 상당의 드라이버 1개, 우드 1개를 선물 받았다. 2015년 12월부터 2016년 9월까지 골프빌리지(골프텔)을 13차례 무상으로 사용할 기회를 제공받았다.

조 전 장관 공소장 내용도 한 번 보실까요?

> "(유 전 국장 휴대전화를 디지털 포렌식한 결과) 유관 업체 관계자들로부터 수시로 운전 기사가 딸린 고급 차량을 제공받고, 십 수회에 걸쳐 호화 골프텔을 무상으로 이용할 기회를 제공받았으며, 고가의 골프채를 요구하여 수수하는 등 금품을 수수하였다는 중대 비리 혐의가 구체적으로 확인되었다."

TV조선의 첫 보도가 나간 다음날인 2019년 1월 21일 오전 11시, 청와대 핵심관계자는 정례브리핑에서 '유재수 감찰 중간보고서' 관련 질문이 나오자 다음과 같이 답했습니다.

'정윤회 문건'-'유재수 문건' 데칼코마니

"일단 저희들이 알고 있기로 보고서가 아닙니다. 이 건에 대해서 김 태우 수사관이 관여를 하지 않았고, 다른 파트에서 만든 보고서를 굉장히 부정확하게 옮긴 것으로 알고 있습니다. 그래서 그 보도에 나와 있는 문장과 단어가 보고서 내용과 상당히 다릅니다. 그게 첫 번째입니다. 두 번째로는 현재 검찰이 이 문제에 대해서 조사하고 있으니 좀 지켜 봅시다."

개인적 생각이지만 조 전 수석이 2018년 12월 31일 국회에서 그런 해명을 내놓을 것이 아니라, TV조선 보도를 청와대가 '가짜 뉴스' 취급할 것이 아니라, 차라리 실체적 진실에 대해 소상히 밝히고 상처 부위를 잘 치료했다면 훗날의 '쓰나미'는 면할 수 있었을 것입니다.

2014년 '십상시 문건' 의혹 보도가 나오자 당시 청와대 관계자들은 문건을 '지라시' 취급했고, 공을 검찰로 넘겼는데요. 5년 뒤 '文 청와대'도 거의 유사한 방식으로 대응했습니다. 기사 어디에도 김 전 수사관이 작성했다거나 작성에 관여했다는 내용은 없는데, 브리핑 첫머리에 뜬금없이 '김태우'라는 이름이 등장했으니 말입니다.

'역사에서 교훈을 찾지 못한 사람은, 똑같은 과오를 영원히 되풀이할지도 모른다'는 격언이 있는데요. 이 문장은 '윤석열 정부'에서도 가슴 깊이 새겨야 할 것입니다.

유재수 발언에서 엿볼 수 있었던
당시 여권의 '파워게임' 양상

제가 '유재수'라는 이름을 처음 들었던 2018년 5월 초보다 조금 앞선 시점에, 정부 서울청사 창성동 별관 3층에서 '유재수 전 국장을 감찰한' 특감반원 A씨가 국회를 찾았습니다.

A씨는 유 전 국장을 수 차례 조사하고, 중간보고서도 주도적으로 작성한 소위 '유재수 담당'이었는데요. 감찰관이 감찰 대상자를 찾아가 화해의 제스처(gesture)를 취하는 기이한 상황이 연출된 겁니다.

A씨가 유 전 국장을 찾은 이유는 이와 무관했지만, 그 당시는 '정국(政局) 상황'으로 볼 때 이른바 '드루킹 사건'이 불거진 직후였습니다. 여권 내 분위기가 좋지 않았던 시기였지요.

전체적으로 뒤숭숭했던 시기에, A씨는 자신 등을 겨냥한 투서가 불현듯 청와대로 날아들어 그 연유를 파악하고 있었는데요. 투서에는 특감반에 대한 음해성 내용이 적시돼 있었고, 심지어 B 반원에 대해서는 '조선일보 기자와 친하다'는 취지의 글도 적혀 있었다고 합니다.

청와대 특감반은 기본 1년 파견에, 매년 1년씩 기한을 연장하는 방식인데요. 청와대 추가 파견 여부 결정을 두 달 앞두고 투서가 날아들자, A씨는 '방치하면 안 되겠다'는 생각에 투서를 역추적했습니다. 그런데 그 과정에서 유 전 국장과의 연결고리가 있는 듯한 단서를 잡았는지, 그를 만나기 위해 국회로 찾아 갔던 겁니다.

제가 취재한 내용을 종합하면, A씨가 국회를 찾은 이유는 이른바항의나 불만 표출이 아닌 '미안하다. 앞으로 잘 지내보자'는 취지였습니다. A씨가 청와대 특감반원으로 활동하면서 감찰했던 고위 인사는크게 두 명인데요. 한 명이 유 전 국장이고, 나머지 한 명은 황준국 당시 주 영국 대사였습니다.

유 전 국장 건은 A씨가 직접 발굴했고 황 대사 건은 청와대 차원의감찰 당시 배분 받은 사안이라 성격이 다르긴 하지만, A씨는 크게 두명의 고위 공직자를 감찰했습니다.

황 대사는 박근혜 정부 시절인 지난 2014년 한미 방위비분담특별협정(SMA) 협상 대표를 맡았는데, 정권 교체 이후 민주당 의원들이 "협상 당시 별도의 이면합의서로 미국에 특혜를 제공했다"며 공세에 나서 청와대 차원의 감찰로 이어진 사건이었죠.

그런데 사적 이익 추구도 아니었던 황 대사에 대한 집중 감찰, 새벽3시까지 이어진 밤샘 조사 등 다소 무리했던 진행에 대해서는 '뒷탈'이 없었는데요. 반면 사적 이익을 추구했던 유 전 국장 사건이 오히려정권 차원의 비호로 감찰자가 코너에 몰리는 듯한 상황이 되자, 화해를 시도하기에 이르렀던 것입니다.

이런 배경 속에서 A씨는 국회 1급 공무원(수석 전문위원)으로 자리를옮긴 유 전 국장을 찾아가 인사를 건넸습니다. 그런데 A씨는 당시 인사를 받으며 유 전 국장이 던진 첫 마디에 놀랐고, 그 다음 이야기를 듣고는 굉장히 당황했던 것으로 파악됐습니다. 둘 사이에 오간 정확한 문장은 알 수 없으나, 간접적으로 전해들은 당시 대화의 취지만 전해드리면요.

우선 A씨가 인사말을 건네며 자신을 특감반원이라고 소개하자, 유전 국장이 '아직도 청와대에 계시냐'며 조금 놀란 표정을 지었다고 합니다. 이에 A씨는 '어떻게 아직도 청와대에서 근무하고 있을 수 있느냐'는 느낌을 전달 받았다고 하고요.

그 다음 오간 대화는 더욱 의미심장했던 것으로 파악됐습니다. 첫 인사 건네기가 무섭게 유 전 국장은 '혹시 장하성 정책실장이 시켜서 나를 감찰했느냐'는 취지의 질문을 바로 이어서 했다고 합니다.

이를 통해 짐작해볼 수 있는 점은, 유 전 국장은 자신에 대한 감찰을 일종의 '기획 감찰'로 이해하고 있었고, 그것도 청와대 고위 관계자의 지시에 따른 것으로 의심하고 있었다는 것입니다.

그런데 최근까지 민주당 안팎에서 이어지고 있는 흐름을 보면, 일견 유 전 국장의 두 번째 질문과 맞물려 돌아가는 듯한 느낌을 주는 상황도 일부 벌어졌습니다. 돌이켜보니, 정말 말도 안 되는 허언(虛言)이라고 치부하기에는 뭔가 뼈가 있는 말이었다는 생각도 들게 된 것이죠. 그와 부합하지 않는 흐름도 존재했지만 말입니다.

정권 교체를 목표로 하는 야권의 재편 작업은 지금 이 시간에도 꾸준히 진행되고 있을 텐데요. 재집권을 위해서는 내 편, 네 편을 나누면서 지속적으로 인수분해 하기 보다는, 곪고 썩어 있는 부분을 깔끔하게 도려내는 치료가 우선돼야 할 것입니다.

그래야 새 살이 잘 돋아날 수 있고, 정권 교체 이후 주UN 대사에 임명되는 등 성공적으로 재기한 황 대사처럼 기회도 생길 테니까요.

아쉬움 짙게 묻어나는 2019년 文 신년기자회견

"일단, 김태우 행정관이 속해 있던 그 특감반은 민간인을 사찰하는 것이 임무가 아닙니다. 출발은 대통령, 그 다음 대통령 주변 특수 관계자, 그리고 고위공직자들의 권력형 비리를 감시하는 것이죠.

지금까지 역대 정부 전부, 대통령과 주변 특수 관계자 또는 고위공직자들의 권력형 비리 때문에 국민들에게 준 상처가 얼마나 큽니까? 앞의 두 정부 대통령과 그 주변이 지금 그런 일로 재판을 받고 있습니다.

그런 면에서 보면 다행스럽게도 우리 정부에서는 과거 정부처럼 국민들에게 실망을 줄만한 그런 권력형 비리라든지 이런 것들이 크게 발생하지 않았기 때문에 특감반은 말하자면 소기의 목적을 잘 했다고 볼 수 있는 거죠.

김태우 행정관이 제기한 문제는 자신이 한 행위를 놓고 시비가 불거진 거예요. 모든 공직자가 자신의 권한을 남용할 수 있습니다. 그런 부분을 부단히 단속해야 되는 것인데, '김태우 행정관이 한 감찰 행위' 그것이 '직권의 범위를 벗어난 것이냐'라고 하는 것이 지금 사회적 문제가 되고 있는 것이죠. 그 부분은 이미 수사대상이 되고 있기 때문에 그렇게 가려지리라고 믿습니다."

▎문재인 대통령, 2019년 신년기자회견 발언 중 ▎

2019년 1월 10일 신년 기자회견 당시, '청와대의 직권남용' 의혹을 내부 고발한 김태우 전 수사관을 평가해달라는 취지의 질문에 대한 문재인 대통령의 답변이었는데요.

당시 문 대통령은 김 전 수사관에 대해 "자신이 한 행위를 놓고 시비가 벌어지고 있는 것"이라며 "직분의 범위를 벗어난 것이 사회적 문제가 되고 있고, 그 부분은 수사대상"이라고 했습니다. 그러면서 "그렇게 가려지리라고 믿습니다"라고 덧붙였습니다.

앞서 김 전 수사관은 청와대 민정수석실 차원의 월권적 민간 정보 수집과 산하기관 감찰 지시가 있었고 자신은 그에 따랐을 뿐이라고 주장했는데, 이날 문 전 대통령 발언 뉘앙스로 볼 때 사실상 '개인의 일탈'로 규정했습니다.

문 전 대통령은 또 "역대 정부 전부 대통령과 주변 특수 관계자 또는 고위 공직자들의 권력형 비리 때문에 국민들에게 준 상처가 얼마나 큽니까. 앞의 두 정부도 대통령과 주변의 그런 일로 재판을 받고 있다"면서 "다행스럽게도 우리 정부에서는 그런 권력형 비리라든지 이런 것들이 크게 발생하지 않았기 때문에 특감반은 말하자면 소기의 목적을 잘 달성했다고 볼 수 있는 것"이라고 평가했습니다.

하지만 그 발언 이후 전개된 상황들을 보면, 그와 배치되는 모습들이 잇따라 나타났습니다. 이는 결국 문 대통령이 당시 민정수석실 주변에서 벌어지고 있던 상황을 제대로 인식하지 못했거나, 아니면 어느 정도 파악하고 있었지만 기자회견장에서는 알고 계신 내용을 공개하지 않았다고 봐야 타당할 것입니다.

지난 2014년 11월 28일 세계일보에서 시작돼 언론에 크게 회자된, 이른바 '박근혜 청와대 십상시(十常侍) 문건' 사건 기억하실 텐데요. 당시 세계일보는 '靑 비서실장 교체설 등 VIP 측근(정윤회) 동향'이라는 제목의 청와대 민정수석실 산하 공직기강비서관실의 문건을 보도했습니다. 해당 문건에는 박근혜 정부의 '비선실세' 의혹을 받는 정윤회 씨가 '문고리 권력 3인방', '십상시'로 불렸다는 청와대 보좌진을 주기적으로 만나 국정에 개입했다는 내용이 담겨 있었는데요.

문건 공개 이후 논란이 일자 청와대는 당시 상황을, "문건의 내용은 풍설을 모은 지라시에 불과하며, 문건 유출은 결코 있을 수 없는 국기문란 행위"로 규정한 뒤, 검찰에 철저 수사를 촉구했습니다.

당시 검찰은 문서 내용의 진위 파악보다 문건 유출 과정에 수사력을 집중했고, 그 과정에서 유포자로 지목돼 수사 받던 서울경찰청 소속 최 모 경위가 운명을 달리하는 안타까운 상황도 발생했습니다.

그런데 그 당시 상황과 비슷한 일들이 문재인 정부에서도 마치 데칼코마니처럼 전개됐습니다. 김 전 수사관의 '직권남용, 직무유기 폭로'가 더 큰 화를 막는 일종의 예방주사가 될 수 있었는데, 결과적으로 그렇게 되지 못했다는 점에서 '현직 대통령 탄핵 사태'를 겪은 국민의 한 사람으로서 큰 아쉬움이 남는 것이죠.

'尹, 민정수석 폐지 지시' 계기가 됐던 '울산 사건'

'고래 고기 사건'을 둘러싼 울산지역 검경 간의 충돌을 조사하러 울산
으로 갔던 백 수사관은 느닷없이 검찰·언론·야당에 의해 '하명수사' 첩
보 보고서 작성자로 지목되었고, 울산지검에서 수사를 받은 후 목숨을
끊었다.

▮ 조국의 시간, 332p ▮

문재인 정부 시절 청와대 민정비서관실 소속 특감반원은 노영민
전 비서실장이 국회에서 밝혔듯 모두 여섯 명이었습니다. 대통령의
친인척을 담당하는 인원은 4명이었고요, 전방위적으로 종합적인 업
무를 담당했던 인원이 두 명이었습니다.

'백원우 민정비서관' 시절은 문재인 정부 5년에 비춰볼 때, 업무 효
율성이 가장 높았던 시기로 알려져 있습니다. 그 시기 반원들의 면면
을 보면, 친인척팀 팀장급은 이른바 광홍창팀 출신이고 나머지 세 명
은 경찰 출신이었습니다. 친인척팀 경찰 가운데 최선임은 과거 '노무
현 청와대'에서 근무했고, 노 전 대통령 퇴임 이후 봉하마을에 배치됐
던 것으로 전해지기도 했고요.

친인척팀과 분리된 공간에서 '전방위적 업무'를 봤던 반원 두 명은
각각 검·경에서 에이스로 불리던 인원들이었습니다. 평균 20년 정도
공직에 몸을 담은, 그야말로 산전수전 다 겪은 베테랑이기도 했고요.

이렇듯 실력이나 맡아온 업무 등으로 볼 때, 백 전 비서관은 이른바 '믿을맨'으로 민정비서관실 특감반을 꾸렸던 것입니다.

에이스급 인사들이 모인데다 업무적으로도 무겁고 힘든 일을 맡았기 때문에, 반원들 상당수는 동기들에 비해 승진 속도가 빨랐습니다. 고생했던 만큼, 인사에서 배려를 받았던 것이죠.

그들이 어떤 업무를 했고, 그들의 업무 가운데 어떤 부분이 '직권남용' 논란으로 이어지고 있는지는 이미 언론에서 많이 다뤘기 때문에 생략하도록 하고요. 당시 민정비서관실 특감반의 활동 무대와 반경 등에 대해 살펴볼까 합니다.

이른바 친인척팀은 '지금은 철거돼 없어진' 창성동 별관 5층 사무실 가운데 한 곳에서 근무했습니다. 팀장급 인사는 청와대 경내의 여민 2관 3층 사무실을 오가며 활동했지만, 나머지 세 명은 창성동 5층에 상주했죠.

반면 전방위 업무팀 두 명은 2인실이었던 창성동 별관 304호에서 근무했습니다. 민정비서관실 특감반원들은 한 사무실에 모여 근무했던 게 아니라, 창성동 별관 5층과 3층으로 각각 나뉘어 있었던 것이죠. 분리된 공간에서, 조금 다른 성격의 업무를 수행했던 것입니다.

이들이 왜 별도 공간에서 근무했는지에 대해, 청와대 측은 '5층에 다 같이 모여 근무할 만한 여유 공간이 없어, 어쩔 수 없이 3층에 떨어져 있었다'는 취지로 해명했는데요. 일부는 수긍이 됐는데, 수긍이 안 되는 부분도 있었습니다.

당시 창성동 별관 5층에는 민정수석이 주로 사용하는 일종의 '손님맞이용 접견실'이 있었습니다. 친인척팀 사무실 지척에 있던 이 공간에는 의전용 쇼파와 테이블 등이 놓여져 있었습니다. 과거 검경 수사권 조정 논의가 한창이었을 당시, 조 전 수석은 이 공간에서 박상기 법무부 장관과 김부겸 행정안전부 장관을 만나기도 했었죠.

보안이 삼엄한 여민관 사무실 보다는 창성동 별관 건물이 아무래도 출입하기 편하고 쾌적한 분위기 속에서 티타임을 가질 수 있기 때문에, 이 공간에 대한 필요성은 충분히 인정된다고 봅니다.

다만 조 전 수석은 주로 여민관 사무실에 있었고 이곳을 자주 사용하지는 않았기 때문에, 효율성 제고 등을 위해 민정비서관실 특감반원들을 한 자리에 모아놓고 업무 지시 등을 내릴 생각만 있었다면 '손님 맞이용 접견실' 위치를 조정해서라도 집적이익(集積利益)을 꾀할 여지는 있었다는 생각도 듭니다.

민정비서관실 베테랑 반원 두 명은 반부패비서관실 반원들 바로 옆방에서 근무하면서, 조사실이 있던 301호도 함께 사용했는데요. 가까이 있었음에도 서로 어떤 업무를 맡고 있었는지 구체적으로 물어보지도 않았을 뿐더러, 간혹 물어봐도 두루뭉수리하게 답하기 때문에 보안은 철저히 지켜졌다고 합니다.

아주 이따금씩 감찰 과정에서 큰 소리가 오가면, 감찰 대상자가 어떤 이유로 3층 조사실을 찾았는지 그때서야 짐작이 가능했다고 하고요.

'울산시장 선거 개입' 의혹이 불거졌을 당시, 청와대는 문제의 근저에 검경 갈등이 깔려 있었다며 이른바 '조정 업무'를 위해 민정비서관실 특감반을 투입한 것이라는 취지로 해명했습니다. 그러면서 부처 간 조정 업무가 민정비서관실 소관이라고 강조했는데요. 사실 부처 간 조정 업무는 주로 반부패비서관실에서 맡아왔습니다.

문재인 정부 시절 국민연금 문제로 기획재정부와 보건복지부 사이에서 갈등이 일었을 당시, 반부패실에서 관련 내용을 파악하고 대책 등을 마련하는 밑작업을 했고요. 외교부와 여성가족부가 함께 맞물려 있었던 이른바 '화해와 치유 재단' 관련 문제도 반부패비서관실에서 담당했습니다.

청와대가 2018년 7월 23일 자유한국당 곽상도 의원에게 제출한 '민정수석실 산하 비서관실 직제 및 업무분장 내용'에도 "국가 사정 관련 정책·조정 업무"는 반부패비서관실의 업무라고 적시돼 있고요.

이렇듯 물리적 거리는 반부패비서관실과 더 가까워 보이는데요. 통상 경찰 관련 업무는 주로 민정비서관실에서 맡았고 청와대는 당시 울산 사건은 검경 갈등이 확대 재생산된 측면이 있었다고 주장했던 만큼, "울산 사건은 민정비서관실 소관"이라는 주장도 그들이 전제했던 사안이 맞다면 틀리지 않는 해명이라고 볼 수 있습니다.

윤석열 대통령 역시 각종 수사 자료를 통해, 당시 벌어졌던 상황에 대해 상당 부분 파악하고 있을 것이라는 생각이 드는데요. 주변인들에 따르면, 윤 대통령이 취임 직후 민정수석실을 없애라는 지시를 내린 '결정적 판단 근거'가 된 사건이 '울산시장 선거 개입 의혹' 사건이었다고 합니다.

윤 대통령은 결국 '국정 관련 여론수렴 및 민심동향 파악'이라는 민정비서관실 업무와 '공직 비리 동향 파악', '고위공직자 등의 비리 상시 사정 및 예방'이라는 반부패비서관실 업무가 상시적으로 불필요한 논란을 야기할 수 있다고 판단해 그와 같은 지시를 내린 것으로 보여지는데요.

청와대 특감반원들이 상주했던 창성동 별관 건물도 노후화로 인해 2021년 4월에 철거됐고, 그들이 속했던 민정수석실 마저 해체되는 등

이제는 그 모든 것들이 역사의 뒤안길로 사라진 상황입니다.

과거에 그곳에서 어떤 일이 벌어졌든, 새롭게 올라갈 건물은 부디 사랑과 화합과 희망이 싹트는 곳으로 그 모든 게 탈바꿈 될 수 있기를 기대해 봅니다.

'尹, 민정수석 폐지 지시' 계기가 됐던 '울산 사건'

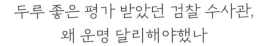

두루 좋은 평가 받았던 검찰 수사관,
왜 운명 달리해야했나

> 울산 사건 수사와 관련해 검찰수사관으로 민정비서관실에서 근무
> 하다가 자살이라는 비극적 선택을 한 백재영 수사관을 생각하면 지금
> 도 가슴이 아프다.
>
> **▌ 조국의 시간, 332p ▌**

검찰은 고인이 된 '청와대 민정비서관실 특감반 출신' 백재영 수사
관의 휴대전화를 최소 네 차례에 걸쳐 '데이터 복구 및 디지털 포렌식
(forensic)' 조사했습니다. 제가 파악한 마지막 조사는 제 21대 총선 이틀
뒤인, 2020년 4월 17일 오후 2시 경이었습니다.

첫 포렌식 조사에는 '검찰의 수사 방식과 방향 등에 대한 이해도가
높은' 유가족이 참관했습니다. 그런데 당시 조사에서는 유의미한 내
용이 발견되지 않았던 것으로 파악됐습니다. 암호화된 내용이 풀리지
않아, '기호와 수식만으로 표출된 정보'가 많았던 것으로 전해집니다.

그런 상황에서 검찰은 한 차례 더 포렌식 조사를 요구했는데, 두 번
째 조사에서 암호화된 내용 일부가 풀렸습니다. 이에 검찰은 '몇 차례
더 시도하면 유의미한 자료가 더 나올 수 있다'는 확신을 갖게 됐고,
최소 두 차례 더 시도했던 것으로 확인됐습니다.

그 과정에서 고인이 사망에 이르기 직전까지 주로 누구와 통화했

고, 어떤 내용의 메시지를 주고 받았는지에 대해서도 일부는 파악됐는데요. 고인의 유지(遺志) 등을 받들어 구체적 내용 언급은 하지 않으려 합니다. '고래 고기 사건'과 관련해 '참 억울하게' 운명을 달리해야 했다는 당시 청와대의 주장에 대한 평가도 그렇고요.

박근혜 정부 '강신명 경찰청장' 시절, 일부 경찰 관계자가 제 20대 총선을 앞두고 여권에 유리한 선거 정보를 수집하고, 선거대책 수립에 관여한 의혹을 받아 재판에 넘겨졌습니다. 당시 여당에 비판적인 진보 교육감과 국가인권위원 사찰 혐의도 받았고요.

그런데 이 사건 재판 과정에서 하위직에 대한 책임은 묻지 않았고, 당시 경찰 수뇌부 일부에 대해서만 문제를 삼아 법정 공방을 이어갔습니다. 하위직에 대해서는 사실상 '위에서 시키는 일을 했을 뿐'이라며 책임을 과하게 묻지 않았던 겁니다.

이 같은 전례를 보면, 설령 책임을 묻더라도 6급 공무원이었던 백 수사관이 책임져야 할 무게는 그리 크지 않았을 것입니다. 과거와 같은 무게로 책임을 물었다면 말이죠.

백 수사관은 이명박 정부에서도 청와대 특감반원을 지냈고, 검찰 내부에서도 에이스 수사관으로 꼽혔습니다. 이른바 '연평도 포격 사건'이 발발했을 당시, 군보다 더 신속하게 상부에 보고해 특진했을 정도로 뛰어난 정보력의 소유자이기도 했고요.

소위 '실력(實力)' 덕분에 문재인 정부에서 재차 중용돼, 핵심 실세 부서인 민정비서관실 특감반에 배치됐을 것이라는 생각이 듭니다.

그런데 결과적으로 봤을 때, 그의 뛰어난 실력이 오히려 그의 순탄한 삶을 저해하는 요소로 작용했다는 느낌을 지울 수가 없습니다. 그는 남들에게 신세지는 것, 남들에게 싫은 소리 하는 것, 남들에게 면

두루 좋은 평가 받았던 검찰 수사관, 왜 운명 달리해야 했나

구스러운 행동하는 것을 질색했다고 하는데요.

자신이 했던 행위에 대해 이른바 '남 탓' 하지 않고, 공적인 영역이나 공개적인 장소에서 '서로 얼굴 붉힐 일' 만들지 않고, 그 모든 짐을 혼자 짊어지려 했던 것으로 보여져 더욱 안타까운 상황인데요.

제 글이 '고인에게 혹시 누가 되지는 않을까' 하는 염려에, 최대한 조심스럽게 글을 쓰려고 노력했는데 어떻게 비춰졌을 런지요? '그 사건' 당일, 고인의 아들은 명문 사립대학 두 곳에서 30분 간격으로 입학 면접을 봐야 했습니다. 물리적 거리가 있기 때문에 이동 시간이 빠듯하다며 고인은 면접 볼 '아들 걱정'을 했다고 하는데요.

그런데 결국 '그 날' 사랑하는 아들도 만나지 못한 채, 운명을 달리하는 선택을 했습니다. 그 어떤 말로도 유가족을 위로하기는 어려울 것입니다.

뛰어난 업무처리 능력에 온화한 마음씨까지 갖춰 검찰 수사관 선후배들에게 귀감이 되고, 명실상부 '에이스 수사관'으로 불렸던 해병대 출신 故 백재영 수사관의 명복을 다시 한 번 빕니다. 하늘에서는 본디 그의 모습대로, '낙천적으로' 편히 계실 수 있기를 바라봅니다.

앞에서 마이크 잡은 조국,
뒤에서 서류 뭉치 검토한 우병우

"조 수석에게 정치를 권유할 생각은 없습니다. 본인이 판단할 문제입니다. 현재 민정수석의 가장 중요한 임무인 권력기관 개혁은 법제화 과정이 남아 있습니다. 그 작업까지 성공적으로 마쳐주길 바랍니다."

▎ 2019년 5월 9일, 문재인 대통령 취임 2주년 대담 ▎

민정수석으로서 작업을 마무리하라는 뜻이 아님을 직감할 수 있었다. 시간이 흐른 후 다른 보고를 드리는 몇 번의 자리에서 나는 야당과 언론이 맹공을 퍼부을 공격 포인트를 보고드리며 고사했다. (중략) 나는 준비해온 다른 법무부장관 후보자 명단을 대통령께 드렸다. 대통령께서는 보고를 주의 깊게 들으시더니 말씀하셨다.

"지난 대선 때 권력기관 개혁을 주요 공약으로 내세웠는데 이 공약을 실천하려면 이 기획과 과정을 잘 아는 사람이 법무부로 가야 합니다. 국회에서 법안이 통과된 이후에도 법무부에서 마무리할 일이 많습니다. 다시 생각해보십시오."

▎ 조국의 시간, 19p ▎

<청와대 민정수석실 업무분장>

구분	업무분장
민정비서관	○ 국정 관련 여론수렴 및 민심동향 파악 ○ 대통령 친인척 등 대통령 주변인사에 대한 관리
반부패비서관	○ 국가 사정 관련 정책·조정 업무 ○ 공직 비리 동향 파악
특별감찰반	○ 고위공직자 등의 비리 상시 사정 및 예방
공직기강비서관	○ 고위공직자 인사검증 ○ 장·차관 및 공공기관장 복무평가 ○ 대통령비서실·국가안보실·경호실·NSC 사무처 　직원의 복무점검·직무감찰 업무
법무비서관	○ 국정 현안 법률 검토 ○ 비서실 내 내부 법률 검토 및 자문 ○ 행정심판위원회 운영

청와대가 2018년 7월 23일, 자유한국당 곽상도 의원에게 제출한 민정수석실 업무 분장표에 따르면, 민정비서관실은 국정 관련 여론수렴 및 민심 동향 파악과 대통령 친인척 등 대통령 주변 인사에 대한 관리를 맡도록 돼 있습니다.

반부패비서관실이 '국가 사정 관련 정책 조정 업무'와 '공직 비리 동향 파악과 예방 관련 업무'를 맡고요. 공직기강비서관실은 고위공직자 인사검증과 장차관 및 공공기관장 복무평가를 비롯해 대통령비서실·국가안보실·경호실·NSC 사무처 직원의 복무점검과 직무감찰 업무를, 그리고 법무비서관실은 국정 현안 법률 검토와 비서실 내 내부 법률 검토 및 자문 등을 각각 담당하게 됩니다. 민정수석은 이 모든 일을 총괄하고요.

이 가운데 당시 문 대통령은 민정수석의 가장 중요한 업무로 권력기관 개혁을 꼽았습니다. 권력기관 개혁은 여론이 뒷받침돼야 부드럽게 진행시킬 수 있는 만큼 일부 흠결이 드러났지만 그럼에도 두루 인기가 많았던 조 수석이 적임자라고 생각했던 것 같습니다. 앞서 민정수석에 임명했을 때에도 큰 반향(反響)이 없었는데, 법무부 장관에 임명한다고 해서 얼마나 큰 소동이 일겠느냐는 생각도 일부 있으셨을 것 같고요.

그런데 제가 지금 하고 싶은 이야기는 조 전 장관 임명의 적절성 여부와 관련한 이야기는 아닙니다. 오히려 취임 2주년 대담에서 언급하신 "현재 민정수석의 가장 중요한 임무"와 관련한 부분입니다.

'민정수석실 업무 분장표'를 토대로 볼 때, 권력기관 개혁 이외에도 민정수석이 해야 할 일은 하루 24시간이 부족할 정도로 많습니다. 박근혜 정부 시절 우병우 민정수석을 겪었던 한 인사는 "우 수석은 매일 서류더미 속에서 생활했고, 무슨 일을 하든 서류를 손에서 놓지 않았다. 심지어 민정수석실 전체 회식 자리가 있어도 그는 잠깐 들러 인사만 하고 돌아갔을 뿐, 직원들과 어울리는 시간이 많지 않았다"고 회고했습니다. 직원들과 사건이나 현안 관련 이야기만 가끔 나눴을 뿐 사담은 거의 없었다고도 했고요.

반면 조국 수석의 관내 모습을 취재해보니, 우 전 수석의 그것과는 적잖이 대비됐습니다. 민정수석실과 관계된 사무실은 여민관 외에도 특감반원이 상주하는 창성동 별관 3층과 공직기강비서관실 직원이

앞에서 마이크 잡은 조국, 뒤에서 서류 뭉치 검토한 우병우.

근무하는 삼청동 별관 사무실 등이 있는데요.

조 전 수석은 '삼청동 별관 사무실'에서 진행된 민정수석실 회식 당시 마이크를 잡고 사실상 자리를 주도했다고 합니다. 심지어 그 자리에서 직원 가족들의 경조사를 언급하면서 시의적절하게 격려해야 할 때는 격려하고, 위로해야 할 때는 위로도 하는 등 부하 직원들에게 '한 팀'이라는 소속감도 잘 심어줬다고 하고요.

그런데 전체 회식이 있고 얼마 뒤, 법률신문에 조 전 수석이 기고한 글이 올라와 직원들 사이에서 설왕설래가 있었다고 합니다. 청와대 민정수석이 법률신문에 기고하는 것이 사리에 맞느냐부터 시작해, 서류에 파묻혔던 우 전 수석의 행보와 비교해봤을 때 '도대체 하루에 몇 시간을 자야 기본 업무와 함께 이런 가욋일까지 할 수 있을까' 등에 대한 염려까지 길게 이어졌다고 합니다.

이른바 '조국 사태'가 불거진 이후, 조 전 장관의 청와대 재직 시절을 두고 여러 추측이 난무했는데요. 일부에서는 그가 SNS 상에서 국민들에게 미치는 영향이 실로 대단하다며 '실세 중의 실세'라고 이야기 했고요. 다른 한 쪽에서는 청와대 내부 돌아가는 사정을 보면 '조 전 수석이 구체적이고 세부적인 내용까지는 잘 모르는 가운데 돌아가는 일'이 이전 수석들 보다 조금 더 있었던 것 같다며 '무늬만 실세' 아니었느냐는 추측도 있었습니다.

조국 전 수석이 '명실상부 실세'였는지 아니면 우병우 전 수석이 '사실상의 실세'였는지, 혹은 두 분 모두 실세였는지는 보는 관점에 따라 조금씩 다를 것 같은데요. 독자 여러분들의 생각은 어떠신지요?

文 대통령 순방 때마다 언론을 도배한 '조국 뉴스'

법률상 인사청문회 마감일은 9월 2일이었다. 이런 상황에서 더불어
민주당은 '국민청문회'를 제안했고, 나는 동의했다. 나는 국민청문회 방
식의 하나로 '기자간담회' 개최를 더불어민주당에 요청했다. 장관 후보
자로서 국민들의 의심을 해소해드리는 것이 도리라고 생각했다. 9월 2
일 국회에서 기자간담회가 열렸다. (중략) 간담회는 홍익표 의원의 사회
로 진행되었는데, 오후 3시30분쯤 시작해 다음날 새벽 2시11분쯤 끝났다.
약 11시간 동안 총 100개의 질문이 있었고, 나는 최선을 다해서 답했다.

2019년 9월 9일자 한겨레 보도에 따르면, 9월 6일 오후 동남아 순방
을 마치고 귀국한 문 대통령은 그날 밤 9시부터 자정까지 나의 장관 임
명에 관해 참모진 회의를 열었다. 9월 8일 오후 4시쯤 당시 윤건영 국정
기획상황실장(현 더불어민주당 의원)에게 임명과 지명 철회라는 두 가지
초안으로 대국민 메시지를 작성하라고 지시했다. 문 대통령은 두 가지
초안을 놓고 자꾸 수정을 했으며, 8일 밤 결심을 하셨다고 한다.

▍조국의 시간, 196~197p, 30p ▍

문재인 전 대통령은 2019년 9월 1일, 5박 6일 일정으로 태국-미얀
마-라오스 순방길에 올랐습니다. 같은 해 11월 25~26일 이틀 동안 부
산에서 개최될 '2019 한·아세안 특별정상회의'를 두 달여 앞둔 시점이
었죠. 이런 연유로 당시 청와대는 문 대통령의 동남아 순방에 특히 더
공을 들이고 있었습니다.

그런데 그 시기, 청와대의 기대와 달리 국내 언론의 관심을 가장 끌
었던 '핫이슈'는 다름 아닌 '조국 인사청문회' 개최 여부를 두고 벌어지
는 사안들이었습니다. 방송 뉴스 전체 분량, 신문 전체 지면 등을 고

려해볼 때, 문 대통령 순방 기사가 들어갈 공간은 그리 크지 않았던 상황이었습니다. 청와대 입장에서는 다소 맥이 빠질 수도 있었고요. 들인 공에 비해 언론 관심도가 떨어질 수밖에 없으니까요.

대통령이 해외 순방에 나서면 청와대는 해외 순방지에 '간이 프레스룸'을 차려놓고, 브리핑 연단 양쪽에 대형 TV를 가져다 놓은 뒤 주로 YTN과 연합뉴스TV를 틀어놓습니다. 24시간 내내 뉴스를 전해주는 채널이기 때문이죠. 마찬가지로 문 대통령의 동남아 순방 이틀째 되던 날 진행된 '조국 국민청문회' 역시 이들 채널을 통해 '간이 프레스룸'에 실시간 중계됐습니다.

당시 저를 비롯해 '동남아 3개국 순방' 동행 취재에 나섰던 기자들도, 기사 작성 시간 외에는 대부분 이 상황을 계속 지켜보고 있었습니다. 필요시 청와대에 추가 질의를 해야 하기 때문이었죠. 청와대 관계자들도 청문회에 귀를 기울일 수밖에 없었습니다. 대응이 필요한 부분이 생길 수도 있었으니까요.

순방 일정은 긴급한 상황이 아니고서는 최소한 두 달 전에 확정 짓습니다. 청와대 측 선발대 분들이 순방 한 달 전쯤 현지를 둘러보며 숙소 등을 최종 계약하고요. 그렇기 때문에 청와대 입장에서는 '조국 인사청문회' 이슈가 동남아 순방 일정과 겹쳐, 순방 성과를 상당 부분 덮어버릴 것이라는 예측은 전혀 할 수 없었습니다.

청와대 관계자들은 불가항력적으로 맞닥뜨린 '일정 겹치기'에 대해 "청문회 일정이 하필 이렇게 맞물리느냐"면서 "일정이 참 꼬였다"고 아쉬움을 전하기도 했습니다. 다만 청문회 일정이 아닌, 당시 함께 진행됐던 검찰의 강제 수사와 관련해선 그 시기가 사실상 고려(考慮)됐을 수도 있다는 판단에 대놓고 불만을 표하기도 했고요.

문 대통령은 순방 사흘째이자 두 번째 순방국인 미얀마에서, 조국 후보자에 대한 인사청문 경과보고서 재송부를 국회에 요청했는데요. 검찰은 이날 조 장관의 부인인 정경심 교수의 연구실과 사무실 등을 압수수색했고, 조 장관 일가와 연관된 웅동학원 전·현직 이사들을 참고인 신분으로 불러 조사했습니다.

문 대통령도 당시 참모들로부터 이 같은 국내 상황을 전달받았을 텐데요. 순방 성과가 묻히는 것은 물론이고, 귀국 발걸음마저 무거워질 수밖에 없는 상황에 놓인 셈이었습니다. 실제로 청와대 일각에서는 "일부러 더 골탕을 먹이는 것 아니냐"며 굉장히 격앙된 반응을 보이기도 했고요. 특히 문 대통령이 귀국한 직후인 6일 자정 무렵, 검찰이 공소시효 문제로 정 교수를 '표창장 위조' 혐의로 기소하자 청와대 측의 분노는 더욱 커졌던 것으로 기억됩니다.

보름 뒤, 비슷한 상황이 또 다시 연출됐는데요. 당시 청와대 한 관계자는 "윤석열 검찰총장이 직을 걸고 항명한 것"이라는 표현까지 썼습니다. 어떤 상황이었냐 하면요.

문 전 대통령은 2019년 9월 22일 오후 3박 5일 일정으로 '제74차 유엔총회와 도널드 트럼프 미국 대통령과의 정상회담' 등 굵직한 일정 소화를 위해 미국으로 출국했습니다. 당초 이낙연 총리가 참석하기로 했던 일정이었는데요. 북미 관계 개선을 비롯해, 한·일 군사정보보호협정(GSOMIA·지소미아) 파기로 인한 한·미 동맹 균열 우려 등 각종 리스크 '총체적 관리'를 위해 문 대통령이 직접 나서는 것으로 방향을 틀었다고 당시 청와대 관계자는 전했습니다.

하지만 현지 분위기는 정부의 기대와 많이 달랐습니다. '중동 긴장 고조'를 비롯해 '총기 규제' 등 이른바 '자국 이슈'로 트럼프 대통령이

文 대통령 순방 때마다 언론을 도배한 '조국 뉴스'

미국 현지 언론의 질문 공세를 받게 됐습니다. 당시 뉴욕 현지에서 '한반도 이슈'는 사실상 부각되지 않았던 것이죠.

정상회담 직후 가진 기자회견에 저도 '청와대 풀기자' 타이틀을 달고 참석했는데요. 당시 외신 기자들이 쏟아내는 '미국 내 이슈' 질문세례(質問洗禮)에 트럼프 대통령이 17차례 질문을 독점하는 등 굉장히 이례적 상황이 연출됐습니다. 심지어 문 대통령에게 질문한 내용도 트럼프 대통령이 가로채 답변하는 '외교 결례' 논란까지 겹치면서, 청와대 입장에서 심기불편한 상황이 연이어졌던 것이죠. 결과적으로 기대만큼의 수확을 얻지 못한, 사실상 임기 이후 최악의 순방이 됐습니다.

검찰은 이 시기, 정확하게는 당시 문 대통령이 미국 뉴욕에 도착한 그 날, 조 장관의 서울 방배동 자택을 압수수색했습니다. 현직 법무부 장관에 대한 검찰의 '사상초유' 강제수사였습니다. 물론 검찰 입장에서야 정당하게 업무를 진행한 것일 수 있고, 까마귀 날자 배 떨어진 격이라고 억울해할 수도 있습니다. 하지만 시기적으로 볼 때 '설왕설래'는 충분히 가능한 시점이었습니다.

이와 비슷한 상황은 2019년 12월 23일, 한 차례 더 연출됐습니다. 문 대통령이 한중일 정상회담을 위해 베이징으로 출국한 날, 검찰이 조국 전 법무부 장관에 대한 구속영장을 청구했습니다. 조 전 장관의 직권남용권리행사방해 혐의에 대한 사전 구속영장 청구였죠.

조 전 장관을 향한 검찰 수사가 공교롭게도 대통령의 해외순방 시점에 잇따라 진행된 것을 두고 청와대 관계자들은 "작심하고 한 것"이라며, 격앙된 표정으로 "한 번 해보자는 것이냐"는 언급까지 했습니다.

검찰이 잇따라 '묘한 시점'을 선택한 것을 두고 임명권자에게 정치적 부담을 주지 않기 위해 의도적으로 대통령 부재 시점을 고른 것이라는 의견이 있는 반면, "대통령의 순방 성과가 묻힐 수도 있고 청와대를 압박하기 위한 택일"이었다는 시각도 있었습니다.

당시 야권에서는 조 전 장관에 대한 사전 구속영장이 청구되자, 앞선 문 대통령의 발언을 문제 삼기도 했는데요. 문 전 대통령은 '조국 법무부장관 임명장 수여식' 직후, "조국 법무부장관의 경우 의혹 제기가 많았고, 배우자가 기소되기도 했으며 임명 찬성과 반대의 격렬한 대립이 있었습니다. 자칫 국민 분열로 이어질 수도 있는 상황을 보면서 대통령으로서 깊은 고민을 하지 않을 수 없었습니다. 그러나 저는 원칙과 일관성을 지키는 것이 더욱 중요하다고 생각했습니다. 인사청문회까지 마쳐 절차적 요건을 모두 갖춘 상태에서, 본인이 책임져야 할 명백한 위법행위가 확인되지 않았는데도 의혹만으로 임명하지 않는다면 나쁜 선례가 될 것입니다"라고 했었죠?

그런데 단순 의혹이 아니라, 본인이 책임져야 할 위법행위가 일부 확인됐으니 임명장 수여 당시 언급한 발언에 대해 일말의 책임 의식을 느껴야 하는 것 아니냐고 야권에서 목소리를 높였던 것입니다.

> "우연인지 몰라도, 네가 눈물 흘릴 때마다 하늘에선 비가 내렸어.
> 익숙해져버린 난 그냥 너의 슬픈 눈을 보면서 차가운 한마디,
> 울지마."

가수 신승훈 씨의 '그 후로 오랫동안' 가사인데요. 검찰의 묘한 타이밍, 우연이었을까요? 우연이 아니었을까요?

文 대통령 순방 때마다 언론을 도배한 '조국 뉴스'

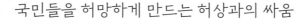

국민들을 허망하게 만드는 허상과의 싸움

근대 형법의 최대 성과는 법과 도덕의 분리다. 그러나 검찰과 언론은 끊임없이 도덕 프레임을 작동시켜 나를 망신시키려고 애썼다.

검·언·정의 왜곡과 과장, 확인되지 않은 의혹 제기나 명백한 허위사실 유포, 그리고 가족 전체에 대한 저인망 표적수사에 대해 화가 났다. 그러나 내가 자성해야 할 점은 분명히 있다. 이명박, 박근혜 정부에서 '강남 좌파'로 정부 비판에 나섰지만, 자신의 '강남성'에 대한 성찰과 개선의 노력은 취약했음을 반성했다. 나와 내 가족이 사회로부터 받은 혜택이 컸고 나에 대한 공적 주목 역시 컸던 만큼, 가족 모두 더 신중하게 처신했어야 했다.

┃ 조국의 시간, 52p, 195p ┃

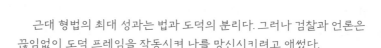

'확증 편향(confirmation bias)'이라는 말이 있습니다. 자신이 보고 싶은 것만 보고, 증거 수집을 할 때에도 자신에게 유리한 것만 고르려 하는 것을 뜻하는데요. 확증 편향을 하다보면 자신과 다른 입장을 무시하거나, 과소평가하는 우를 범하게 됩니다. 결과적으로는 자신에게 좋지 않은 영향을 미치게 되고요.

민사소송과 형사소송은 최종 판단의 주체가 판사인 소송이라는 점에서는 같습니다. 하지만 민사소송은 법원에서 원고와 피고의 주장과 증거를 법관이 판단하는 구조인 반면, 형사소송은 수사가 수반된다는 점에서 큰 차이가 있습니다.

조국 전 장관 관련 사건은 '도덕 프레임'이라기 보다는, 민사와 형사 가운데에서도 후자에 해당하는 것이었습니다.

　물론 조 전 장관의 주장대로, '국민정서법 위반 프레임'이 민심 형성 과정에서 큰 영향을 미친 듯하기는 합니다. 그는 지난 2012년 자신의 소셜네트워크서비스(SNS)에 "우리들 '개천에서 용 났다' 류의 일화를 좋아하지만 모두가 용이 될 수 없으며 그럴 필요도 없다. 더 중요한 것은 용이 되어 구름 위로 날아오르지 않아도, 개천에서 붕어·개구리·가재로 살아도 행복한 세상을 만드는 것"이라고 썼습니다.

　과욕을 버리고 '안분지족(安分知足)'하면서 살자고 했던 말, 대한민국 최고 학벌인 서울대 법학과를 나온 서울대 법학전문대학원 교수님의 말씀이기에 더욱 울림이 컸던 것으로 기억합니다.

　그런데 조 전 장관 역시도 자녀가 '용이 될 수 있도록' 좋은 학교에 보내려고 했던 과정에서 '해서는 안 될 일을 했던 정황'이 검찰 수사로 밝혀지면서, 상당수의 국민들은 허탈해 했습니다.

　조 전 장관은 자신의 저서(89p)에서 "이 트윗이 비판을 자초할 소지가 있었음을 인정한다. 그리고 이 트윗을 올려놓고 왜 자식들은 좋은 학교 보내려 했느냐는 비판도 감수한다"고 했습니다. 그러면서 "(당시) 트윗의 요체는 입시경쟁을 줄이는 쪽으로 교육제도를 바꾸고, 민생과 복지를 강화하고 임금 격차를 줄이는 쪽으로 사회제도를 바꾸자는 것"이라고 부연했는데요.

　앞선 사과가 있었기에, 이 정도 해명을 못 들어줄 이유는 없어 보입니다. 사과하기까지 시간이 조금 걸리긴 했지만, 사과에 이르기까지의 고뇌와 반성은 평가받아야 하고요.

　부모 입장에서 '내 자식 잘 되기를 바라는 마음'은 모두 같을 것이기에, "왜 그렇게 무리했느냐"고 대놓고 비판할 자신은 없습니다. 방법론에 대한 이견은 물론 있지만요.

　조 전 장관을 비롯해 그의 가족·친척들은 '표적 수사이자, 과도한 먼지 털이 수사'라고 느낄 수도 있을 것입니다. '꼭 이렇게까지 해야 하나' 싶기도 할 것이고요. 그들의 입장에서 보면요.

　하지만 현실적으로 봤을 때, 조 전 장관은 자신을 두고 벌어지는 일들이 도덕적 흠결을 논하는 것인지, 아니면 형사 책임을 묻는지에 대한 판단을 조금 더 현명하게 했어야 여러 측면에서 좋았을 것이라는 생각이 듭니다.

　그런데 아쉽기로는 민주당이 더 아쉽습니다. 개인적으로 조 전 장관을 위로해줄 수는 있지만, 사적 영역과 공적 영역을 구분해야 최악의 상황을 면했을 텐데 그런 판단을 내리지 못했기 때문입니다.

　조 전 장관 측의 공정하지 못했던 일로 인해 기회를 박탈당한 '피해 학생'과 가족들, 그리고 이 사건을 접하면서 상대적 박탈감과 분노를 느낀 국민들을 묵과하고 간과했습니다.

　그러면서 역으로 검찰의 각종 의혹 규명 작업들에 대해 비판의 수위를 높이는 등 '이기기 힘든 프레임'에 조 전 장관과 여권 관계자, 그리고 여권을 지지하는 모든 분들을 가둬놓은 우를 범했습니다.

　혐의점이 있는 부분에 대해 수사하는 검찰을 개혁의 대상으로 삼아, 더 이상의 수사를 못하게 하는 것은 누가 봐도 어불성설 아니겠습니까? '모든 사람에게 같은 잣대를 들이대자'는 주장은 이 부분에서는 잠시 차치하고요.

　상대의 마음을 변화시키려면 상대의 마음이 어디에 있는지를 알아야 합니다. 마음이 어디에 있는지를 정확하게 파악하려면, 상대방의 입장이 돼 보면 쉽게 알 수 있고요. 반면 오롯이 내가 원하는 것에만 집중해 마음 읽기를 소홀히 한다면, 상대방의 마음은 결코 가져올 수 없을 것입니다.

당시 집권 세력은 국민들의 분노 포인트를 충분히 인지하고 있었다는 생각이 듭니다. 당청 내부에서도 조 전 장관을 과도하게 엄호하는 것은 부담스럽다는 기류들이 있었으니까요. 하지만 그럼에도 불구하고, 사과와 반성 보다는 '윤석열 때리기'에 몰두했습니다.

허상(虛像)이 현실에서 힘을 쓰는 것을 보면 정말 허망합니다. 허상 자체는 힘이 없지만, 그것을 누가 품고 있느냐에 따라 나라와 국민들에게 미치는 영향은 실로 크기 때문입니다.

'소설' 돈키호테에서 묘사된 허상은 사실을 버리고 이미지를 취한 데서 비롯됐습니다. 들판 위의 풍차에서 50개의 머리와 100개의 팔을 가진 신화 속 거인의 이미지를 본 뒤, 늙은 말에 올라타 투구 차림으로 거인을 공격했습니다. 날개에 휘말려 하늘 높이 올라갔다가 땅에 떨어진 뒤에야 비로소 풍차의 실체를 직시합니다.

허상을 보고 높이 올라간 만큼 땅에 떨어졌을 때의 충격은 더 커지기 때문에, 정상으로 회복되는 시간도 그만큼 더 오래 걸릴 수밖에 없습니다. 그렇게라도 현실을 직시하면 다행입니다만, 이번에는 풍차는 겉모습일 뿐 본질은 악한 거인이라는 '위장의 논리'가 작동합니다. 거인이 풍차로 둔갑했다는 것이죠.

돈키호테에서 묘사된 허상은 말의 등뼈를 부러뜨리고 하인을 혼돈에 빠뜨리는 정도로 끝났지만, 현실에서 위정자들이 쫓는 허상으로 인해 국민들이 입는 피해는 형언하기 어려울 정도로 막대합니다.

각자의 자리에서 먹고 살기 위해 발버둥 치기도 버거울 그 시간에,

국민들을 허망하게 만드는 허상과의 싸움

광화문과 서초동으로 나뉘어 조국 수사 찬반 집회를 벌이는 상황에 이르게 된 것은 과연 누가 책임을 져야 할까요?

세상을 이미지로 느끼고 배후에 본질적 요소가 숨겨져 있다고 믿는 사고방식은, 꽤 그럴 듯해 보여도 음모론과 비관주의라는 수준에 머물고 말 것입니다. 뒤늦게 허상과 싸웠다는 허망함이 들 뿐이지요. 잘못됐다는 것을 알면서도 모른 척해서 국민들을 허망하게 했던 정치가, 국가적으로 볼 때 더 큰 피해를 입혔습니다. 오히려 그 부분에 대해 더 큰 비판을 받아야 하는 것이죠.

'페르시아 정복' 야망이 있던 리디아의 왕 크리서스 이야기 기억 하실 겁니다. 크리서스는 전쟁의 승패를 점치기 위해 호화로운 선물을 들고 델파이 신전을 찾았습니다.

여사제 피디아는 '전쟁이 벌어지면 어떻게 되겠느냐'는 크리서스의 질문에, '강대한 제국이 멸망할 것이다. 페르시아와 리디아 사이를 흐르는 큰 강인 할리스 강을 건널 때, 당신은 대제국을 멸망시킬 것'이라고 예언했습니다. 그는 용기백배해 페르시아 출정길에 올랐는데, 결국 상대가 아닌 '자신의 대제국'을 멸망시키고 말았습니다.

정해진 순리가 있을 텐데, 그것을 억지로 뒤엎으려고 하면 오히려 더 큰 화를 입게 됩니다. 과거를 반성하고 거기에서 교훈을 찾아 지난 날을 반면교사로 삼는 사람은 전화위복의 기회를 잡을 수 있지만, 그렇지 않은 사람은 과거와 잘못을 '영원히' 되풀이 하겠지요.

도대체 법무부 장관이 뭐길래? 역대 장관의 흑역사

> 법무부장관으로 지명된 후 나와 내 가족은 '무간지옥(無間地獄)'에 떨어졌다.
>
> **▎조국의 시간 155p ▎**

조국 전 장관은 제66대 법무부장관 취임 35일 만에 직에서 물러났습니다. 조 전 장관의 재임 기간은 1948년 정부 수립 이후 58명의 역대 법무부 장관(연임·재임명 등 중복자 제외) 중 6번째로 짧았고, 이른바 '87체제' 이후로는 네 번째로 짧았습니다.

역대 최단기는 제50대 안동수(2001년 5월 21일~5월 23일) 장관이었습니다. 일수로는 3일이었지만, 시간으로 따지면 43시간에 불과했습니다. 안 전 장관은 당시 청와대 민정수석으로 재직하다 법무부 장관에 임명됐습니다. 조국 전 장관과 똑같은 상황이었지요.

그는 임명 직후 김대중 대통령에 대한 일명 '충성 메모'를 기자실 팩스로 보내 단명(短命)을 자초했습니다. 메시지 내용이 공개되면서 '정치적 중립 문제'로 확산된 탓이었는데요. 메모에는 "제 개인은 물론이고 가문의 영광인 중책을 맡겨주시고, 부족한 저를 파격 발탁해주신 대통령님의 태산 같은 성은에 진심으로 감사드린다. 목숨을 바칠 각오로 충성을 다하겠다"는 내용이 적혀 있었습니다.

안 전 장관은 김 전 대통령 주재 국무회의에는 참석했지만, 법무부 내 업무보고도 제대로 받지 못한 채 퇴진하는 유일무이한 사례로 남게 됐습니다.

사건 이후 '가문의 영광'이란 표현이 널리 회자되기도 했는데요. 안 전 장관 낙마 1년여 뒤쯤이죠? 공교롭게도 관객 수 570만 명이라는 '공전(空前)의 히트'를 쳤던 영화 제목도 '가문의 영광'이었습니다. 작명 과정에서의 저의(底意)는 알 수 없지만요.

김영삼 정부 첫 법무부 수장이었던 제42대 박희태(1993년 2월 26일~3 월 7일) 장관의 임기는 열흘이었습니다. 자녀 '편법 입학' 논란이 부른 참사였지요.

박 전 장관의 딸은 미국에서 태어났는데, 한국 국적을 포기하고 외 국인 특례 전형으로 이화여대에 '정원 외 입학' 한 사실이 뒤늦게 알려 졌습니다. 이후 민심이 악화돼 '자신 사퇴'를 하지 않을 수 없는 상황 에 이르렀습니다. 불법은 없었지만, 소위 '국민 정서법' 위반으로 물 러났던 것이죠.

제 48대 김태정(1999년 5월 24일~6월 7일) 장관은 부인 옷값 대납 혐의 가 정국의 핵심 쟁점으로 부각된 이른바 '옷 로비 사건'에 연루되면서 임명 보름 만에 해임됐습니다. 그의 임기는 조 전 장관의 그것보다 20 일 짧았죠.

보수 인사들을 적절히 기용해, 정국 운영의 묘를 살렸던 김대중 전 대통령도 법무부 장관 임명과 관련해서는 고전을 면치 못했습니다. 임기 중 법무부 장관 인사를 8번이나 했으니 말이죠. 이는 역대 정부 가운데 가장 많은 횟수입니다.

여의도 주변에서 회자되는 이야기 가운데, '사정기관장에 대한 인 사청문회는 다른 자리에 비해 검증의 칼날이 무디다'라는 말이 있는 데요. 인사청문회까지는 청문위원인 국회의원이 갑(甲)이지만, 청문회 직후부터는 을(乙)이었던 사정기관장 후보자가 도리어 갑이 되기 때문에 상대적으로 명확한 의혹 아니고서는 섣불리 공격하지 않는 듯한 모습을 꼬집은 표현입니다.

실제로 법무부 장관이 국회 인사청문회 대상으로 포함된 2005년 이후 '임명 후 낙마'가 아닌, 각종 검증의 문턱을 넘지 못해 '취임 전 낙마'한 사례는 문재인 정부의 안경환 후보자 단 한 명뿐이었습니다.

안 전 후보자는 자신의 저서에서 여성 비하적 표현을 사용한 게 알려져 논란이 커졌는데, 교제하던 여성의 동의 없이 몰래 혼인신고 했던 전력까지 드러나면서 청문회 개최 이전에 자진 사퇴했습니다.

당시 문재인 정부의 국정 운영의 큰 틀에서 '협치 기조'를 유지했던 정의당 마저 각종 논란이 불거진 안 전 후보자에 대해 '부적격자'로 판단하자 더 이상 버티지 못하고 스스로 물러났던 겁니다.

자유와 민주, 복지국가를 추구하는 과정에서 법무부는 '최후의 보루' 부처입니다. 그렇기 때문에 보다 더 공정(公正)하고, 보다 더 공평(公平)하며, 보다 더 공명(公明)해야만 합니다. 같은 이유에서 그 부처의 수장을 선택할 때에도 더더욱 신중을 기해야 하겠지요.

4장

정치부 기자가 바라본 여의도 정치

싸우기 싫어도 싸워야 하는 사람들

예상치 못한 기쁨, 다른 말로 표현하면 아마 '횡재(橫財)'일 텐데요. 정치인이 횡재할 가능성은 얼마나 될까요?

선거에 출마한 입후보자 가운데 극히 일부만 승자가 될 수 있고, 확률적으로 한 사람이 계속 이길 가능성은 대단히 낮습니다. 선거는 실력은 기본이요, 철저히 노력한 사람만이 최종 승자가 될 수 있는 구조이기에 사실 횡재 가능성은 대단히 낮습니다.

'외부 효과'로 인해 시작 전부터 한 쪽으로 완전히 기울었던 선거가 아니라, 그야말로 박빙 양상으로 전개된 큰 선거에서 우연으로 승패가 갈린 경우는 없습니다. 사전에 준비한 대로 가려졌습니다.

이겼다고 끝이 아닙니다. 준비성이 철저한 정치인은 승리 직후 매뉴얼에 따라, 그 다음 승리를 준비하기 시작합니다. 기록을 계속 축적해, 필승 매뉴얼을 더 정교하게 만들어 가는 것이죠.

선거에서 이긴 이후에는 '슬기로운 권력 소비'라는 새로운 도전에 직면하게 됩니다. 권력을 소비하는 일은 권력을 획득하는 일보다 더 어렵기 때문입니다. 의석수가 많더라도 그 권력을 어떻게 쓰느냐에 따라 그것을 지키기도 했고, 또 날려버리기도 하지 않았습니까?

버는 재주가 있어도, 관리 능력이 그에 못 미치면 결국엔 빈 손으로 남게 됩니다. 돈을 아무리 많이 벌어도 허투루 쓰면 수중에 남는 것 한 푼 없는 반면, 적게 벌더라도 야무지게 소비하면 저축도 꾸준히 할 수 있는 것처럼 말이죠.

가깝게 지냈던 A의원은 자신이 승승장구하던 시절을 회고하며 다음과 같은 말을 했습니다

"저는 환호와 비난이 교차하는 원형경기장 안의 검투사 같은 처지였습니다. 열광적인 사람들에게 둘러쌓인 채 언제 죽을지 모르는 상태에서 하루하루를 죽기 살기로 싸우며 살아갔습니다. 여의도에 입성하기 위해 싸우고, 계속 남아있기 위해 또 싸우고, 마지막에는 죽지 않기 위해 또 싸워야만 하는 사람이었던 것입니다. 이스라엘 속담에 가진 것이 망치 밖에 없는 사람은 모든 것이 못으로 보인다는 격언이 있는데, 그에 딱 들어맞는 삶을 살았던 것 같습니다."

그리고는 현재의 상황을 아래와 같이 묘사했습니다.

"예전에는 제가 던지는 강속구에 타자들이 속수무책이었습니다. 던지는 족족 스트라이크였고, 타자들은 매번 허공을 휘둘렀지요. 하지만 해를 거듭할수록 구속이 점차 떨어지니, 어느새 타자들이 무서워졌습니다. 인정하기 싫지만 이제는 직구로 찍어 누르는 것보다, 변화구로 강약을 조절해가며 승부해야 할 시기가 온 것이죠."

A의원은 선출직 정치인에게 싸움은 피할 수 없는 숙명과도 같다고 했습니다. 그는 "지역 주민들은 내가 국회에서 열심히 싸워야, 일을 열심히 하고 있다고 생각한다"면서 "원내에 있는 한 싸움은 피할 수 없는 것 같다"고 했습니다.

매번 싸우는 것도 부담스럽고 힘이 드는데, 안 싸우면 일을 열심히 안 하는 것으로 받아들이는 분들도 계셔서 어쩔 수 없이 싸우는 측면도 있다는 겁니다. 싸우는 국회의원이 문제일까요, 싸우기를 원하는 일부 지역민이 문제일까요? 아니면 이런 상황을 즐기며 싸움을 부추기는 기자를 비롯한 주변인들이 문제일까요?

세상에 밝은 빛을 퍼트릴 수 있는 방법은 크게 두 가지입니다. 하나는 자신을 태워 주위를 밝게 비추는 촛불이 되는 것이고, 나머지 하나는 그 촛불을 비추는 거울이 되는 것입니다.

전자는 세상의 어둠을 걷어내는 것이 주된 역할인 정치인이 귀담아 들으면 좋을 것이고, 후자는 그들의 언행을 대중에게 전하는 언론인들이 가슴 깊게 새겨야 하겠지요. 저 또한 깊이 새기겠습니다.

이질적인 정치 세력과 손잡기

대선 구도는 주로 어디에서 짜여질까요? 아마도 십중팔구는 유권자의 갈증을 해소하는 지점에서 형성될 것입니다. 현 정권에서 느끼는 '시대적 결핍'이, 다가올 체제의 '시대정신'으로 표출되는 것이죠.

같은 선상에서 현직의 몰락은 차기 대통령에 대한 기대와 염원을 낳고, '이것만은 절대로 안 된다'는 배제(排除)의 기준도 만들어집니다.

만약 국민들의 간절한 마음이 하나로 모아져 형성된 '시대정신'을 후보자 스스로 채울 수 없을 경우, 이질적인 정치 세력이라 할지라도 부득불(不得不) 손을 잡아야 유권자의 선택을 받을 수 있습니다.

이런 측면에서 '정치인의 권력 의지'라 함은 자신의 인생관과 가치관, 기호와 습관, 그리고 인간관계와 사람을 보는 눈과 쓰는 방식까지 필요에 따라 전부 바꿀 수 있고, 미래 권력을 위해 현재의 권력을 줄일 수도 있는 용기(勇氣)의 다른 표현이기도 합니다.

집권을 위해서라면 이제껏 해보지 않았던 것, 하고 싶지 않은 것까지도 해야 하기 때문이죠.

권력자의 '자기 권력 줄이기'는 더 절실한 권력과 가까워지기 위해, 시급하지 않은 권력의 일부를 내려놓는 것에서부터 출발합니다. 잠시 내려놓은 권력을 '이질적 영입 대상자'에게 나눠준다면 금상첨화고요. 골프 준비 자세에서 힘을 쭉 빼고, 마치 고릴라 같은 자세를 취해야 공을 더 멀리 보낼 수 있는 것과 같은 이치입니다.

현재 권력의 일부를 내려놔도 훗날 회수할 수 있다는 믿음과 정교한 프로그램, 이런 일을 함께 수행할 만한 충직한 참모가 있는 상태라면 '순간적 포기'는 그리 어렵지 않겠지요.

김대중 전 대통령이 1992년 대선에서 패배한 뒤 정계 은퇴를 선언하고 잠행하던 시절에 썼던 『나의 길, 나의 사상(1994)』을 보면, 이회창 전 총재가 "드라마 같은 일"이라고 평했던 DJP, DJT 연합의 전조가 보입니다.

"팔레스타인 해방기구의 아라파트란 분을 굉장히 높게 평가합니다. 지금 이슬람 원리주의가 팽배한 가운데, 그래서 이스라엘을 원수로 내모는 가운데 현실적으로 판단해 목숨을 내걸고 타협하는 용단을 내렸어요. 이러한 모험은 보통 용기로 되는 것이 아닙니다. 반대편하고 생사를 걸고 싸우는 것도 용기지만, 더 어려운 용기는 같은 편으로부터 배신자라는 오해를 받으면서 결단하고 행동하는 것입니다. 이스라엘 라빈 총리도 마찬가지예요. 이스라엘도 반대파가 만만치 않아요. 도대체 이스라엘과 팔레스타인이 악수할 수 있다고 누가 생각했겠습니까"

JP는 14대 대선(1992년) 국면에서 DJ를 향해 '불그죽죽한 세력', '수

이질적인 정치 세력과 손잡기

박처럼 겉은 퍼런데 속은 벌건 세력'이라고 비판했습니다. (JP 발언 30년 뒤, 민주당 내부에서 수박 논쟁이 벌어질지 누가 알았겠습니까?)

당시 후보들 면면을 봤을 때, DJ와 JP는 각각 이념적으로 가장 왼쪽과 가장 오른쪽에 위치했다고 봐도 무방할 정도로 이질적인 분들이셨죠. 그런 상황에서 승리가 간절했던 DJ는 제 15대 대선을 앞두고, 각고의 노력 끝에 JP를 품에 안았습니다. 극도의 간절함이 '이질적인 세력 간 결합'의 대명사 격인 DJP라는 용어를 탄생시킨 겁니다.

이어 더해 DJ는 김영삼 정부가 IMF에 구제 금융을 요청하기 이틀 전인 1997년 11월 19일, "자본은 이제 소유자 보다 어디에 머물고 있느냐가 더 중요한 시대"라는 내용의 기자회견을 했습니다. 대선을 한달 앞둔 시점이었는데, 대한민국의 철강 신화를 이끌었던 박태준 전 포항제철 회장과 한 자리에 나란히 서서 입장문을 읽었습니다.

DJ는 앞서 '박정희 시대 최대의 경제 문제는 대규모 국외 부채'라고 지적했는데, 그 부채를 기반으로 포항제철을 세워 세계적 기업으로 일군 박 전 회장을 곁에 두고 자신의 과거 발언을 뒤엎는 주장을 펼친 겁니다.

독일의 정치학자인 칼 슈미트는 "정치는 적과 동지의 구별"이라고 했는데, '준비된 경제대통령' DJ는 과거의 적을 동지로 만들어 권력 창출의 동력이자 한 축으로 삼았던 것이죠.

세상사에 단색은 존재하지 않습니다. 마치 모자이크와 같이 여러 요소가 얽히고설켜 있습니다. 정치인이 자기만 옳고 상대방은 무조건 틀렸다고 주장하는 것은, 대화와 타협을 통해 한정된 자원을 효율적으로 배분해야만 하는 정치의 본질을 인정하지 않는 태도입니다.

당이 처한 정치적 상황에 함몰돼 고의적으로 상대의 부정적 모습만 부각시키고, 긍정적인 면은 알면서도 평가 절하해 언쟁이 벌어지는 것입니다.

그런데 이러한 태도는 무한한 가능성의 예술을 추구하는 정치인 입장에서는 차악도 아니고 최악일 수밖에 없습니다. 아마도 이를 외면하는 세력들은 김 전 대통령의 저서가 나온 이후 상황에 대해 더욱 집중했을지도 모릅니다.

라빈 총리는 팔레스타인과의 화해를 비난하는 '과거의 자기 지지 세력'에게 암살당했고, 아라파트는 암살당하진 않았지만 큰 어려움을 겪었습니다. 추후에 감당해야 할 몫이 매우 컸던 것이죠.

DJP연합도 2000년 총선을 앞두고 각자의 길을 걷게 됐지만, 뒤이은 김 전 대통령의 정치 행보와 철학에 'DJT'가 큰 장애로 작용하지는 않았습니다. 충분히 극복 가능했다는 이야기겠죠. 당시 연합 정부에 대해 '과보다 공이 더 크다'는 역사의 평가도 이를 뒷받침해 주고요.

정치인이 세(勢)를 만들 때, 일반적으로 축적과 발사라는 두 단계를 거치는데요. 활시위에서 화살을 당기듯 힘을 모았다가 충분한 에너지가 축적된 순간에 발사해 파괴력을 극대화 시킵니다.

그런데 그 과정에서 같은 진영인지, 고향이 어딘지, 좋은 학교 나왔는지, 예전에 나를 비판했는지 여부를 따지는 이른바 '뺄셈의 정치'를 하면, 발사된 화살의 파괴력이 극대화될 수 있을까요?

이질적인 정치 세력과 손잡기

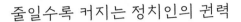

줄일수록 커지는 정치인의 권력

"정치인들은 하늘에서 벼락이 쳐도 자신을 향한 스포트라이트인 줄 알고 웃는다."

정치인의 과도한 권위주의와 자기중심적 사고를 비꼬는, 이른바 '여의도식 농담' 가운데 하나인데요. 이런 정치인들도 권력 획득을 위해서라면 모든 것을 내려놓을 수 있다고들 합니다. 권력이라는 것이 얼마나 매혹적이길래 사실상 자신의 삶 자체를 바꿀 수 있는지 저는 겪어보지 못했기 때문에 상상이 되지 않는데요. 일견 무섭다는 생각은 들었습니다.

권력자가 당초에 부여된 힘보다 비대한 권력을 행사하는 것을 두고 '권력 도착(倒錯)' 상태라고 합니다. 동서고금의 역사에서 이런 모습이 자주 연출됐는데, 그럴 때마다 지식인들은 따끔한 지적을 해왔습니다. 하지만 안타깝게도 여전히 우리는 이와 같은 세상에 살고 있음을 직시하고 있죠.

그런데 국민적 열망과 욕구를 담아내지 못한 채, 권력을 남용하고 심지어 이를 은폐하고 숨기는 정부를 갖는 것만큼 불행한 일도 없을 것입니다. 사회 전체가 탄압과 저항, 희생으로 이어지는 '악순환의 늪'에 빠져 한 발짝도 진일보하지 못할 게 분명하기 때문입니다.

우리 문명사를 보면 진화는 주로 사멸하면서 이뤄졌습니다. 자신의 일부를 잘라내면서 새로운 자아로 진화할 수 있는 동력을 얻었던 것이죠. 이는 정치도 마찬가지입니다. 권력자가 권력을 줄이고 낮은 자세로 임할 때 유권자의 선택을 받고 진일보했습니다.

강금실 전 법무부 장관이 사석에서 해주신 말씀인데요. 정치인에게 권력을 부여하는 권위(權威)는 '명령할 수 있는 힘'이 아닙니다. 국정을 운영함에 있어 반드시 존재해야 하는 '굳건한 반석'을 의미합니다. 유권자가 마음으로 지도자를 선택하는 것이 먼저고, 국가를 운영하는 힘이 부여되는 것은 그 다음 순서일 것입니다.

제가 정치 현장에서 바라봤던 정치인들도 '필요에 따라' 자신의 힘을 줄였습니다. 일종의 생존술로도 볼 수 있는데요. 협치를 위해 상대 정파에게 힘을 실어준다기보다는, 앞 장에서도 언급했지만 미래에 더 큰 권력을 차지하기 위해 현재 권력의 일부를 잠시 양보하는 듯한 경우가 많았습니다.

물론 이해는 됩니다. 정치인들은 무결한 논리 속에서 살아가는 것이 아니라, 철저히 현실주의적 삶을 살아갑니다. 양립할 수 없어 보이는 온갖 모순들이 혼재된 상황 속에서 생존의 길을 모색하다 보니, 옳고 그름 보다는 '현실적 대안'을 찾는 과정에서 그런 모습이 보여졌을 것입니다.

그래서 한 편으로는 일관성에 대한 집착보다 오히려 시대와 세계

줄일수록 커지는 정치인의 권력

의 변화상을 읽어내면서, 자신의 행보를 지속적으로 수정하고 보완할 수 있는 유연함이 더 요구되기도 합니다.

산이 있다고 저절로 숲이 생기는 것은 아닙니다. 산은 자연이 내린 산물이지만, 숲은 미래를 볼 줄 아는 사람들이 인위적으로 조성한 환경(環境)입니다. 미래를 보고 나무를 심었기 때문에 숲이 생겨날 수 있었고, 지금 그들의 후손들이 과실을 누릴 수 있는 것입니다.

정치인들이 '권력의 강약'을 조절하는 것도 미래의 숲을 내다봤기 때문일 겁니다. 중국의 문학자이자 사상가인 루쉰의 소설 『아Q정전』에 나오는 주인공과 같이 현실에서는 늘 패배하면서도 혼자만의 관념 놀이에 빠져 '이겼다'고 외치는 자기 기만술에 빠지면 영원히 패자가 된다는 것을 알고 있기 때문일 것이고요.

정치인들도 운동할 때는 몸에 들어간 힘을 빼야 정말 필요한 때와 장소에서 힘을 쓸 수 있다는 것을 알고, 그에 맞게 행동하는데요. 왜 정치 영역에서는 익히 알고 있으면서 그렇게 행동하지 못하는 걸까요? 힘을 빼면 몸도 마음도 다 편해질 텐데요.

G선상의 아리아와 정치인의 기득권 포기

　바흐(Johann Sebastian Bach)의 음악 가운데 어떤 곡을 좋아하시냐고 물으면, 아마도 응답자의 절반 정도는 'G선상의 아리아'를 꼽을 것 같은데요. 'G선상의 아리아'는 바흐의 〈관현악 모음곡〉 3번 D장조의 두 번째 곡 '에어(air)'에서 파생된 곡입니다.*

　우리가 알고 있는 'G선상의 아리아'는 독일의 바이올리니스트 아우구스트 빌헬르미(August Wihelmi, 1845~1908)가 바흐 작곡 1세기 반 뒤 독주용으로 편곡한 것입니다.

　음역이 가장 낮은 G현으로만 연주하는 아리아(aria, 노래)로 편곡을 했기 때문에, 바흐의 원곡과는 큰 차이가 있습니다. 제1바이올린이 담당하던 부분만 따로 빼 원곡의 라(D)장조를 다(C)장조로 바꾸고, 당

---

* 프랑스어로는 에르(air), 영어로는 에어(air), 독일어로는 아리어(Arie)로 발음한다고 알려져 있습니다.

초 A현이었던 곡을 G현 만으로 연주할 수 있도록 수정한 건데요. 줄 하나만으로도 그토록 슬프고도 아름다운 곡으로 완성되는 게 신기할 따름입니다.

바흐의 '관현악 모음곡'을 1번부터 4번까지 다 들으려면 1시간 반으로도 부족하고 '원곡인' 3번 연주 시간만 해도 20분이 넘는데, 'G선상의 아리아'로 편곡하면서 전체 곡의 길이를 5분도 안 되게 줄였습니다. '소품곡(小品曲)' 형태로 탈바꿈 시킨 것이죠.

그런데 곡 길이가 줄면서, 역설적으로 대중성이 제고됐다는 평가를 받게 됐습니다. 곡이 짧아져 진입 장벽이 낮아진 만큼, 대중의 접근이 쉬워진 덕분일 것입니다.

'연주 길이'와 '기득권'을 같은 선상에 놓고 비교할 수는 없습니다만, '몸집(기득권)을 줄이면 대중성이 높아진다'는 점에서는 정치와 공통점이 있다는 생각도 듭니다.

여야 모두 큰 선거를 앞두고는, 언필칭(言必稱) '기득권 포기' 경쟁을 합니다. 앞다퉈 당헌·당규 개정을 거론하고, 의원 총회를 열어 당론으로 추인했다는 선언까지 합니다. 대중성 높고 파괴력 강한 소재들을 앞세우며 변화의 진정성을 호소하는 방식이지요.

그런데 여야의 이런 모습을 보면서 유권자들은 "대단히 식상한 레퍼토리(repertory)"라는 평가를 내놓습니다. 표로 연결되는 감동은 고사하고, 기대치 않았던 냉소와 조롱만 돌아오는 것이죠.

국무총리와 충남도지사 등을 역임한 故 이완구 전 총리는 새누리당 원내대표 시절, 민주당에서 선거를 앞두고 각종 기득권 포기 공약을 내놓자, "선거 때마다 정치개혁특별위원회가 쏟아내는 공약들만 해도 한 트럭 분량은 될 것"이라면서 "기름이 우유팩(200ml) 만큼만 있어도 트럭이 달릴 수 있는데, 실제로 그럴 의지가 없으니 선거가 끝나면 유야무야될 것"이라고 했습니다. 진정성 없는 공약(空約)일 뿐이라고 꼬집은 것이지요.

이런 모습은 국민의힘도 크게 다르지 않습니다. '선거용 립서비스'에 머물렀을 뿐 여성과 청년 우대 공약들이 번번이 사장돼 왔으니 말입니다. 심지어 퇴보하거나 역주행하는 듯한 모습도 보였습니다.

하지만 매번 속아왔음에도, 유권자들은 정치인들의 '기득권 포기 선언'을 기대할 것입니다. 선거 때가 아니면 기득권을 포기하는 듯한 액션 조차 취하지 않기 때문입니다.

실제 포기하든 안 하든 최소한 약속이라도 해야, 속는 셈 치더라도 '이번에는 반드시 지킬 것'이라는 기대라도 할 수 있으니까요. 마치 로또 복권을 사고 난 뒤, '당첨 가능성이 극도로 낮은 것은 알지만 1등 당첨을 꿈꾸는 것'처럼 말입니다.

기득권 포기도 포기지만, '국민을 대표하는 정치인'의 자질과 관련한 이야기도 조금 해볼까 합니다. 후보 개개인의 역량을 폄훼한다는 점에서 사용하기에 거북스러운 표현이기는 하지만, 2004년 '탄돌이(야당의 대통령 탄핵 시도 역풍에 따른 반사 이익 현상)', 2008년 'MB돌이(MB 돌풍 편승 현상)', 2020년 '코돌이(코로나19로 인한 국가 위기 상황에서 여당 후보로의 표 쏠림 현상)' 후보의 대거 당선은 소선거구제 선거였기 때문에 가능한 결과였다는 분석들이 전해지기도 했는데요.

국회의 기능과 역할을 제대로 파악하지 못한 사람들이 각종 바람 덕분에 원내에 입성해 의회의 다수를 차지하면, 안타깝게도 국회의 핵심 역할인 '행정부에 대한 견제와 비판' 기능을 기대하기 어렵게 됩니다. 야당의 합리적 비판도 정부에 대한 정치 공세로 치부하면서 '다

G선상의 아리아와 정치인의 기득권 포기

수의 횡포'를 부리는 것이죠.

이들이 중심이 되는 국회는 '많이 양보해서' 다수결이라는 절차적 정당성은 확보될 수 있겠지만, 정책적 타당성이나 효과성까지 기대하는 것은 무리일 것입니다. 국회는 국사를 놓고 토론을 벌이는 곳인데, 남의 이야기를 제대로 듣지 않고 청와대 등 권력 윗선의 지시에 따라 나라를 움직이려 하니 말이죠. 그 피해는 고스란히 국민에게 돌아갈 것이고요.

정치는 제한된 자원을 효율적으로 배분하는 과정입니다. 정치를 가능성의 예술이라고도 하는 것도 이 때문인데요. 전체의 몇%를 만족시킬 수 있는지가 정치인의 능력이고 자질입니다.

이성을 마비시키는 선동과 각종 통제가 난무하는 세상에서는 결코 감동을 찾을 수 없습니다. 여건이 제한되고, 상황이 힘겨워도 지도자의 의지와 능력에 따라 무한한 감동을 줄 수도 있으니 국민들이 매번 '스타 정치인'을 갈망하는 것이고요.

G선상의 아리아가 G선 하나만으로도 충분한 예술적 가치를 갖고, 차고 넘치는 감동을 주듯 정치도 그렇게 해 주기를 바라면서 말이죠.

밀레의 만종과 밥상머리 민심

어렸을 적 저희 집 식탁 벽면에는 프랑스 화가인 '장 프랑수아 밀레(Jean-François Millet)'의 '만종(晩鐘)'이 걸려있었습니다. 진품은 파리 오르세 미술관에 전시돼 있으니, 저희 집에 걸려있던 그림은 당연히 모조품(模造品)이었겠지요.

어린 나이에 그 작품을 바라봤을 때에는, 별다른 생각이나 감흥이 없었는데요. 제가 결혼을 하고 아이가 생긴 이후에야 비로소, 어머니가 어떤 이유로 그 자리에 그 작품을 걸어놓으셨는지 미루어 짐작할 수 있게 됐습니다.

밀레는 작품을 그린 배경과 관련해, "어릴 적 들판에서 일할 때, 할머니는 교회 종소리가 울려 퍼지면 내가 하던 일을 멈추게 하셨다. 가난한 사람들을 위해 기도하라는 이유였다. 어릴 적 기억에서 작품 아이디어가 떠올랐다"고 했는데요.

'만종'의 원제목인 '안젤루스(The Angelus)'의 본 뜻은 삼종기도입니다.

하루 세 번 종이 울릴 때, 하던 일을 잠시 멈추고 기도 드리는 모습이 모티브가 됐겠지요. 널리 알려진 '만종'이라는 제목은 별도로 붙여진 것이고요.

밀레의 어릴 적 기억도 그렇고 저희 집에 그 작품이 걸려있던 이유를 짐작해 봤을 때, 가정은 사실상 가장 기초적인 사회 연합체이자 문명의 중심, 그리고 사회 발전의 심장부라 할 수 있을 것입니다. 가정 안에서 올바르고 따뜻한 보살핌을 받으면, 좋은 온기가 사회 전체로 번져나갈 수 있기 때문입니다.

만약 가정에서 공동체에 대한 헌신, 사랑과 나눔, 희생의 정신을 배우지 못한다면, 사회에 나가서도 올바름에 대한 기준을 잡아가는데 어려움을 겪게 될 것입니다.

물론 여기서 언급한 '가정'이라는 표현이 꼭 어머니와 아버지, 형제나 자매들이 함께 생활하는 공동체를 뜻하지는 않습니다. 공간적으로는 먹고 자고 생활하는 곳이고, 교육적으로는 올바른 가르침을 줄 수 있는 누군가가 있다면 그것으로 족하겠지요.

큰 선거가 시기적으로 명절 직후 치러질 때, 정치권에서는 '밥상머리 민심'이 어떤 식으로 형성될지 촉각을 곤두세웁니다. 정치적 유불리를 따지는 것이죠. 그런데 유불리를 따진다고 상황이 크게 달라지진 않을 것입니다. 밀레의 또 다른 대표작인 '이삭줍기(The Gleaners)'처럼 뿌린 대로 거두는 것이니 말이죠.

돌이켜 보면, 국민들의 평가는 언제나 사리에 맞고 합리적(reasonable)이었습니다. 무언가 세상이 꽉 막혀있고 답답하다 싶었을 때에는 변화를 택했고, 너무나 빠르게 변화하는 것 같으면 안정을 택했습니다. 기막힐 정도의 완충작용을 해온 건데, 그런 판단을 내려온 국민을 기만하고 극단에 치우친 정치를 하려고 들면 선거에서 늘 심판받았습니다. 재승박덕(才勝薄德)한 정파 보다는, 오히려 조금 부족하더라도 뭔가 정감이 가는 정당에 힘을 실어줬고요.

힘이 있다고 상대방의 이야기를 듣지 않고, 소수자나 소외된 사람들의 어려움을 모른 척한다면 좋은 평가를 받을 리 만무합니다.

대화 상대방이 도저히 받을 수 없는 안을 가지고 와서 합의하자고 독촉하는 것 역시 마찬가지고요. 마치 이솝우화에 나오는 여우와 두루미의 식사 초대 상황과도 같습니다. 상대가 먹을 수 없는 접시에다 음식을 차려놓고 왜 안 먹느냐고 약 올리는 것을 넘어, 성의를 무시한다며 도리어 성을 내는 것과 무엇이 다르겠습니까?

국민들은 어떤 정당이 정의롭게 행동했는지, 겉으로 말은 안 해도 속으로는 잘 알고 있을 것입니다. 만약 정치권에서 '권리보장으로의 정의(justice as preservation of right)'를 충실히 따랐다면, 국민들이 '응보로서의 정의(justice as desert)'를 논해도 마음이 무겁지 않겠지요.

우리나라는 1945년 당시 국민 평균소득이 46달러였는데, 지금은 3만 달러를 넘어서 비로소 '선진국 대열'에 올라선 듯합니다. 해방 당시에는 어땠을지 모르겠지만, 77년이 지난 지금은 소위 말하는 '정치적 꼼수'가 통하지 않는 시대가 됐습니다.

정치인은 이른바 선택을 받아야만 무대 위에 오를 수 있다는 점에서 연예인의 삶과 비슷한 측면이 있는데요. 이처럼 위대한 국민을 속이려 들면서 '심판'이 아니라 '선택'을 받으려 한다면, 그것 이상 가는 '무모한 도전'이 또 있을까요?

밀레의 만종과 밥상머리 민심

카프리스만큼 가변적인 유권자 마음?

이탈리아의 바이올리니스트이자 작곡가인 '니콜로 파가니니(Niccolo Paganini)'는 상대방의 미움을 살 정도로 연주 재능이 뛰어나 '악마의 연주자'로 불립니다.

파가니니의 카프리스 연주를 본 당대의 음악평론가들은 '천재적 재능을 지닌 악마가 나타나 연주하는 것 같다'며 그의 재능을 높이 평가했습니다. 곡이 변덕스러울 정도로 난해한데도 자유자재로 연주하는 그의 모습에 감탄하면서, 악마라는 표현을 썼던 겁니다.

파가니니는 4살 때 홍역을 심하게 앓은 뒤로 몸이 허약해졌지만, 그럼에도 연주 실력은 타의 추종을 불허했습니다. 그의 아버지가 자신의 도박 빚을, '뛰어난 연주 실력을 지닌' 아들의 공연 대금으로 충당하면 된다고 생각할 정도였으니 말이죠.

파가니니는 6개의 바이올린 협주곡과 24개의 카프리스* 등 바이올린을 위한 명곡을 많이 작곡했는데요. 파가니니가 작곡한 카프리스 24번은 광고음악으로도 많이 쓰여, 음악 애호가가 아닌 일반인들의 귀에도 충분히 익은 곡입니다. 검색해 보시면 아마도 한 번쯤 들어본 멜로디일 겁니다.

유권자의 마음은 카프리스 못지않게 변덕스럽고 가변적입니다. 앞서 살펴본대로 특정 정파 쪽으로 장기간 쏠려 있거나 극단으로 치우치는 것 없이, 때마다 상황에 맞게 '중도(中島)'로 회귀하는 모습을 보였습니다.

정치인 입장에서 봤을 때 난해한 것처럼 보일 수도 있지만, 한걸음 떨어져서 보면 유권자의 요구사항은 너무나 단순하고 자명하게 예측됩니다. 이념의 늪에 빠져 있으면 예측이 어려울 수 있겠지만요.

'벼슬 동냥한다'며 지역민과의 접촉을 꺼리는 의원도 있지만, '내 힘의 원천'이라며 기쁜 마음으로 소통하는 지역 일꾼도 존재합니다.

백지(白紙)라는 뜻의 라틴어 '타불라 라사(Tabula Rasa)'를 가슴 속에 늘 품고 계시는, 이념과 아집에 사로잡혀 있지 않고 유권자들의 요구사항을 받아들일 준비가 언제나 돼 있는 분들 말이죠.

2012년 대선이 끝난 뒤, 서울 노원구 마들연구소에서 만났던 故 노회찬 의원은 지역 주민들을 상대하는 정치인의 올바른 자세에 대해 다음과 같이 이야기했습니다.

> "벼는 주인인 농부의 발소리를 듣고 자란다고 하지 않습니까? 지역 정치인은 지역민들의 발소리를 들어야 건강하게 자랍니다. 정치인을 짓밟는 발자국이 아니라, 더 성장할 수 있도록 거름을 주는 농부의 발걸음 말입니다."

---

* Caprice: 일정한 형식에 구속되지 않고 유쾌하면서도 변덕스러운, 자유로운 요소가 강한 기악곡.

카프리스 만큼이나 가변적인 유권자 마음

총선은 4년 주기로 봄에 치러집니다. 봄에 새로운 움이 트기를 기대하는 정치인의 생존법도, 겨우내 뿌리 보존을 위해 사력을 다하는 나무의 생존법과 비슷할 수밖에 없다는 생각인데요. 지금 다시 읽어도 마음이 참 따뜻해지는 작품인 쉘 실버스타인(Shel Silverstein)의 『아낌없이 주는 나무』가 불현듯 떠오릅니다.

　　새로운 경험을 할 수 있도록 '자신의 몸통을 잘라 배를 만드는 방식으로' 유권자들을 도와줄 수는 없겠지만, '나뭇잎 왕관'을 만들어 국민을 왕처럼 받드는 듯한 노력은 최소한 정치인이라면 할 수도 있겠다는 생각이 들어서요.

소통의 달인 JP

정치는 국민을 대상으로 하는 서비스 산업입니다. 감동(感動)이라는 재화와 서비스를 전하고, 반대급부로 표(票)를 받는 것이죠. 세일즈는 '정당 조직'이 하고요.

그런데 세일즈 과정에서 고객의 목소리를 듣는 소통(疏通) 절차가 생략된 채, '나는 어떤 사람이고 권력을 잡으면 이런저런 일을 하겠다'는 식으로 일방적 주입하려다 보면 역효과 나기 십상입니다. 안 하니만 못한 결과를 야기할 것입니다.

가르치려 하면 외면하고, 다른 일로도 바쁜데 붙잡아 놓고 설득하려들면 언짢아하는 손님이 바로 유권자이기 때문입니다. 백화점이나 마트에서 손님을 어떻게 대하는지 다들 보지 않으셨습니까?

소통은 자기 자신을 상대방과 동일시하는 '공감 능력'에서 비롯됩니다. 상대의 눈높이에 맞춰 서서 감정을 교류하는 것이 핵심입니다. 자세는 겸손하고 말은 진실되며 생각이 투명해야 가능하겠지요.

현대 정치의 특징 가운데 하나는, 정치인들이 SNS 공간에서 실시간으로 유권자들과 소통하는 것입니다. 과거에는 '언론(言論)'을 통해 말을 주고받으면서 정치행위를 이어 갔는데 분위기가 많이 바뀌었습니다.

SNS에 사진과 글을 올리며 자신의 '성과(成果)'에 대해 직접 설명하는 모습이 오히려 일반적인 상황이 됐습니다. 내용물보다 포장에 더 신경쓰는 분들이 생겨날 정도로 자신의 몸값을 스스로 세심하게 관리하는 시대가 된 것이죠. 정보통신기술의 발달에 따른 변화상인데, 그만큼 기자의 역할이 축소되고 있다고 봐야 할 것입니다.

왜곡되거나 설익은 정보는 그릇된 의견으로 이어질 수밖에 없기 때문에, 좋은 기사를 쓰기 위한 '정보 수집의 중요성'은 아무리 강조해도 지나치지 않을 텐데요. 상황이 이렇다 보니, 정치부 기자 입장에서는 '정보 발굴 및 수집' 능력이 뒤쳐지면 심도 있는 분석이라도 할 수 있어야 살아남을 수 있습니다. 자신만의 무기 하나는 갖고 있어야 부서장들도 믿고 맡길 수 있으니 말입니다.

정보의 질은 정치인과의 소통 능력에 따라 좌우되는데요. 기자가 정치인과 신뢰 관계가 없다면 제대로 된 소통을 할 수 없기에, 유의미한 정보도 기대하기 힘들 것입니다.

지난 2011년 가을, 취재차 김종필 전 자민련 총재의 서울 청구동 자택을 방문했을 때의 일입니다. 당시 청구동에서 30분 정도 머물렀는데, JP는 손자뻘인 저에게 꼬박꼬박 "백 기자님"이라고 했습니다. 취재기자가 저 혼자였기 때문에 편하게 말씀하실 수도 있었을 텐데, '기자를 다루는' JP의 노하우가 진하게 묻어난 언행이었다는 생각이 듭니다.

'인터뷰가 아니었던' 2015년 새해 첫 날 인사를 드리러 갔을 때에는 '예사 낮춤'으로 편하게 말씀하셨던 것으로 미루어볼 때, 그 연세에도 '기사 좋게 나가기를 바라는 마음'은 다르지 않으셨던 것 같습니다.

자신에게 조금이라도 불편한 질문을 하면, "나이 먹으니 이제는 무슨 질문 하는지 잘 들리지도 않는다"면서 껄껄껄 웃어 넘기셨던 JP.

제가 뵀던 분들 가운데 최고의 소통 기술자가 누구냐 물으신다면, 저는 주저 없이 JP를 꼽을 것입니다. 3김 가운데 제가 유일하게 취재를 해 본 분이라 다소 편향된 시각일 수는 있지만요.

JP는 기본적으로 박학다식한데다 넘치는 미적 감각을 바탕으로, 평면을 입체처럼 보이게 하고 없는 것을 마치 있는 양 덧칠할 수 있는 기교를 갖추고 계셨습니다. 이에 더해 탁한 공기를 맑게 해주는 한 줄기 바람인 재치까지 지녔는데 무엇이 더 필요할까요?

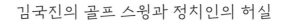

김국진의 골프 스윙과 정치인의 허실

TV조선의 인기 예능 프로그램 가운데 하나인 '골프왕'을 보면서 개그맨 김국진 씨의 골프 실력에 놀랄 때가 많습니다. 다른 출연자들이 '굉장히 착실하고 진지하게' 준비 동작을 취한 뒤 스윙을 해도, 김국진 씨의 '대충치는 것 같은' 스윙을 못 따라가는 것을 보면서 말이죠.

상대방이 깜짝 놀라면서 '어떻게 치는 것이냐'고 물을 때마다, 김국진 씨는 웃으면서 '대충 친다'고 능칩니다. 그야말로 허허실실이지요. 그런데 얼핏 대충 치는 것처럼 보이지만, 사실 그 안에 '골퍼 김국진'이 보낸 수십 년의 세월이 녹아 있습니다. 그렇기 때문에 매 타석 홀컵 접근에 필요한 '모든 노하우'가 접목된 스윙을 하는 것이고요.

허실(虛實)은 상대가 나의 강점과 약점을 정확하게 판단하지 못하도록 나의 모습을 변화시키는 전략입니다. 쉽게 말해 내가 약하면 강한 것처럼, 강하면 약한 것처럼 상대를 속이는 것이죠. 단순히 불편한 상황에서 허허 웃고, 보기 싫은 사람 앞에서도 실실거릴 수 있는 능력만을 뜻하지는 않습니다.

이솝우화 '토끼와 거북이'에서 한가로워 보이는 거북이도 언뜻 보기에 목적이 없는 것처럼 보일 수 있지만, 토끼 못지않게 지능적입니다. 어찌 보면 더 뛰어나다고 볼 수도 있지요. 길고 짧음의 '강약'을 조절하고 때로는 변화를 줘가며 상대방을 건드려 보고, 그 반응을 토대로 적이 반응하는 태도와 방식을 알아내기 때문입니다. 이 과정에서 적을 끌면 이기고, 적에게 끌리면 패배하겠지요.

당태종 이세민은 '치인이불치우인(致人而不致于人)'이라고 했습니다. 경쟁자를 지배해야지, 지배를 당하면 패한다면서요. 그는 주도권을 잡아 승리로 이끌기 위해 때로는 상대에게 '이익이 있을 것'이라며 유혹했고, 그 과정에서 말을 듣지 않으면 '막대한 손해를 입게 될 것'이라며 압박하기도 했습니다.

그런데 꼭 이세민과 같은 방식으로 주도권을 잡을 필요는 없습니다. 그와 같은 '엄청난 힘'을 갖추지 못한 경우가 대부분일 것이기에, 보다 현실적이고 효율적인 방식을 찾아야겠지요. 그 과정에서 나의 진면목을 최대한 숨겨 상대방을 방심하게 만든다면, 보다 편하게 주도권을 잡을 수 있을 것이고요?

실제로 적을 공격하는 방식 가운데 앞에서 직접 공격하는 것보다, 우회로를 통하는 게 효과적인 때가 많습니다. 응전과 반격의 위험을 줄일 수 있어서겠지요. 감정이나 분노에 휘둘리지 않고 침착함과 냉정함을 유지하면 더 할 나위 없겠고요.

이와 관련해 훗날 총리를 지낸 이완구 전 새누리당 원내대표는 "정치는 속거나 속이는 게임"이라며 "상대가 편안해 보이면 논쟁거리를 던져 피곤하게 만들고, 상대가 배부른 것처럼 보이면 우리 쪽이 잘 된

김국진의 골프스윙과 정치인의 허실

부분을 언급해 상대를 허기지게 만들어야 전세를 뒤집을 수 있다. 상대를 속이지 못하면 결국에는 우리가 속아 넘어가도록 돼 있다"고 했습니다.

그러면서 "큰 힘을 쓴다고 해서 반드시 큰 결과물이 돌아오는 것은 아니다. 힘은 요령껏 쓰면 된다. 때로는 일부러 다른 방향으로 돌아가야, 원하는 곳에 더 빨리 도달할 수 있고 전세의 불리함도 유리함으로 바꿀 수 있다"고 덧붙였습니다.

새누리당 원내대표실에서 둘이 차담을 나누던 도중 이런 말씀을 하시기에, "인생 참 피곤하고 복잡하게 사시는 것 같다"고 했더니, 그는 "아마 3김 어르신들은 나 보다 100배 이상 피곤하게 사셨을 거야"라며 웃어 넘겼습니다. 그 웃음의 의미를 알기에, 당시의 여운이 아직 가시지 않고 있나 봅니다.

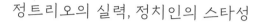

정트리오의 실력, 정치인의 스타성

저는 슬픈 영화나 드라마를 봐도 눈물이 흐르는 경우가 많지 않습니다. 그래서 목석같다는 말도 들어봤습니다. 그런데 신기하게도 세계적인 바이올리니스트인 정경화 선생님이 연주하는 G선상의 아리아를 들을 때에는 눈가에 이슬이 맺혔습니다. 음악을 듣기 전에 기분이 무척 좋았음에도 어느새 눈가가 촉촉해지곤 했습니다.

조금 죄송한 이야기지만, 다른 분들의 연주를 들었을 때에는 슬픈 감정은 들었지만 눈물이 흐르진 않았습니다. 유독 정경화의 연주에만 조건반사적으로 눈물이 났던 겁니다.

그는 그렇게도 슬픈 선율을 연주하면서도, '커튼콜(curtain-call)' 앙코르(encore) 공연을 할 때면 이따금 익살스런 표정을 짓거나 여유 있는 웃음을 짓곤 했습니다. 관객을 울면서도 웃게 만드는, 눈으로는 울지만 입으로는 웃음 지을 수 있도록 리드했습니다. 정말로 밉도록 아름다운 분이죠.

천하의 정경화도 나이 일흔을 넘긴 이후, "이제는 손이 말을 듣지 않는다"며 엄살을 부리기도 했는데요. 그는 셈이 날 정도의 엄청난 재능을 갖고 있으면서도 그 재능을 감당하고 담아낼 수 있는 여유와 배포도 넉넉하게 지니고 계신 듯합니다.

그는 2005년 9월 연주회 준비 도중 입은 손가락 부상의 영향으로, 공개적인 연주는 6년 넘게 쉬었습니다. 2011년 12월 13일이 돼서야 언니인 정명화, 동생인 정명훈과 함께 '작고하신 어머니 고(故) 이원숙 여사에게 바치는 추모 공연'을 가졌고, 그로부터 사흘 뒤 예술의전당 콘서트홀에서 바이올린 독주회(She is back)를 열기도 했습니다.

이듬해 1월 5일에는 정명훈이 지휘자로 오른 서울시향 신년 음악회에서 브루흐 스코틀랜드 환상곡을 협연하고, 박수갈채에 앙코르로 화답했습니다. 한 달 사이 다양한 형태의 무대에 잇따라 올라, 관객의 열렬한 환호 속에 '여제(女帝)의 귀환(歸還)'을 성대하게 알렸던 겁니다.

객석에서 직접 연주를 듣는 것을 '직관'이라고 하지요? 저는 직관 횟수로 볼 때, 개인 연주자로 치면 정경화의 연주를, 단체로 치면 정명훈이 지휘하는 서울시향의 공연이 가장 많았던 것 같은데요.

평일에 정치나 경제 뉴스를 보면서, 혹은 주말에 종교 활동을 하면서 소위 '가족끼리 다 해 먹는다'고 목소리 높이신 적 있으실 겁니다. 하지만 정트리오를 보면서 '가족끼리 다 해먹는다'고 욕하시는 분은 못 본 것 같습니다. 어떤 사람을 쓰느냐에 대한 판단은 결국 실력이 모든 것을 좌우하기 때문이죠.

가족을 쓰든 친지를 쓰든 측근을 쓰든, 압도적 실력을 갖춘 '능력 위주의 인사'라면 그 누구도 비판할 이유가 없는 것이죠. 국가대표 야구팀 지휘봉을 이종범 감독이 잡고, 중심 타선에 그의 아들인 이정후 선수가 배치된다고 한들 누가 뭐라고 하겠습니까? 도리어 제발 좀 맡아 주고, 뛰어 달라고 이야기 하겠죠.

이른바 '3김 시절'에는 제가 취재 일선에 없었기 때문에 3김 이후 정치인만 놓고 본다면, 가장 스타성 있던 정치인은 박근혜 전 대통령이었습니다. 도심 속 대형 쇼핑몰이나 재래시장 골목 등 평소 인파가 몰리는 곳은 물론이거니와 외진 공터에도 '박근혜가 온다'는 소식이 전해지면 순식간에 입추의 여지가 없을 정도로 사람들이 모여들었습니다.

몰려든 사람들로 인해 주변 교통이 마비되고, 도로에 사람이 꽉 들어차는 드라마에서나 볼 법한 광경을 2012년 총선과 대선 과정에서 자주 볼 수 있었습니다.

물론 동원된 인파도 일부 있었을 것이라는 점 익히 알고 있습니다. 하지만 이명박·문재인 전 대통령을 비롯해, 이회창, 정동영, 안철수 등 당시 큰 인기를 누렸던 정치인 그 누구와 비교해도 압도적 인파였다는 점은 분명했습니다. 위에 언급된 모든 분들의 유세 현장을 다녀봤지만, '정치인 박근혜'가 등장했을 때처럼 주변 교통이 마비되고 경찰 통제선이 '가볍게 무너지는' 광경(光景)은 보지 못했습니다.

퇴임 직전까지 40%대의 높은 지지율을 얻었던 문재인 전 대통령을 후보 시절부터 대통령 된 이후까지 취재해 봤지만, 그 정도 인파는 아니었습니다. 문 전 대통령이 퇴임하는 날 서울 삼청동과 광화문 일대에 모인 사람들은 유세 현장에 모인 인파가 아니기 때문에 비교 대상이 아닌 듯하고요.

박 전 대통령의 스타성은 정상에 오르는 과정에서는 득이 됐지만 말년에는 일견 독이 되기도 했으니, 정치인의 인기는 정교하게 잘 다

정트리오의 실력, 정치인의 스타성

루지 못한다면 감당이 어려워 훗날 큰 부담이 될 수도 있겠다는 생각
도 들었습니다.

기라성 같은 '톱스타' 선배를 둔 후배들의 스트레스도 상당할 듯합
니다. 독일의 작곡가 요하네스 브람스(Johannes Brahms)는 네 편의 교향
곡을 남겼는데, 그가 지인에게 보낸 편지에 이런 내용을 담았다고 합
니다. "등 뒤에서 들려오는 거인 베토벤의 발소리를 의식하면 도저히
교향곡을 쓸 엄두가 나지 않았네."

앞서 베토벤이 작곡한 아홉 개의 교향곡을 의식했던 건데요, 브람
스는 교향곡 1번을 완성하기까지 20년 넘는 세월이 걸렸다고 합니다.
그가 악보를 쥐고 있었던 세월의 흐름만큼 고민과 스트레스가 깊었을
것이라는 생각이 드는데요.

훗날 그가 경외했던 베토벤 만큼이나 충분히 훌륭한 삶을 살았다
는 평가를 받게 됐으니, 그 또한 약이 됐다고 볼 수 있겠네요.

가족이 누구든, 정파의 수장이 누구든 간에 모두에게 실력을 인정
받으면 두려울 것이 뭐가 있겠습니까? 그 정도 실력이라면, '뭐가 되
든지 될 것이다, 될 대로 되라'는 의미를 담고 있는 스페인어 '케세라
세라(che sara sara)'를 생각하면서 담대하게 주어진 소명을 완수해가면
되는 것 아니겠습니까?

SNS는 야당 세상?

> "시원하지 않다. 전혀 시원하지 않다. 나는 그것을 느끼고 있
> 다. 그 고약한 구토를. 그리고 이번에는 새롭다. 나는 그것을 카
> 페에서 느꼈다. 카페는 사람들이 많이 있고, 또 대단히 밝기 때문
> 에 이제까지 나의 유일한 피난처였다. 이제는 그 피난처조차 없
> 어진 것이다. 내가 나의 방 안에서 궁지에 몰리게 되면 나는 어디
> 로 가야할지 모를 것이다."
>
> ▎장 폴 사르트르(Jean Paul Sartre) '구토' 中 ▎

진영 간 대결이 극에 달한 상황에서 패하고 소위 '광장'에서 밀려났
을 때, 패배한 진영 사람들은 대개 '동굴'로 이동합니다. 자의로 물러
나든, 아니면 광장에 서 있을 자리가 없든 부득불(不得不) 동굴로 밀려
나는 것이죠. 현실적으로 '사회적 공존'이 어려운 상황에서, 상대적으
로 편하게 말하고 행동할 수 있는 밀실(密室)을 찾아 '훗날'을 도모하는
것이기도 하고요.

아마 2008년 총선 직후였을 겁니다. 막 정권을 되찾은 한나라당에서 주최한 'SNS 상에서의 정치 활동' 관련 세미나를 취재했을 때인데요. 주최 측에서 분석한 '노무현 정부 5년 간 SNS 상에서의 정치 활동 지표'를 보니, 그 당시 진보 세력의 활동량이 보수 세력의 그것보다 적었습니다.

처음에는 이해가 안 됐습니다. 수치가 잘못됐다는 생각도 들었고요. 2002년 당시 한나라당 이회창 후보의 대선 패배 요인 가운데 하나로 이른바 진보 진영 '손가락 부대'의 맹활약이 꼽히는데, 보수 진영의 SNS 활동량이 더 많다니요?

하지만 이야기를 계속 들어보니, 이해 안 되던 그 '주장'이 점차 수긍됐습니다. 그 당시만 해도 여권 측 인사들은 아무래도 방송이나 라디오 등 이른바 정규(formal) 매체에서 목소리를 낼 기회가 많았던 반면, 야당 성향 인사들은 기회가 적었던 게 사실입니다.

또 지지나 칭찬은 공개적으로 해도 부담이 적은데, 정권에 대한 비판이나 지적을 공개적으로 하는 것은 아무래도 심적 부담이 더하겠지요. 그렇기 때문에 SNS 공간을 찾아 마음 편하고 속 시원하게, 즉 '칭찬은 공개적으로, 비판은 음성적으로' 하게 된다는 이야기였습니다.

그런데 15년 정도 시간이 흐른 지금은 당시 상황과 많이 달라졌습니다. 예전엔 방송에 나오는 분들이 눈치를 봐가며 정부를 비판했는데, 요즘은 보란 듯이 더 당당하게 비판합니다. 이는 큰 틀에서 보면 긍정적인 모습이라고 생각합니다.

다만 정치 평론가를 자처하는 분들이 비판을 넘어 비난하거나 비아냥거리고, 혹은 반대로 공공재(公共財, public goods)인 전파를 사용하면서도 노골적으로 특정 세력을 지지하는 모습을 볼 때는 안타까움이 드는 것도 사실입니다. 온오프라인의 모든 전장에서 '상대를 몰살시켜야 내가 살아남는다', '적이 없으면 내부가 분열한다'는 생각으로 하루가 멀다 하고 총력전을 벌이는 탓이겠지요.

잘못을 지적하는 것은 언론이든 평론가든, 혹은 그 누구든 당연히 해야할 책무입니다. 소홀히 해서는 안 되겠지요. 계속 잘못된 행동을 하게 해서는 안 되니까요. 그런데 비판은 이성적이고 합리적이어야 합니다. 비판 과정에서 오늘의 잣대로 과거의 상황을 무리하게 재단하는 '시대혼합의 오류'에 빠지는 것도 경계해야 하고요.

이른바 '솎아내기', '그림자 지우기' 일환의 적폐몰이를 하는 것 역시 바람직하지 않다는 생각입니다. 무엇이든 과유불급인 것이죠. 여야가 건전한 긴장관계를 유지하고 서로 윈윈할 수 있는 라이벌 관계가 형성돼야 국가적으로도 긍정의 효과를 기대할 수 있는데, 사회가 양극단으로 치닫고 화합과 통합의 기운이 사라져가는 듯한 모습에 나라의 미래가 걱정되기까지 합니다.

독일 나치당을 이끌었던 아돌프 히틀러(Adolf Hitler)는 자신의 저서 『나의 투쟁』에서 "민중의 마음을 획득하는 것은 적대자를 절멸시키는 경우에 의해서만 성공할 수 있다. 민중은 어떤 시대에도 적에 대해 용서없는 고역을 가하는 중에 자신의 정의를 발견하며, 반대로 적대자의 절멸을 단념하면 자기의 정체성을 불확실하게 느낀다. 그들이 바라는 것은 더 강력한 자의 승리이며, 더 약한 자의 절멸 또는 무조건 예속"이라고 주장했는데요. 히틀러와 비슷한 부류의 정치인이라는 오명(汚名)을 피하고 싶다면, 그와 똑같이 행동해서는 안 되겠지요.

조선시대의 학자이자 문인인 율곡 이이는 "망국의 화근"이라며 붕당 정치의 폐해를 꾸준히 지적했습니다. 하지만 안타깝게도 550여 년

이 흐른 지금도 여전히 각 정당의 의견 대립이 국가의 발전을 저해하고 있는 듯합니다. 소신과 신념에 따라 입장을 달리한다는 느낌 보다, 오히려 이해관계와 맞물려 있는 '당리당략'에 따라 지리한 싸움을 이어가고 있다는 생각입니다.

양극단에 있는 좌파와 우파는 어찌 보면 '상대방이 절실히 필요한', 대단히 상호의존적인 존재들입니다. 비현실적이고 시대착오적 증오심, 일부는 공격성까지 보인다는 점에서 공통점도 많은 게 사실인데요. 어른들이 이런 모습을 보이면, '나라의 미래' 인 아이들은 과연 그들에게서 어떤 모습을 배울 수 있을까요?

덴마크 작가인 '한스 안데르센(Hans Christian Andersen)'의 동화죠. 『벌거벗은 임금님』을 보면 무능하고 용기도 없는 어른들을 대신해 아이들이 사회변화의 동력이 됐듯, 또 다시 어른들의 부족함을 채우기 위해 아이들의 힘을 빌려야 하는 것일까요?

도덕적 인간과 비도덕적 정치

미국의 문명 비평가이자 신학자인 라인홀트 니부어(Reinhold Niebuhr)는 저서인 『도덕적 인간과 비도덕적 사회』*Moral man and immoral society*에서 "사회집단의 도덕과 사회적 행동은 개인의 그것 보다 현저하게 떨어지고 저하된다"고 주장했습니다.

개인적으로 상당히 도덕적인 사람도 자기가 속한 단체의 이익과 관련해서는 이기적(利己的)이 되기 쉽다면서 개인윤리와 사회윤리를 구별할 필요성도 언급했습니다. 집단이기주의가 팽배하면 개인의 무력감(無力感)이 증대되고 개인윤리가 황폐화(荒廢化)되기 쉽다는 말을 덧붙이면서요.

니부어는 미국 예일대에서 신학을 공부하고 엘리트 목사의 길을 걷다, 1차 대전과 대공황 등을 잇따라 겪으면서 도덕적 개인이 모인 사회가 왜 비도덕적이 되는지에 대해 탐구했습니다. 당시 참전했던 군인 대부분은 순수한 애국심과 희생정신을 지닌 도덕적 청년들이었는데, 결과적으로 그들이 참전한 전쟁에서 무고한 사람들이 목숨을 잃었고 가정과 사회가 붕괴 직전까지 갔던 상황을 보면서요.

니부어는 이런 상황을 종합해 볼 때, '사회를 이끌어가는 특권층이 자신들이 목표한 바에 젊은이들의 애국심을 악용했다'는 결론에 이르게 됩니다. 그러면서 "특권 계급은 그렇지 않은 계급보다 더 위선적이다. 자신의 특권을 평등과 정의로 포장한다. 보편적 이익에 봉사한다는 교묘한 증거와 논증을 창안해 내려고 노력한다"는 주장까지 했습니다.

도덕적 개인이 모인 사회가 점차 비도덕적으로 바뀌어 가는 것은, 비단 특권층의 위선뿐만 아니라 개개인의 이중적 본성도 작용했을 것입니다. 비록 개인이 착한 본성을 지녔을지라도, 특정 진영이나 계층에 속한 뒤 '집단의 심리'에 동화되는 경우도 있으니 말이죠.

그렇기 때문에 니부어는 사회 집단의 악(惡)을 견제하고, 상충하는 욕구 조정을 위한 '사회의 강제력'이 필요하다고 봤습니다. 그래야 국민들이 '합당한 행복(reasonably happy)'을 누릴 수 있을 것이라면서요.

러시아의 혁명가 '레닌'은 "믿음은 좋은 것이지만, 통제는 더 좋은 것"이라고 했습니다. 권력자 입장에서 볼 때 굉장히 달콤한 말이죠. 그런데 달콤한 것 치고, 몸에 좋은 것은 없지 않습니까? 심지어 지금은 레닌이 발언했던 그 당시에 비해 시대가 변해도 너무나 많이 변해, 더더욱 통제가 용인되기 힘든 세상이 됐으니 '못 들은 셈' 치는 게 나을 것입니다.

'가진 것이 망치 밖에 없는 사람은 모든 게 못으로 보인다'는 이스라엘 속담을 곱씹어 새겨야지, 국민을 못으로 볼 수는 없지 않습니까?

영화 '아바타(Avatar)'에 나오는 '나비족'은 상대방에게 사랑의 감정을 전할 때 "I see you"라고 합니다. 영화 주제곡에서도 "I see me throu -gh your eyes"라는 가사가 나옵니다. 사랑하는 존재를 바라보면서 느끼고, 그의 눈으로 나를 다시 들여다보는 것이 진정한 사랑이라는 메시지를 전해줬는데요.

영화를 보는 내내 존중과 배려를 머릿속에 그렸던 분들이, 니부어의 지적처럼 '일상으로 돌아와' 사회집단이나 정치집단에 속해서는 그런 마음가짐과 상반되는 모습을 보이기도 합니다. 내가 상대방 보다 훨씬 낫다고 주장하면서요.

그런데 남과 비교하는 것은 객관적인 잣대가 아닙니다. 비교 대상을 바꾸면 결과값은 언제든 바뀔 수 있기 때문입니다. 영화를 보면서 느꼈던 감정은 도대체 어디로 간 것일까요?

정의화 전 국회의장이 의장에 선출된 직후인 2016년 5월의 어느 날로 기억합니다. 정 전 의장은 사담을 나누던 자리에서, 자신의 이름에 들어간 글자인 정의(正義, 올바름)와 화(和, 화합)를 거론하면서 "정의를 바로 세울 수 있는 정의로운 집단 윤리가 필요하다"고 했습니다. 그는 문자메시지를 보낼 때 마지막에 '和'라는 글자를 넣어, 자신이 보낸 것임을 확인시켜주고는 했는데요. 늘 화합의 정치를 하겠다는 자기 최면으로 느껴졌습니다.

도덕과 정의의 기준은 결국 정치 세력이 설정하고 따르는 것입니다. 개인의 억울함, 특정 집단에 대한 차별, 사회 전체를 향한 억압을 자신들의 '정치적 유불리'에 따라 정의로 둔갑시키고 아름다운 모습으로 합리화시키려 했던 모습도 숱하게 봐왔습니다.

진영을 떠나 모든 사람이 사랑받고 존중받으며, 심지어 적대적 인물의 생명까지도 귀하게 여기는 공동체를 만들어가야 하는데 참으로

도덕적 인간과 비도덕적 정치

안타까웠지요.

세월호 참사와 사상 초유의 현직 대통령 탄핵 사태 등을 거치면서 우리 사회가 한 단계 성숙된 모습을 보일 수 있을 것으로 기대했는데, 그 이후의 상황을 돌아볼 때 오히려 퇴보한 듯한 모습까지 보이고 있으니 답답하지 않을 수가 없겠지요.

우리 사회에서 진보를 담당하는 부류가 항상 선을 향해 진보하는 것도 아니고, 또 보수를 담당하는 세력이 항상 옳은 방향으로 보수하는 게 아니라고 생각하시는 분들이 의외로 많습니다.

그런데 말입니다. '도무지 답이 없다'며 회피할 게 아니라, 선거 때마다 냉정하고 냉철한 판단을 하신다면 우리 사회는 아주 조금씩이라도 바뀔 수 있을 것입니다. 2022년 대선 결과로 '정권교체 10년 주기설'도 깨졌고, 주류 세력 교체 시기도 한 템포 더 빨라지는 추세이기 때문에 정치권에서도 예전 보다 더욱 여론과 민심에 귀를 기울이지 않을까요?

"박 전 대표님의 종교는 기천불입니다"

아마도 2010년 겨울이었을 겁니다. 당시 '박근혜의 입'으로 불리던 한나라당 이정현 의원에게 박근혜 전 대표의 종교가 무엇인지 물었습니다. 그러자 이 의원은 제게 '어떤 취지로 박 전 대표의 종교를 물어보냐'고 되물은 뒤, 별다른 저의(底意)가 없다는 것을 파악하고는 "기천불"이라고 답했습니다.

제가 당시 질문했던 이유는, 박 전 대표가 2007년 대선 경선 당시 경주의 한 기독교 행사에 참석해 '나 같은 죄인 살리신'이라는 제목의 찬송가를 연주한 적이 있는데요. 2010년 천주교계 일각에서 'MB의 4대강을 막아달라'며 박 전 대표 측에게 간접 요청을 했다는 설의 진위를 파악하는 과정에서, 마지막 질문으로 "근데 박 전 대표의 종교는 무엇인가요?'라고 물었던 겁니다.

이정현 의원이 언급한 '기천불'이라 함은, 기독교, 천주교, 불교의 줄임말이었는데요. '종교는 거의 없다시피 한데, 기자의 질문 취지에 따라 답변 내용이 달라질 수도 있다'는 투로 들렸습니다. 아마도 '박 전 대표'가 특정 종교를 믿는다고 하면, 그 이외의 종교계 인사들과 불편한 관계를 맺게 될 수도 있어서 그와 같이 애매하게 답변했을 것 같다는 생각이 들었습니다.

그런데 대놓고 자신의 종교를 드러낸 전직 대통령도 많이 계셨습니다. 이승만, 김영삼, 이명박 전 대통령은 독실한 기독교 신자로 익히 알려져 있습니다. 이승만 전 대통령은 경무대(옛 청와대)에서 기도 모임을 열었고, 1954년 5월에는 '사찰 정화 담화문'을 발표하면서 대처승(결혼한 승려) 축출에 나서기도 했습니다.

서울 충현교회 장로였던 김영삼 전 대통령은 선거 국면에서 "집권하면 청와대에 찬송가가 울려 퍼지게 하겠다"는 언급도 했고, 실제로 취임 초 목사님들을 청와대로 초청해 예배를 주관하도록 했습니다. YS 정부는 첫 내각의 장관급 인사 가운데 7명이 기독교 신자였는데, 불교신자는 단 한 명도 없어 구설에 오르기도 했고요.

서울 강남구 압구정동에 위치한 소망교회 장로인 이명박 전 대통령도 '고소영(고려대, 소망교회, 영남)' 정부라는 이야기를 들었을 정도로 기독교 친화적 모습을 보였습니다. 청와대와 내각 등 각종 요직에 특정 교회 출신이 득세하고 있다는 지적을 받을 정도였으니 말이죠.

전두환 전 대통령은 불교 신자였습니다. 전 전 대통령은 노태우 정부 시절인 지난 1988년 11월 23일, 재임 중에 있었던 잘못을 사죄한다면서 아내인 이순자 여사와 '백담사'로 들어가 769일 동안 생활했습니다. 그곳에서 염불하는 모습이 담긴 사진이 공개되기도 했었죠. 공교롭게도 전 전 대통령이 사망한 날(2021년 11월 23일)은 그가 백담사에 들어간 지 정확히 33년째 되는 날이었습니다.

노 전 대통령 역시도 취임 후 불교계와 가깝게 지내려 노력했는데요. 퇴임을 3개월쯤 앞둔 시기였죠? 1992년 11월 27일 고향인 대구 팔공산 동화사의 '통일기원대전' 현판을 직접 쓰기도 했습니다. 그런데 2021년 10월 말 한국교회총연합(한교총) 대표회장 소강석 목사(새에덴교회)가 故 노태우 전 대통령 국가장 기독교 장례 예전을 집례했을 정도로, 말년에는 기독교 친화적인 모습이 엿보이기도 했습니다. 노 전 대통령은 병상에 누워있던 지난 2006년 꽃동네 설립자인 오웅진 신부에게 세례를 받았다는 이야기도 전해지고 있으니, '기천불 신자'라고 해도 과언은 아니겠네요.

박정희 전 대통령은 집권 당시 일부 천주교 인사들과 갈등을 겪기도 했는데요. 이 때문인지 기독교나 불교 관계자들과는 좋은 관계를 유지하기 위해 노력했던 것으로 알려져 있습니다. 그 연장선상에서 국가조찬기도회라는 것을 만들어 기독교인들과 접촉면을 넓혀갔고, 불*-자인 육영수 여사를 통해 불교계와의 거리감을 좁혔습니다. 핵심 참모들 가운데 천주교 신자들을 중심으로, 천주교계와의 관계 개선을 모색하기도 했고요.

'천주교 신자 대통령'도 있었습니다. 문재인 전 대통령은 초등학교 3학년 때 부산 영도 신선성당에서 세례를 받은 것으로 알려졌는데요, 세례명은 디모테오입니다. 김정숙 여사는 '평화의 새' 비둘기를 상징하는 '골롬바'를 세례명으로 받았고요.

윤석열 대통령의 종교 색채는 뚜렷하지 않은 듯합니다. 대선 국면에는 상대적으로 개신교에 가까운 행보를 보였는데요. 다른 종교에 대해서도 서운하지 않을 정도로 공을 들이는 모습을 보였습니다.

정치인의 종교적 신념까지 비판의 대상으로 삼는 것은 무리일 수 있는데요. 하지만 헌법에 명시된 '종교의 자유'를 침해하는 듯한 모습

"박 전대표님의 종교는 기천불입니다"

을 보인다면 그것은 다른 차원의 이야기입니다. 어떤 분은 종교가 '삶 그 자체'고 흔들리지 않는 굳건한 믿음일 수 있지만, 종교가 없는 분들은 '종교 그 자체'를 불편하게 바라보기도 하기 때문입니다.

마르크스는 종교가 '심장 없는 사회의 심장'이라며 일상적 현실의 가혹함을 잊게 해주는 피난처라면서도, 다른 한편으로는 '인민의 아편'이라며 행복과 보상을 다음 세계(世界)로 미루고 현세에서의 불평등한 조건을 묵묵히 받아들이라고 가르친다며 경계심을 드러내기도 했죠.

지구상에 살고 있는 60억 명의 사람들도 저마다 다른 외모와 성정을 갖고 있습니다. 인간 세포핵의 염색체 안에 들어있는, 대략 2만 6,383개에서 많게는 3만 9,114개로 추정되는 유전자가 부리는 '선택과 조화'의 결과인데요.

모든 종교에서 강조하는 이타심의 기본은 '서로 다름'을 인정하는 가운데 상대를 배려하고 공존을 모색하는 것입니다. 부처님 오신 날에 교회에서 '경축' 현수막을 걸고, 성탄절에 불교 단체에서 같은 내용의 플래카드를 거는 것도 같은 맥락일 것이고요.

저명한 소설가이자 시인인 헤르만 헤세(Hermann Hesse)는 "이 세상에 정말 똑같이 생긴 돌은 하나도 없다. 아무리 보잘 것 없는 돌멩이라도 그것은 위대한 것"이라면서 개성의 존중과 화합을 강조했는데요. 대한민국의 대통령과 정치인들이 어떤 종교를 믿든, '위로는 하늘의 뜻을 세우고 아래로는 만백성이 편안하게 잘 살도록 국정을 운영해주실 수 있기'를 제가 믿는 신께 기도 드려 봅니다.

저작권이 있는 유일한 소음과 선거 로고송

베토벤(Ludwig van Beethoven)은 음악(音樂)을 "영혼의 진동"이라고 표현했는데요. 이와 달리 '시끄럽고 불편한 소리' 정도로 생각하는 분들도 계실 겁니다. 1970년에 결성돼, 지금까지도 전 세계 팬들의 심금을 울리고 있는 영국의 록 밴드 '퀸(Queen)'을 두고도 호불호가 갈리니 말입니다.

'퀸'의 리더인 프레디 머큐리는 1946년생입니다. 프레디의 본명은 '파로크 불사라'인데요. 공항에서 수화물 취급 노동자로 일하면서 음악의 꿈을 키워온 이민자 출신이죠. 같은 나이의 가수로는 윤복희·남진·송대관 선생님 등이 있고요. 정치인 중에는 노무현 전 대통령과 미국의 조지 W 부시 전 대통령 등이 동갑입니다.

지난 2018년 12월 4일자 조선일보에 '퀸'을 그린 영화 '보헤미안 랩소디(Bohemian Rhapsody)' 관련 기사가 실렸는데요. 그 기사에 따르면, 10대에서 30대까지는 "위축된 내게 힘을 줘서", 4060세대는 "소외감을 잊게 해줘서" 퀸의 노래에 마음이 끌린다고 응답했습니다.

독창성이 있는 데다, '힐링 효과'도 전하기 때문에 퀸의 노래가 호소력을 갖는다는 건데요. 위안과 위로, 그리고 다시 일어날 수 있는 에너지를 준다는 측면에서 다시 한 번 음악의 위대함을 느낍니다.

서두가 좀 길었는데요. 저에게 퀸의 음악 가운데 선거 로고송을 하나 골라보라고 한다면, 앞서 언급한 보헤미안 랩소디나 이미 많이 알려진 'We Are The Champions'도 좋지만, 노랫말만 보면 'We Will Rock You'도 좋은 듯합니다. 물론 영어 가사라는 점에서, 실제로 쓰일 될 가능성은 대단히 낮지만요.

> "얼굴이 좀 더러워진다고 대수야? 부끄러운 줄 알아.
> 온 세상 돌아다니며 소란을 피워봐.
> 온 세상을 다니며 너의 깃발을 흔들어봐.
> 외톨이, 고독, 소외감 속에서 도전 정신으로
> 세상과 맞서서 자기의 깃발을 흔들어 봐". ♬

멋지지 않습니까? 자존적 존재로서의 자아를 회복하라는 메시지와 세상에 대한 저항 등이 담겨있기 때문에, 도전 정신을 가지고 정권을 교체하거나 혹은 정치 세력을 교체하자는 의미로 활용할 수 있을 것입니다. 영어 가사라 가수 이정현 씨의 '바꿔'를 대체하기는 힘들어 보이지만요.

선거 로고송으로 가장 많이 쓰이는 장르는 '트로트(trot)'입니다. 트로트가 "빨리 걷는다, 산보한다"라는 의미를 갖듯, 유세 현장을 돌아보면 '산보하듯 가볍게 부를 수 있도록' 가사만 바꿔 널리 사용됩니다. 단시간에 감정을 고조시킬 수 있고, 중독성 또한 강하기 때문에 이만한 장르가 없다는 평가를 받습니다.

로고송 만큼이나 율동도 현장 분위기를 좌우합니다. 우리는 각종 미디어를 보면서 잘 짜인 군무나 힘 있는 동작에 박수갈채를 보내는데요. 유세 현장에서는 노래 못하는 '음치(音癡)', 박자를 제대로 못 맞추는 박치(拍癡) 후보를 보면서 서로 박장대소하며 흥(興)이 올라가기도 합니다.

유권자들이 로고송과 율동 등을 보면서 지지 후보를 결정하지는 않을 것입니다, 그런 결정을 내려서도 안 될 것이고요. 하지만 그 자체로 유권자들에게 행복을 전해준다면, 그걸로 족한 것 아니겠습니까?

다만 투표장에서는 '언제 그랬냐는 듯' 후보 공보물과 공약 등을 잘 살펴보고 주권을 행사해야 뒤늦게 후회할 일이 없겠죠?

저작권이 있는 유일한 소음과 선거 로고송

가지 못 하는 길과 가지 않는 길

"열정만 있으면 될 줄 알았다. 부지런히 작업하고 정직한 원색으로 나를 표현하면 괜찮은 줄 알았다. 본의 아니게 여러 해 아팠다. 육체적, 정신적으로 나는 낭떠러지에 서 있는 느낌이었다. 나를 합리화하고 생각을 정리하고 유리벽 안에 나를 가두어 놓는 불면의 날들은 계속됐다. 나에게 그린다는 것은 무엇일까. 십여 년을 휘어진 곡면의 색띠 만을 그린다. 그것들을 모으기도 하고 흐트러뜨리기도 하고 단순한 형태의 색띠 만으로 화면을 구성하지만 선택의 기로에서 색의 다채로움 앞에 안절부절이다. 휘어진 색띠들은 여리고 위태위태한 진동을 가지고 올려지고, 덮혀지고 그렇게 자신을 드러낸다. 잡힐 듯 잡히지 않는 내면의 풍경들이 캔버스에 펼쳐진다."

▌2017, 하태임 작가노트 中 ▌

하태임 작가는 대한민국의 기라성 같은 작가 부부죠? '한국 1세대 추상화 거장' 하인두 작가와 '하인두를 넘고 홀로서기에 성공한' 류민자 작가 부부의 장녀입니다. 저와 제 아들이 좋아하는 작가이기도 하고요. 부부 모두 꾸준한 사랑을 받는 작가로 남기가 쉽지 않은데, 딸 마저 큰 사랑을 받고 있으니 엄청난 축복 아니겠습니까? 그들이 들였을 피와 땀, 노력을 폄훼하는 것은 아니지만 말입니다.

축복이라는 표현을 쓴 또 다른 이유는, 그동안 제가 출입하고 취재했던 정치 영역에서는 쉬이 볼 수 없는 풍경이기 때문입니다. 특정 순간에 큰 사랑을 받았을 수는 있지만 그것이 장기간 이어지기 어렵고, 또 부부 모두와 후대까지 사랑을 받게 돼 이들 일가가 대중으로부터 받는 사랑의 총합이 점점 더 커지는 상황은 더더욱 낯섭니다.

2022년 2월 어느 날, 회사 맞은편 아트조선 스페이스에서 하태임 작가를 만났습니다. 정확하게는 그 분이 저를 만나주셨는데요. 아트조선 스페이스 개관 기념으로 진행된 하인두·하태임 '잊다, 잇다, 있다'展이 진행되던 그 때였습니다.

저는 '성공한 2세 작가'가 되기까지 어떤 점이 가장 힘들었는지 물었습니다. 이에 하 작가는 "아무래도 물려받은 재능도 있을 테고 다른 사람들 보다 혜택 받은 점이 있겠지만, 힘든 점도 많았다"며 "프랑스 유학 시절, 어떻게 알았는지 같은 학급의 다른 나라 학생들이 아버지의 존재를 알고 '쟤는 백그라운드가 있어 참 좋겠다'라며 서로 수근거리는 소리가 들릴 때 정말 힘들었다"고 회고했습니다.

그는 "한 동안 아버지 작품을 보지도 않았고 일부러 더 멀리했다"며 "어느 정도 올라선 것 같은 기분이 든 이후에야 비로소 아버지 작품과 마주할 수 있었고, 함께 전시할 용기도 내게 됐다"고 했습니다.

그런 용기를 내기까지 얼마나 오랜 인고와 노력의 시간이 있었을지, 저는 감히 상상이 되지 않는데요. 하 작가의 그런 노력 덕분에 우리가 그의 작품을 감상하는 풍요로움을 느낄 수 있게 된 것 같아 감사한 마음이 들었습니다.

세계적인 지휘자죠? 정명훈 선생님의 막내아들인 정민 씨는 2022년 2월 중앙일보와의 인터뷰에서 '누구의 아들'이라는 타이틀이 억울하면, 부모님이 걸었던 그 길이 아니라 다른 일을 하면 된다고 했습니다. 아버지이자 거인(巨人)인 정명훈이 부담된다기 보다, 음악 자체가 가장 두렵다는 말도 했고요. 이 기사를 읽어 내려가면서, 음악적 재능만큼이나 언변도 뛰어난 분이라는 느낌이 들었는데요.

제가 국회에서 만난 '2세 정치인'들이 '농담반 진담반'으로 가장 불편해했던 속담은 '산이 높아야 골이 깊다'였습니다. "깊은 골이 얼마나 골 때리는 줄 아느냐"며 하소연 하신 분도 있었고요.

산이 너무 높으면 골도 그만큼 깊기 때문에, 빠져나오는 게 여간 어려운 게 아니라는 취지의 이야기였을 텐데요. 그만큼 인정받기 힘들고, '2세 꼬리표'를 떼어내는 게 쉽지 않다는 말을 하고 싶었을 겁니다.

그런데 이런 상황이 2세 입장에서는 굉장한 족쇄일 수도 있지만, 2세가 아닌 분들에게는 조금 '배부른 소리'로 들릴 수도 있습니다. 각자가 처한 상황이 다르기 때문에, '보고 싶은 부분'과 '눈에 띄는 부분'이 다를 수 있으니까요.

사실 정치 영역에서 '2세의 성공'은, 다른 영역에서의 그것 보다 더 힘들긴 합니다. 정치 영역은 자의든 타의든 이른바 '은퇴'가 빠른데다 '명예로운 은퇴'도 생각보다 많지 않아, 실효성 있는 '정치적 유산'을 물려받기가 상대적으로 어렵기 때문입니다. 그래서 정치인 부모님과는 다른 길을 가고자 하는 2세 분들이 많은 것이고요.

혹은 선대의 명예에 누가 되지 않기 위해 2세 정치인의 길을 포기하는 사례도 있고, 능력이나 기질적 측면으로 봤을 때 부모님 이상의 결실을 맺기 어렵다는 생각에 '가지 못하는' 경우도 있습니다.

그 밖에 조금 다른 측면에서 정치인의 길을 걷지 않는 분들도 있는데요. 나고 자랐을 때부터 예의와 범절을 엄격하게 지켜야 했으며, 하고 싶은 말이나 행동, 심지어 먹고 싶은 음식도 참아야 하는 일들이 다반사기 때문에 '내 자식에게까지 이런 상황을 물려주고 싶지는 않다'는 생각에 부모님이 걸었던 길을 가지 않기도 합니다.

'밀리언셀러 가수' 김건모 씨의 5집은 앞선 음반에 비해 상대적으로 대중적 인기는 덜했지만, 저 개인적으로는 굉장히 좋았다는 생각이 드는 음반입니다. 기타를 '커트 주법'에 맞춰 잔잔하게 부르는 매력이 일품인 '가지 않는 길'이라는 곡도 수록돼 있는데요.

'산이 높아 깊은 골'에 계시는 대한민국 2세 분들은 꼭 한 번 들어보시기를 추천 드립니다. 가사가 참 오묘합니다.

> "또 다른 내 모습 찾을 수 있을 줄 알았어.
> 너무 낡아 버린 무지개, 꿈은 그냥 꿈일 뿐이야.
> 오늘도 마주친 사람들 그 표정 없는 눈 속에
> 진실이란 찾을 수 없고,
> 소중한 모든 건 내 곁에 있다는 걸 알았어.
> 이제 여기 사랑으로 머무네." ♬

가지 못하는 길과 가지 않는 길

희화화된 여의도와 대통령의 국회 경험

지금은 '여의도 정치'라고들 하지만, 그렇게 이야기할 수 있는 우리 헌정사는 그리 길지 않습니다. 지난 1948년 5월 10일, 전국 200개 선거구에서 선출된 제헌의회(制憲議會) 국회의원 198명의 개원식은 '옛 조선총독부 건물'인 중앙청(中央廳)에서 당선 3주 뒤 진행됐습니다. 제헌국회 의사당으로는 현(現) 서울시 의회 건물인 '태평로 의사당'을 사용했고요.

제헌국회 개원 3년 뒤 한국 전쟁이 발발했는데요. 그때는 전선(戰線)에 따라 대구문화극장, 부산문화극장, 경남도청 무덕전 등을 전전했습니다. 휴전(休戰) 협정 이후 중앙청으로 이전했다가, 이듬해 6월 9일이 돼서야 다시 '태평로 의사당'으로 돌아올 수 있었죠.

그런데 태평로 의사당 시절 사사오입(四捨五入) 개헌(改憲)과 보안법(保安法) 파동, 오물투척 사건 등 숱한 오점을 남기면서 '터가 좋지 않다' '이전이 필요하다'는 주장들이 제기됐습니다. 태평로 건물이 당초(當初)

극장 시설로 건축됐다는 점을 거론하면서, 태생적으로 드라마나 영화에서 볼 법한 행위들이 나올 수밖에 없었다는 말을 덧붙이면서요.

참 아이러니 한 것이, 교회 다니는 분들 가운데 중요한 결정을 앞두고 신점(神占)을 보는 분들도 '극히 일부' 계시니 뭐라 할 바 아니겠으나, 국회 주변에서 이런 미신 같은 이야기가 나왔다는 게 이해되지는 않지만 어찌됐든 이런저런 이유로 결국 이전이 결정됐습니다.

21년 간의 태평로 생활을 뒤로한 채, 국회는 1975년 여의도로 이전됐습니다. 11번의 이사 끝에 '여의도동 1번지'에 정착하게 된 것이죠. '여의도 국회의사당'은 135억 원의 공사비와 연 인원 1백만 명이 투입돼 착공 6년 만에 완공됐는데요. 준공식은 1975년 9월 1일에 열렸습니다.

1975년에 준공된 만큼, 역대 대통령 가운데 박정희 전 대통령까지는 '여의도 경험'이 있는 대통령이 존재할 수 없었습니다. 전두환 전 대통령도 '정치인' 경험 없이 군인에서 바로 대통령에 취임한 경우라 소위 말하는 '여의도 경험'이 없습니다. 제13대 대통령이었던 노태우 전 대통령에 이르러서야 비로소 '여의도 경험이 있는 대통령'이 배출됐습니다.

노 전 대통령은 1985년 제12대 국회의원(전국구 3번)에 당선됐고, 민주정의당 대선 후보에 선출된 뒤로는 '민정당 총재'를 겸임하기도 했습니다. 그 이후 제14대 김영삼 전 대통령부터, 제19대 문재인 전 대통령에 이르기까지 당선인 전원(全員)이 여의도 정치 경험을 했습니다. 이런 전통이 30년 간 이어지다가, 제20대 대통령 선거에서 깨졌습니다. 일종의 새 역사지요.

사실 국민들의 삶을 편안하고 풍족하게 해줄 수만 있다면 대통령의 여의도 정치 경험 유무는 전혀 중요하지 않습니다. 국회의 권한과 기능을 잘 이해하고, 여의도 정치권과 충분히 소통하겠다는 의지만 있다면 말이죠.

국회 이전사(移轉史)와 역대 대통령의 여의도 정치 경험을 살펴본 김에, '의원 배지' 관련 설화(屑話)도 간단히 살펴보면요. 의원 배지는 지난 1950년 제 2대 국회 때 도입됐고, 소위 '금빼찌', 순금 배지는 제 6대 국회 때 첫 선을 보였습니다. 제 10대 국회 당시에는 두 개씩 지급 했는데, 그 중 하나만 순금 배지였습니다. 지금은 다시 한 개씩 배부 하는데, 배지 뒤에 의원들이 받아간 순서에 따른 고유 숫자가 적혀 있습니다.

배지에 표기된, '나라 국(國)'자 관련 에피소드도 있습니다. 배지에 '나라 국'자를 새겨 넣은 것은 전국 방방곡곡을 대표해 선출된 300인 가운데 한 명, 즉 나라의 일꾼이라는 의미일 텐데요. '나라 국(國)'자의 테두리(口)가 그 주변부를 감싸고 있는 무궁화 형상과 겹쳐 보이면서, 얼핏 '미혹할 혹(或)'자로 보이기도 했습니다. 이에 '미혹할 혹'자를 몸에 달고 다녀, 다사다난하다는 취지의 우스갯소리가 여의도 주변에서 회자되기도 했습니다.

제 5대와 제 8대 국회 때 한글로 '국'이라고 표기하기도 했는데, 이때도 황당한 조어가 생겨 났습니다. '국'이라는 글자가 뒤집어지면, '논'으로 보이는데요. 이를 두고 '논란만 일으킨다', '매일 논다'는 좋지 않은 의미를 붙였던 겁니다. 참 대단하지요? 돌고 돌아 지난 2014년 부터는 '국회'라는 글자를 새겨 넣었습니다.

의원 배지는 비록 6g 정도지만 그 무게를 감당하지 못하는 정치인들, 그리고 훗날 '고작 6g짜리' 배지를 달기 위해 현역 의원을 시기·질

투하는 사람들로 인해 예나 지금이나 뒷말이 무성했던 것 같습니다.

말도 많고 탈도 많은 '여의도 정치', 윤석열 대통령의 '여의도 정치' 무경험이 국정운영에 어떤 영향을 미치게 될까요? 우려하는 분들은 윤 대통령의 국정 이해도가 역대 대통령들에 비해 떨어질 것이라고 하는데요. 반대로 '매년 같은 작물을 경작하면 지력이 떨어져 수확량이 줄어든다'며, 이번에 다른 작물을 심어 지력인 국력(國力)을 회복(回復)시키는 그런 효과를 가져오게 될 것이라고 주장하는 분도 계십니다.

어찌됐든 지난 제 20대 대선만 놓고 보면 여야의 유력 후보 모두 국회의원 경험이 없는 '전무후무(前無後無)한 선거'로 기록될 것이란 관측이 많습니다. 여야 양강 후보 모두 가운데 한 명이었던 이재명 후보도 2022년 6·1 국회의원 보궐선거를 통해 원내에 입성했으니, 제 21대 대선에서 똑같은 상황이 재연될 가능성은 그만큼 더 낮아졌다고 볼 수 있겠죠. 이재명 의원을 비롯해, 현재 거론되고 있는 여야 잠룡 대다수는 '여의도 경험'이 있으니까요. 전직 법무부 장관이라는 공통 경력을 갖고 도전하게 될 조국-한동훈 듀오를 빼면 말이죠.

그런데 앞서 언급했지만, 여의도 경험 없이도 '국민의, 국민에 의한, 국민을 위한' 국정 운영만 잘 하면 오히려 비 여의도 출신이 우대되는 전통이 이어질 수도 있지 않을까요?

어차피 범 정치권에 몸 담고 있고, 대선에 나설 정도의 분들이라면 각자의 영역에서 정말 뛰어나다는 평가를 받으셨을텐데, 내가 더 잘 났고 잘 할 수 있다며 서로 으르렁거리는 게 무슨 의미가 있을까요? 인정 받고자 하는 마음은 잠시 내려두고, 자신의 성과에 대해 냉정한 평가를 받겠다는 겸손함을 유지하는 것이 보다 현명한 처사일 것입니다.

희화화된 여의도와 대통령의 정치 경험

5장

보고픈 정치권의 모습

교육이 곧 복지다

'교육은 국가 발전의 원동력(原動力)이자, 최후의 보루(堡壘)'라는 말이 있는데요. 저는 이 말에 100% 동의합니다. 동서고금(東西古今) 지도자들도 이 같은 취지의 언급을 자주 했습니다. 조선시대로 가 볼까요?

1895년 2월 2일, 조선의 제26대 왕인 고종(高宗)이 발표한 교육에 관한 조칙인 '교육입국조서'를 봐도 교육은 국가 보존의 근본이며, 국가의 부강은 교육에 달려있다고 적시돼 있습니다.

이번에는 20세기 끝자락 영국으로 가보시죠. 지난 1998년, 영국의 토니 블레어 총리는 "교육은 우리가 마련할 수 있는 최선의 경제정책"이라고 강조한 바 있는데요. 저는 여기에 더해 최선의 사회복지 정책이자 통합 정책이라고 생각합니다.

여야 정치권에서도 언필칭 공교육 내실화를 강조할 정도로 교육정책에 대한 고민이 깊은데요. 그럼에도 학생과 학부모의 '타는 목마름'을 해소하기에는 여전히 부족하다는 평가를 면치 못하는 실정입니다. 현업에 계신 모든 분들이 '교육의 질'을 높이기 위해 주야로 노력하고 계실 텐데, '눈높이가 많이 높아진' 학부모들이 기대와는 여전히 괴리가 있는 셈이죠.

아무래도 예산과 관련된 부분이 많기 때문에, 교육계가 선제적으로 나서기에 제한되는 부분도 많을 것입니다. 이 역시 안타까운 상황이죠. 결국 모두가 안타깝고, 답답해하는 상황이라고 하는 것이 가장 적절한 표현일 것 같은데요.

산드라 블록 주연의 영화 '블라인드 사이드(The Blind Side, 2009)' 기억하시나요? 'blind side'는 럭비 경기에서 터치라인(touch line)에 가장 가까운 좁은 지역, 미식축구에서는 공격팀의 리더인 쿼터백(quarterback)이 볼 수 없는 사각지대(死角地帶)를 뜻합니다. '다가올 위험이 잘 보이지 않는 쪽'이라는 의미 정도로 해석되는데요. 영화를 접하고 나니, 중의적 측면에서 이와 같은 제목을 붙였을 것 같다는 생각이 들었습니다. 낙후된 환경에서 자라난데다 사회에서도 잘 돌보지 못해, 소외당하고 외면 받는 아이들이 떠올려지니 말이죠.

영화 '블라인드 사이드'는 미식축구를 기본 소재로 교육과 복지, 그리고 다문화와 통합 등 우리 사회가 잊지 말아야 할 기본 가치를 떠올려 볼 수 있게 한 작품입니다. 여기에 타인에 대한 배려, 고난 뒤 성취 등 '감동 요소'까지 더해진 휴먼 다큐멘터리이기도 하고요.

못 보신 분들도 있을 것 같아 내용을 간단히 소개하면요. 좋은 운명을 만들어 가는 과정에서 교육이 미치는 긍정적 영향을 아름답게 그려낸, 미국 테네시 주 멤피스를 배경으로한 '성공한 다문화 가족' 이야기입니다.

영화에는 마약하는 엄마와 배다른 형제가 있는, 흑인 슬럼가의 한 소년이 나옵니다. 불우한 유년 시절을 보낸 소년이 '영화처럼' 우연한 인연으로 마음씨 좋은 백인 부유 가정에 입양됐는데요. 여러 우여곡절이 있었음에도, 그 모든 역경을 극복하고 결국 미국 최고의 미식축구 선수로 '성장'합니다. 이 대목에서 저는 '재탄생'이라기보다는, '성장'이라는 표현을 쓰고 싶네요.

이 소년은 입양 전까지 제대로 된 교육을 받지 못했는데요. 입양 후 주변 사람들의 도움으로 제도권 교육을 이수하는 가운데 미식축구에 대한 재능도 점차 알아가고, 그 안에서 자아도 실현해 갔습니다.

실화를 바탕으로 한 이 영화에는, 교육이 최선의 경제 정책이고 복지 정책이며 통합 정책이라는, 메시지가 담겨 있는데요.

영화를 보면 볼수록, '교육만 제대로 이뤄져도 나라 운영의 기틀이 확고히 마련될 수 있다'는 주장에 점점 빠져들게 됐습니다. 물론 정규 교육을 이수하는 과정에서 돈이 필요하고, 이 돈을 어떻게 마련하면 좋을지에 대한 고민은 남지만 말이죠.

영화 속 포인트는 크게 세 가지일 것입니다. 첫째, '합심하면 두려울 것이 없다'. 미국 고교와 대학에선 아무리 뛰어난 운동 능력이 있어도 'B⁺' 이상의 높은 성적이 나와야 운동선수가 될 수 있는데요. 제도권에서 철저히 소외됐던 소년이 결코 넘을 수 없는 산처럼 보였던 '교육 커리큘럼'을 각계의 관심과 노력 때문에 결국 극복해 냈습니다.

영화에서는 공화당 지지 가정이 자식 교육을 위해, 고민 끝에 민주당 성향 개인교사를 고용하는 장면이 나오는데요. 정파적 선입견을 버리고 나니, 학부모와 가정교사 간 신뢰가 점차 싹텄고 이를 통해 결국 도그마 없이 사회가 하나로 통합돼 간다는 교훈도 담아 냈습니다.

둘째, '가진 자의 희생과 용기가 보다 빠른 속도로 사회 통합을 이끈

다'. 빈부, 흑백, 당파적 분열이 가득 찬 사회일지라도, 결국 통합을 촉진하는 핵심 동력은 기득권 계층의 '노블레스 오블리주(noblesse oblige)' 에서 나온다는 일견 불편한 진실도 살짝 엿보이는데요.

가진 자를 적폐라고 몰아내기 보다는, 사회 통합의 자양분으로 활용할 수 있도록 하는 공감대 형성과 구체적 방식 등에 대한 사회적 합의가 필요하다는 생각이 들었습니다. 영화 속에서 '노블레스 오블리주' 정신을 지닌 백인 부유 여성(산드라 블록)과 그의 가족이 보여준 에너지, 즉 사회 변화 동력은 활화산 같지 않았습니까?

만약 그들에게 약자와 소외계층에 대한 배려와 관용의 정신이 없었다면, 슬럼가 흑인 소년이 백인 부유층 자녀들과 함께 정규 교육 과정을 이수하고 훗날 프로 미식축구 선수로 성장해 자아도 실현하는 모습은 아마 연출될 수 없었을 것입니다.

셋째, '좋은 교육은 좋은 운명을 만든다. 나쁜 운명을 만드는 교육은 지양해야 한다'. 일각에선 미국의 쇠퇴를 이야기 하지만, 이 영화는 엄격한 학점 관리, 희생과 용기의 가치관, 교육의 힘에 대한 믿음에서 그 나라의 경쟁력이 담보된다는 메시지도 전하는 듯합니다. 주변인들의 눈치를 살피던 소년이 정규교육시스템을 이수해 가면서 주변에 희망과 용기를 주는 인재로 성장했으니 말이죠.

'사소한 차이가 차별로 이어지는' 사회 곳곳의 부조리는 우리 정치권의 오랜 고민거리였습니다. 오랜 고민거리라는 말에서 엿볼 수 있듯 쉽게 고쳐지지 않았고, 여전히 도처에 만연해있다는 뜻이기도 하고요.

영화는 재미있게 봤지만, 현실로 돌아와서는, "상류 계층 가정에서, 방치된 슬럼가 학생을 쉬이 입양하지 못할 것이다", "대한민국 상당수의 가정은 영화 속 백인 부유(富裕) 가정과 달리 '차고 넘치는 투자 여력'을 갖추고 있지 못하다", "선생님과 극성 학부모들의 반대로 전학이 불가능하며, 정상적인 교육 이수도 불가능할 것이다" 라고들 합니다. '영화는 영화일 뿐'이라는 것이죠.

현실이 고려된 가장 현실적 해결방안으로로, 아마도 '공교육(公敎育) 내실화'를 꼽을 것입니다. 소시민들이 정치인에게 거는 기대도 이 지점과 밀접하게 연관돼 있을 듯 하고요.

영화처럼 모두 일약 스타가 될 수 없습니다. 모든 학생들이 공부를 다 잘할 수도 없고요. 하지만 모두가 '사회와 주변인들에 대한 이타심을 갖는' 착한 마음을 가질 수 있도록 교육할 수는 있을 것입니다. 이런 마음은 재산 유무나 교육 수준, 성적에 따른 차이가 없을테니까요.

공부 잘 하는 학생을 길러내는 것도 중요하지만, 이 보다는 아이들이 '착한 마음'을 가질 수 있도록 훈육하는 것이 교육의 궁극적 목표가 돼야할 것입니다. 가난하거나 공부를 못한다고 해서, 제대로 된 기회조차 얻지 못한 아이들이 사회에서 차별받지 않도록 하는 것이 우리가 떠올리는 이상 사회 아닐까요?

정치와 계층, 그리고 코로나19

　건강과 재정 상태가 매우 취약한 집단이, 도리어 각종 부대시설이 빈약한 지역에 거주하는 경우가 의외로 많습니다. 보호 받아야 하는 분들이 오히려 더 큰 위험에 놓여있는 것이죠.

　특히 의료 조달에 있어 이런 비대칭적인 상황을 일컫는 말로 '역보호의 법칙(inverse care law)'이라는 표현이 있는데요. 의료 뿐 아니라, 경제적으로 보호 받아야 할 분들이 방치돼 사회 문제로 확대되는 상황도 언론을 통해 자주 접해 보셨을 겁니다.

　부유층이 사는 동네는 주변 도로가 잘 닦여 있고 널브러진 쓰레기도 없는 등 깔끔하게 관리돼 있는 반면, 빈곤층 거주 지역은 도처에 깨진 유리 조각이 보이고 곳곳에 쓰레기가 쌓여있어 비위생적으로 보이기도 합니다. 제가 극단적인 예를 들었지만, 아주 사소한 차이일지라도 받아들이는 입장에서는 큰 차이로 느낄 수도 있고, 그것을 차별로 받아들이면 소외감(疏外感)으로까지 확대될 수 있습니다.

사회학에서 빈곤 관련 이론은 크게 두 가지로 분류 되는데요. 가난한 이유가 개인 책임이라는 '희생자 나무라기'와, 가난은 사회의 구조적인 힘의 의해 발생하고 재생산된다는 '체제 나무라기' 이론으로 나뉩니다. 과거에는 동기 부재나 의지박약 혹은 기술 부족 등을 거론하며, 희생자를 탓하는 언급이 많았는데요. 최근에는 빈곤이 개인적 부적합성 때문이 아니라 전체 구조의 불균형에 기인한다는 주장이 많아졌습니다.

'울리히 벡(Ulrich Beck)'은 기술 발전에 따라 위험성이 공간과 시간을 초월해 나타나는 '전 지구적 위험 사회'를 예견하고 경고했는데요. 코로나19 사태 이후 '체제 나무라기', '전 지구적 위험 사회' 관련 이론에 더욱 힘이 실리는 상황입니다.

코로나 이야기가 나온 김에, '재난으로 인한 피해의 크기는 계층별로 똑같지 않다'는 점도 다시 한 번 말씀드리고 싶습니다. 코로나가 장기화 될수록 계층 간 격차가 점점 더 커지고 있다는 점은, 여러 지표를 통해 이미 재론의 여지가 없을 정도로 확인이 됐는데요.

비단 코로나19 때문이 아니더라도, 국민의 생활과 건강 문제는 사적 관심사에서 점차 공적 영역으로 넘어가는 추세입니다. '건강과 계급에 관한 연구'에 따르면, 평균적으로 '부자(富者)'가 더 체격이 좋고, 보다 건강하며 장수한다고 합니다. 계층과 건강 간 분명한 상관관계가 존재한다는 내용인데요. 그렇기 때문에 국가, 특히 정치권에서 해야 할 일이 과거 보다 더 많아졌다는 결론에 이르게 됩니다.

그런데 이런 상황에서 하위 계층에 놓인 분들의 목소리가 상위 계층의 목소리에 묻혀 소외된다면, 정치 영역에서 조차 '비자발적으로' 배제된다면 이들에게는 돌이킬 수 없는 상처가 될 것입니다. 정치권의 핵심 화두인 사회통합도 저해될 것이고요.

프랑스의 사회학자이자 교육자인 '에밀 뒤르켐(Emile Durkheim)'은 사회적 삶이 자연 대상이나 사건처럼 분석될 수 있다며 '사회적 사실을 물(thing)로 연구하라'고 했는데요. 이는 정치 영역에서 특히 더 눈 여겨 봐야 할 내용입니다. 그래야 사회현상을 보다 현실적으로 바라보고, 개선이 필요한 부분을 시각화해 고쳐 나갈 수 있을 테니까요.

일부에서는 여전히 복지는 '시혜(施惠)'고, 빈곤을 개인의 의지(依支)와 연결시키는 흐름이 존재합니다. 열심히 일하면 벗어날 수 있는데, 그렇게 하지 않는다는 것이죠. 이런 선입견은 어려운 상황 속에서도 열심히 노력하는 분들에게 상처를 주는 잘못된 생각입니다.

앞서 청와대 특감반 입직 경로를 이야기 하면서 언급했는데, 부자를 연구하는 이른바 '부자학'에서도 부유층을 동일집단으로 보지 않습니다. 전통적 부자도 있고 자수성가한 사람도 있으며, 정말 운 좋게 부자가 된 사람도 있기에 정태적 범주로 묶을 수 없다는 것이죠.

부자가 된 이유도 각기 다를 텐데, 빈곤에 처한 분들의 상황에 대해 일률적으로 '게으른 탓'이라고 규정하는 것은 엄청난 실례입니다. 두 글자로는 무례(無禮)고요.

'벌레는 과일이 썩어 있지 않으면 안으로 들어갈 수 없다'는 유대인 격언이 있는데요. 겉으로는 잘 익은 것 같지만 속이 썩어있는 분들이 존재하기에, 이 사회가 지속적으로 썩고 있다는 생각입니다.

톨스토이는 '세상은 고난 받는 사람들로 인해 발전한다'고 했는데, 언제까지 고난 받는 분들 덕분에 사회가 발전하고 있다는 이야기를 해야 할까요? 역대 그 어떤 대통령도 '국민 모두가 행복한 대한민국'이라는 슬로건을 생략한 적이 없는데 말이죠.

품격있는 정치 언어

미국의 인류학자 루스 베네딕트(Ruth Fulton Benedict)가 2차 세계대전 중인 1944년에 집필한, '일본 문화와 일본인의 성정에 관한 보고서'를 훗날 책으로 엮은 『국화와 칼』의 내용은 한번쯤 들어보셨을 텐데요.

루스 베네딕트는 이 책에서 일본인들의 특성을 국화와 칼에 비유했습니다. 그들에게는 국화를 가꾸는 서정적 측면이 있는가 하면, 칼로 단숨에 잘라버리는 냉정한 성정도 지녔다고 쓰여 있습니다.

글쓴이가 궁극적으로 지적한 바는, 혼네(본심)와 다테마에(겉으로 표현된 모습)가 다른 일본인들의 양면성입니다. 소위 말해 겉다르고 속다르니 관계를 맺을 때 참고하라는 취지겠지요.

사실 속마음인 혼네(本音)와 겉치레인 다테마에(建前)가 각기 다른 것은 비단 일본인 뿐 만이 아닐 것입니다. 속으로 울분을 삼키면서 겉으로는 웃을 수 밖에 없는 상황, 세상의 모든 을들이 매일 겪는 상황일 테지요.

사람들은 말로써 자기 속마음을 드러냅니다. 말하지 않으면 상대방은 내 마음, 본심(本心)을 정확하게 알 수 없기 때문입니다. 가족, 연인, 혹은 직장 선후배 사이에서 감정을 공유하지 않으면 필연적으로 문제가 생깁니다.

그런데 말과 표정이 속마음을 감추기 위한 도구로 사용될 때도 있습니다. 본심을 숨기기 위한 언행들, 속마음은 다른데 상대방을 안심시키기 위해 하는 거짓말이 그런 용도겠지요.

'처세술의 미학'이라고 표현하기는 거창하지만, 최근 정치 상황을 보면 오히려 '겉과 속이 다른 표현'이 절실히 필요하다는 생각이 듭니다. 일말의 거리낌 없이 너무나 적나라하게 상대방을 비판해, 미간이 찌푸려지는 상황을 자주 목도했기 때문입니다.

각종 선거 국면에서의 저열한 공방은 차치물론(且置勿論)하고요, 만 24세의 나이에 청와대 1급 비서관에 임명됐던 박성민 전 청년비서관(1996년생)을 향했던 비난만 짧게 언급해볼까 합니다.

박 전 비서관은 청와대 입성 10개월 여 전쯤, 민주당 지명직 청년 최고위원 자리에 올랐습니다. 이낙연 대표 체제가 들어선 이후 청년친화 행보의 일환으로 지명된 건데요. 결국 그 보직을 거쳐 청와대 비서관이 됐습니다. 청와대 대변인과 같은 급수인 1급 공무원이 된 것이죠.

이를 두고 야권 일각에서는 박 전 비서관의 나이는 물론이고, 현재의 학벌(고려대)이 아닌 편입 전에 다니던 학교(강남대)까지 언급하며 '자질'을 문제 삼는 듯한 모습을 보였습니다. 1970년대 후반의 대한민국을 그렸던 영화 '말죽거리 잔혹사'에서 배우 김광규씨가 연기했던 대사죠? "느그 아버지 뭐하시노?" 수준의 평가였던 것이죠.

국민의힘 입장에서는 '24세 휴학생'을 청와대 비서관 자리에 앉길 것이 아니라, 청년 정책의 효과를 극대화시킬 수 있는 전문가를 영입하는 것이 올바른 방향이라고 생각했을 것입니다. 하지만 이 속내를 드러내는 과정에서 표현 방식이 적절하지 않았던 것이죠.

'박 비서관' 논란 제기 당시, 저는 가까운 야당 인사들에게 방식이 잘못된 것 같다는 이야기를 전했습니다. 인격 모독 방식으로 접근할 게 아니라, 오히려 민주당 최고위원 시절의 건설적 자아비판을 언급하면서 청와대에 입성해서도 시의적절한 지적을 해달라고 요청하는 것이 맞지 않느냐고 했습니다.

박 전 비서관은 과거 '피해호소인' 호칭을 둘러싼 논란이 불거졌을 당시, 피해자분께 참담한 마음으로 용서를 구한다면서 민주당 지도부 가운데 가장 신속하게 '책임 있는 조치'를 요구했습니다. 정파와 이념에 매몰되지 않은 채, 우리 사회의 MZ 세대를 대변하는 목소리를 적절하게 냈던 것이죠.

국민의힘은 박 전 비서관의 이 같은 모습을 부각시키는 편이 나았을 것입니다. 오히려 박 전 비서관을 응원하면서, 혹시라도 그런 모습을 보이지 못할 것에 대한 '부담감'을 미리 심어주는 것이 전략적으로 맞는 행보였을 것입니다. 만약 청와대에 들어간 이후 칼이 무뎌져 '내부 비판'을 하지 않는다면, 그 때 비판해도 늦지 않으니까요.

장애인 단체가 '정당한 이동권'을 요구하는 과정에서, 비장애인들이 얼핏 보기에는 '불요불급(不要不急)' 하다고 느낄 수도 있는 출근길 지하철 시위에 대한 논평도 이와 다르지 않을 것입니다.

굳이 출근길에 그렇게까지 해야겠느냐는 생각이 드는 것까지는 어쩔 도리가 없지만, 설령 그런 생각이 들더라도 장애인 입장에서 느끼는 '기본권 침해 상황'이 20년 넘게 지속되는 부분에 대해 정치권에서는 '더 확실하고 더 절실하게' 유감표명부터 했어야 합니다. 단체 입장에서는 '약을 안 쓰니 20년 동안 정치권이 대책 마련에 소홀했다'고 느끼고 있을 테니까요.

지난 2001년 설 연휴 전날이었던 1월 22일이었죠? 전남 순천에서 서울로 올라온 70대 장애인 부부가 4호선 오이도역에서 장애인 리프트를 타고 지상 역사로 올라가다, 리프트를 지탱하던 쇠줄이 끊어져 운명을 달리하게 되는 참사(慘事)가 발생했습니다. 그 황망한 희생 이후 장애인 분들의 이동권 투쟁이 본격화 됐는데요. 지금 이 순간까지 크게 바뀌지 않고 있어 목소리를 높이고 있으니 말이죠.

'말 한 마디에 천냥 빚을 갚는다'는 격언을 떠올려 보면 해답을 찾기란 그리 어렵지 않을 것입니다. 이솝우화에 등장하는 '토끼와 거북이'를 보면, 토끼는 상대방을 보지만 거북이는 목표를 봅니다. 유능한 정치인이라면 장애인 단체를 보는 것이 아니라 국민복지 향상과 사회통합이라는 목표를 봐야겠지요.

논어 자로(子路)편을 보면 '군자는 다른 사람과 생각이 똑같지 않지만 화합할 수 있는 반면, 소인은 겉으로 같은 생각을 하는 듯 보이지만 실제로는 화합하지 못한다'고 하지 않습니까? 서로 다름을 인정하고, 그 안에서 조화를 도모한다면 공존에의 해답은 그리 멀지 않은 곳에서 구할 수 있을 것입니다.

증오의 정치는 이제 그만

기사가 잘 읽히기 위해서는 새로운 내용의 뉴스(news)이거나 맛깔스러운 스토리가 있어야 합니다. 그게 아니면 미학적 끌림 혹은 의표(意表)를 찌르는 해석이라도 있어야 하겠지요. 이 같은 매혹적 요소가 전혀 없다면, 그 기사는 외면 받게 될 것입니다.

심지어 기자가 시종일관 자기 울분만 토해낸 기사는, 독자 입장에서는 그야말로 지면이나 전파 낭비입니다. 0점짜리도 아니고, 세상의 빛을 봐서는 안 될 마이너스 기사인 셈이죠.

언론은 사회적 공기(公器)입니다. 사회 구성원 전체가 이용하는 도구이기에 외풍에 흔들리거나, 특정 세력에 경도되지 않은 채 중심을 잘 잡아야 합니다. 그렇기 때문에 대부분의 기자들은 기사를 생산할 때 대립되는 양측의 이야기를 잘 듣고, 상충되는 사안을 면밀히 살펴 치우침 없이 쓰려고 노력합니다.

역대 대통령들은 저마다 자기의 집권을 새로운 세대의 시작이라

믿었고, 예외 없이 자신의 입맛에 맞는 정당과 세력을 만들었습니다. 그 과정에서 전 정부의 정책을 억지로 뒤집거나, 혹은 각계의 반대와 우려에도 무리하게 추진하다 탈이 났던 사례도 있었고요.

'욕력오중배(慾力五重培)'라는 말처럼, 앞선 정권을 지우려는 노력은 새로운 업적을 쌓기 위해 들이는 것보다 다섯 배의 힘이 더 들어 갑니다. 정권이 사사로운 욕심을 내려놓는 만큼 짊어질 무게가 줄어들 텐데, 정권(政權)이 정권(正權)되기가 그렇게 어려운 것인가요?

산업화 정권과 민주화 정권 사이에 놓인 심연(深淵)은 말할 것도 없었고, 정권이 재창출 되더라도 전임 정권의 가치를 부정하는 경우도 있었습니다. 3당 합당으로 전 정권의 노골적 지지를 받았던 '문민정부', DJ 정신을 계승하겠다던 '참여정부'도 이 같은 유혹을 이겨내진 못했습니다. 이명박 정부와 바로 뒤 박근혜 정부는 정권 교체 수준 이상의 갈등을 겪었고요.

정치의 본령은 사회 통합입니다. 갈등을 봉합하고 치유해, 사회가 발전하는 방향으로 이끌어야 합니다. 공자는 2500여 년 전 군주에게 필요한 덕목으로 '兵(안보/군사력)', '食(먹거리/경제력)', '信(통합 리더십)'을 꼽았습니다. 그 가운데 가장 중요한 것은 신(信)이라고 했고요.

청와대 비서실장과 국회의장 등을 역임한 6선 출신 문희상 전 의장은 "국정에 대한 평가는 곱셈"이라며 "만약 경제 부문에 대한 평가가 100점이라도 국민통합이 0점이면 그 대통령은 결국 0점(100*0=0)"이라고 했습니다. 어떤 항목이든 0점짜리가 하나라도 들어간 성적표라면, 그 대통령은 성공한 대통령으로 보기 어렵다는 말씀이죠.

중국의 전 국가주석인 마오쩌둥(毛澤東, Mao Zedong)은 '게릴라와 주민은 물고기와 물의 관계'라며 죄 없는 주민에게까지 총칼을 들이댔는데, 지금 우리 정치는 총칼만 없을 뿐 마치 50년 전 전시 상태로 회귀한 느낌입니다.

병사들은 목숨을 걸고 싸우지만, 위생병은 적군에 대해서도 의술을 베풉니다. 정치인은 병사들이 총칼을 들고 싸우는 그 상황에서도 전시의 위생병과 같이, 적군이라 할지라도 상처 입은 병사들을 치료해주는 역할을 해야 합니다. 위생병마저 총칼을 들고 싸우는 전쟁터는 상상만으로도 숨이 막히는데, 안타깝게도 지금 우리가 그런 세상에 살고 있다는 느낌이 드는 것이죠.

언제부터인가 국정감사장이 여야 의원들의 전장(戰場)이 됐고, 심지어 국무위원 인사청문회장이 후보자가 아닌 여야 청문위원들 사생활과 비위 폭로의 장으로 전락하기까지 했습니다. 서로 싸우기에 바빠, 본인들이 왜 그 자리에 앉아 있는지 망각했기 때문에 나타나는 현상일 것입니다.

기성 정치인들의 행동 양식이 한 사회의 발전 수준에 비춰 적합하지 못할 경우, 그들은 다른 엘리트로 대체됐습니다. 증오 표출만으로 정치인의 역할을 한정하기에는 이 사회와 국민이 짊어진 삶의 무게가 너무 무겁기에, 대체 속도도 점차 빨라지는 듯 합니다. 국회에서 다선 의원들이 점차 줄어드는 것도 비슷한 이유에서일 겁니다.

2022년 3·9 대선과 6·1 지방선거가 연이어 치러지고 당분간 큰 선거도 없는데, 여야 의원들이 지금처럼 서로 갈등을 부추기기보다 한정된 재화를 효율적으로 배분하는 본래의 역할에 충실해 주실 것으로 믿습니다.

증오의 정치는 이제 그만

칼 세이건의 코스모스와 정치인의 인간미

미국 출신 천문학자 칼 세이건(Carl Sagan)의 저서죠? 책을 1000부 팔기도 힘든데, 전 세계적으로 1000만부가 팔릴 정도 꾸준한 인기를 누리고 있는 『코스모스』에는 대한민국 국기(國旗) 이야기가 나옵니다.

『코스모스』에서 태극기는 수준 높은 국기로 묘사됐는데요. 미국의 '별'이나 일본의 '태양'과 달리, 태극은 '우주' 그 자체를 상징한다는 취지로 서술됐습니다. 이 상징성이 세계주의적 보편성을 담고 있다는 멋진 해석도 함께 담아서 말이죠.

사실 나이 서른이 넘도록 『코스모스』라는 책이 있는지도 몰랐는데요. 어느 날 우연히, "태극기에 담겨 있는 우주의 원리인 태극(太極)과 괘상(卦象)의 의미를 적확하게 파악했기에 내놓을 수 있는 해석"이라고 적혀 있는 신문 서평을 보게 됐습니다. 그래서 직접 읽어봤는데 명불 허전(名不虛傳)이었습니다.

우주의 탄생과 은하계의 진화, 외계 생명체의 존재 등 대중의 관심을 끌 만한 소재를 바탕으로, 칼 세이건의 통찰력과 필력이 멋진 조화를 이루고 있었습니다.

처음에는 우리나라 관련 이야기에 관심이 갔는데, 정작 책에서 제 눈길을 끈 것은 다른 부분이었습니다. 칼 세이건은 '우주는 나약한 인간이나 지구에 비해 광활하다'는 이야기로 끌어가다, 인간과 자연이 얼마나 소중한가에 대한 '인간미 물씬 풍기는 인본주의(人本主義)'로 다시 넘어옵니다. 결국 하고 싶었던 이야기는 이 부분일 테지요.

괴테(Johann Wolfgang von Goehte)는 "사랑하는 것이 인생이다. 기쁨이 있는 곳에 사람과 사람 사이의 결합이 이뤄지며, 사람과 사람 사이의 결합이 있는 곳에 또한 기쁨이 있다"고 했는데요.

정치에서도 인간미, 인본주의가 중요합니다. 기본적으로 사람에 대한 애정이 없는 정치인이 큰 성공을 거두는 것을 보지 못했고, 인간미 없는 정치인이 롱런하는 모습도 못 봤습니다. 정치인의 인간미가 자신의 약점을 도드라지지 않도록 하고, 인본주의 정신이 부족해 자신의 장점을 가려지게 만드는 경우는 숱하게 봐왔지만요.

책이 아닌, '생화(生花)' 코스모스는 18세기 무렵 멕시코를 통해 유럽으로 전해진 것으로 알려져 있습니다. 스페인의 식물학자인 안토니오 호세 카바닐레스가 처음 들여왔다고 하는데, 우주를 뜻하는 그리스어 코스모스를 꽃명에 붙인 것도 안토니오라고 합니다.

우리나라에는 19세기 후반쯤 전해진 것으로 알려져 있습니다. 일제강점기에 활동한 시인이자 독립운동가였던 윤동주 선생님의 작품 중에도, '코스모스'라는 제목의 시가 있기도 하고요.

"코스모스 앞에선 나는 어렸을 적처럼 부끄러워지나니,
내 마음은 코스모스의 마음이요. 코스모스의 마음은 내 마음이다."

칼 세이건의 코스모스와 정치인의 인간미

『코스모스』 책이 나왔던 1980년대에 저는 '국민학생'이었습니다. 시에서 언급된 '어렸을 적', 제가 다닌 국민학교 담벼락 주변에도 코스모스가 피어 있었는데요. 가슴 높이까지 예쁘게 피어 오른 코스모스가 바람에 산들거리는 모습은 여전히 생생합니다. 생명력이 좋아 학교 주변의 척박한 땅에서도 군집으로 잘 자랐던 것 같습니다.

인간은 불완전한 존재입니다. 지구가 태양 주위를 돌고 있다는 지동설(地動說) 보다, 지구가 우주의 중심이라는 천동설(天動說)을 더 오랜 기간 믿어왔을 정도니까요. 그런데 다행스럽게도 과학 기술이 점차 발달하면서 우리가 속한 태양계는 변방의 아주 작은 부분이라는 알게 됐습니다. 이 과정에서 대우주와 자연 앞에 겸손해야 한다는 지혜도 얻게 됐고요.

인간과 자연에 대한 소중함을 잘 간직한 채 주변 사람들을 따뜻하게 대한다면, 그 어떤 조직에서도 코스모스처럼 훌륭한 생명력을 지닐 수 있을 것입니다. 이런 모습을 갖춘 겸손한 정치인이라면, 오랜 기간 사랑 받고 롱런하는 인재로 자리매김할 수 있을 것이고요.

'정적' 스탠턴을 참모로 끌어들인 링컨식 정치

속옷 브랜드 이름으로 쓰이기도 했던 '자키(Jockey)'의 본래 의미는 경마 기수(騎手)인데요. 자키에게 주어진 주된 임무이자 목표는 사고 없이 경주마를 잘 몰아, 결승 지점을 가장 먼저 통과하는 것입니다.

이를 위해서는 경주마와의 의사소통이 잘 돼야 하는데요. 소통 수단인 '고삐'를 얼마나 잘 잡느냐에 따라 자키의 성패가 갈리게 됩니다. 경주마의 능력이 아무리 뛰어나도 고삐를 잘못 잡으면 엉뚱한 방향으로 가버려 우승컵을 거머쥘 수 없기 때문이죠. '삼국지'에 나오는 명마(名馬) 적토마가 있을 지라도, 능력을 극대화 시킬 수 있는 여포와 관우 같은 자키가 없다면 무용지물(無用之物)인 것입니다.

대선도 이와 다르지 않습니다. 참모진을 비롯해 캠프 사람들을 경주마라고 한다면, 이들을 어떤 방향으로 움직이게 할지 결정하는 자키의 역할은 대선 후보가 할 텐데요. 경주마가 빠르게 달릴 수 있도록, 그러면서도 궤도를 이탈하지 않도록 해야 권좌에 오를 수 있을 것입니다.

대선 승리를 위해 반드시 필요한 인재라면, 반대 진영에 있다 하더라도 경주마가 돼 달라고 간청할 수 있어야 합니다. 이는 선거 과정뿐 아니라, 선거 이후도 마찬가지일 텐데요.

프랑스 소설가 앙드레 지드(Andre Paul Guillaume Gide)는 "내가 그대를 사랑하는 것은 그대가 나와 다르기 때문이다. 나는 그대 속에 나와 다른 것만을 사랑한다"고 했지요?

지드 보다 60년 먼저 태어났고, 미국의 제16대 대통령으로 선출된 에이브러햄 링컨(Abraham Lincoln)은 실제 이런 모습을 보였습니다. 링컨은 선거 승리 직후, 그를 평생 괴롭혔던 '정적(政敵)' 에드윈 스탠턴(민주당)을 전시국방장관(Secretary of war)에 임명하면서 다음과 같은 말을 남겼습니다.

> "원수는 죽여서 없애는 것이 아니라 마음속에서 없애야 합니다.
> 스탠턴이 전시국방장관에 임명됐으니, 이제 그 사람은 나의 적이
> 아닙니다. 나는 적이 없어져 좋고, 그처럼 능력 있는 사람의
> 도움도 받을 수 있어서 좋고, 일석이조 아닙니까."

말에서 격조가 전해지고, 행동에서 품격 있음이 절로 느껴지지 않습니까? 스탠턴에 대해 조금 더 부연하면, 그는 장관 재직 당시에도 '바보 같은 지시'라며 링컨의 친필 명령을 철회시켰을 정도로 소신과 신념을 굽히지 않았습니다.

하지만 링컨이 암살범의 총에 맞았을 때에는 그 누구보다 오랜 시간 곁에 머물렀고, 링컨 서거 직후에는 "시대가 변하고 세상이 바뀔지

라도, 이 사람은 온 역사의 재산으로 남을 것이다. 이제 그 이름 영원하리"라고 읊조렸던 것으로 알려져 있습니다. 스탠턴 관련 일화는 『노무현이 만난 링컨(학고재, 2001)』에도 자세히 언급돼 있는데요.

나에게 꼭 필요한 사람일 수도 있는데 단순히 상대방이 못마땅하다고 해서, 그를 해칠 목적의 '올가미'를 짜서는 안 될 것입니다. 오히려 함께 손잡고 나갈 수 있는 '연대의 그물'을 짜야겠지요.

2000년대 들어서 민심이 일방적으로 쏠렸던 제17, 19대 대선을 제외하고, 여야 주요 후보는 매 선거마다 득표율 40%대에서 오차 범위 내 접전을 벌였습니다. 지난 20대 대선은 두 후보 간 격차가 0.73% 포인트 차이에 불과했고요. 역대 최소 표차인 24만 7,077표 차이였습니다.

20대 대선 뿐만 아니라, 언제나 선거 막판 '중도 성향의 부동층'을 잡은 후보가 대권을 차지 했는데요. 단일 세력만으로는 대선에서 이기기 어렵고, 중도층은 물론 다소 이질적이라고 여겨지는 세력들의 표까지 얻어야 선거에서 이길 수 있었습니다.

대선 캠페인을 가장 효과적으로 했던 후보는 2012년 당시 한나라당 박근혜 후보였던 것 같습니다. 2007년 당내 경선에서 패했던 그는 2008년 미국발 금융위기가 터진 이듬해, 미국 스탠퍼드대학 아시아태평양연구소에서 주최한 '아시아 퍼시픽 리더스 포럼'에 참석해 '원칙이 바로선 자본주의(the disciplined capitalism)'를 화두로 던졌습니다.

그로부터 1년 뒤 자신의 싱크탱크 면면을 공개하면서 '생의 주기별 복지 정책'도 언급했고요. 지속적인 '좌클릭' 행보였습니다. 한나라당이 새누리당으로 당명과 당헌·당규를 바꾸는 과정에서 '보수' 글자를 당 정강 정책에서 빼자는 논의가 나오고, 이에 대한 갑론을박이 이어

정치 스탠턴을 참모로 끌어들인 링컨식 정치

진 시점도 박근혜 비대위원장 체제 때였습니다.

2012년 8월, 새누리당 대선 후보로 선출된 직후에는 '박근혜가 바뀌네'라는 슬로건을 내세웠고, 진중하지만 다른 한편으로는 고루하고 딱딱해 보이는 이미지 탈피 차원에서 '찢어진 청바지를 입겠다'고도 했습니다. 실제로 선거 막판 찢어지진 않았지만, '물 빠진 청바지'를 입고 유세에 나서기도 했고요.

이 뿐만 아니라 앞서 서술한대로 17대 국회에서 민주당소속이었던 김종인 전 보건사회부 장관을 영입해 '경제민주화 이슈'를 선점했고, 대선 국면에서는 기초연금 지급도 약속하는 등 진보 진영에 뒤지지 않는 정책을 연이어 내놨습니다.

대선에 뜻이 있는 분들이라면, 박 전 대통령이 2007년 당내 경선에서 패배한 이후 5년 동안 어떤 메시지를 내놨고 어떤 행보를 보였는지 살펴볼 필요가 있습니다. 자신에게 부족했던 부분을 어떤 방식으로 접근했고, 어떻게 채워나갔는지 엿볼 수 있는 백서(白書)로 이만한 것이 없기 때문입니다.

'혁신(革新)'이라는 단어를 언급하는 것은 정치인의 자유지만, 세력과 힘 그리고 내용이 없는 상태에서 혁신을 말하는 것은 국민을 기만하는 행위입니다. 명실상부해야 진정성을 의심 받지 않겠죠?

생각이 다른 사람들과의 공존이 심적으로 편하지는 않겠지만, 반대 세력을 영입하고 상대 진영의 논리를 흡수해야만 구심력이 생기고 결과적으로 위세와 세력도 커질 것입니다. 그런 흐름이 있어야 안정감과 신뢰도도 제고 시킬 수 있을 것이고요.

경북 경산의 작은 시골교회인 '하양무학로 교회'를 신축하는 과정에서의 아름다운 이야기를 전하면서 글을 마무리해볼까 합니다. 지난

2016년의 어느 날 '하양무학로교회' 조원경 담임목사님은 대한민국의 대표 건축가이자 문재인 전 대통령의 경남고 동창인 승효상 이로재 대표에게 교회 설계를 부탁했다고 합니다. 30여 명의 신도들이 한 푼 두 푼 모은 건축헌금이 7,000만 원 뿐이라면서요.

이 터무니없는 요청을 승 대표가 받아들여, 연면적 15평에 단층구조로 50명이 한 자리에 앉을 수 있는 예배당을 지어 올렸습니다. 그런데 7,000만 원으로 성전을 건축하는 것은 당연히 무리가 있겠죠? 공사비가 부족하다는 사실이 알려지자 대구의 한 벽돌공장 대표는 벽돌 10만장을 지원했고, 하양읍 주민들도 기부에 동참했다고 합니다.

그런데 인근 사찰인 경북 영천시 은해사에서도 300만 원을 기부했다고 합니다. 이 미담(美談)은 한국일보에 처음 소개됐는데요. 이 기사를 쓴 기자가 기부 이유를 묻자, 주지 스님은 "근처에 어려운 교회가 있다고 해서 마음을 조금 보탠 것뿐입니다. 저도 이 기회에 하나님께 복 한 번 받아보려고 합니다"라고 답했습니다.

이 같은 '아름다운 동행' 미담을 보면, 정치 기사를 보면서 막혔던 가슴이 '잠시나마' 뚫린 듯한 기분이 듭니다. 지금은 이 교회를 보기 위해 관광객이 몰린다고 하지요? 이 교회를 둘러보실 때, 경북 영천의 은해사에서 지원했던 부분들까지 꼭 함께 살펴주시면 좋겠네요.

서로 행복하게 살기에도 주어진 인생이 짧은데, 굳이 서로 사력을 다해 싸워가며 살아갈 이유가 있을까요? 다툼 과정에서 상처가 많이 생긴다면, 이겨도 그 승리가 영광스러울 수 없을 텐데요.

품고 있을 때 더 빛나는 '도전 정신'

　영국 출신의 세계적 역사학자인 아널드 토인비(Arnold Joseph Toynbee)는 도전(挑戰)이 발전의 원동력이라고 했습니다. 1년 내내 먹을 게 풍부한 열대지방 보다, 척박한 기후와 토양에서 문명이 더 발달한다고도 했고요.

　바꿔 말하면, 굳이 도전할 이유가 없는 지역에서는 정체되거나 도태될 가능성이 크다는 것이겠지요.

　2007년 무렵, 이승엽 선수가 부상을 딛고 일본 요미우리 자이언츠 야구팀의 4번 타자로 다시 우뚝 서게 된 뒤에 했던 말이 기억납니다. 그 당시 일본 투수들은 손가락 부상 여파가 있었던 이승엽 선수의 몸쪽(In-course)에 집중적으로 공을 뿌렸습니다.

　몸쪽 볼은 대처하는 타자의 반응이 느리면, 공을 타격한 배트가 울려 극심한 손바닥 통증이 수반됩니다. 손가락 수술을 했던 이승엽 선수에게는 좋을리 만무한 상황이었죠. 실제로 이 선수는 일본 선수들의 집중된 몸 쪽볼 승부로 인해, 상당 시간 어려움을 겪기도 했는데요.

그는 역경을 극복한 뒤 가졌던 한 인터뷰 자리에서, "이렇게 주저앉을 수 없다는 생각에 타격폼 수정 등 변화와 도전의 시간을 계속 가졌고, 끝내 요미우리 자이언츠의 4번 타자 자리로 되돌아올 수 있었다"고 했습니다. 그러면서 힘들 때마다 방송인 김제동 씨 덕분에 알게 된 노래, 故 김광석 씨의 '일어나'를 들으면서 힘을 냈다고 덧붙였습니다. "다시 한 번 해보는 거야"라고 생각하면서요.

역사적으로 볼 때 똑같은 형태의 전쟁은 단 한 차례도 없었고, 같은 이유로 '불변의 필승 전략'은 존재할 수 없습니다. 시간과 지역과 상대에 따라 전략을 조금씩 변형해야만 합니다. 나름의 보편성을 가지고는 있지만 제각각의 특수성도 있어, 서로 모순되고 충돌하는 경우도 생깁니다. 그렇기 때문에 매번 같은 듯, 다른 방식으로 문제를 해결해야만 하는 것이죠.

평범한 사람들은 변화에 둔감하고 변화를 두려워합니다. 하지만 성공한 사람들은 이승엽 선수처럼 하루가 다르게 변화되고 지속되는 도전적 요소 속에서도, '피나는 노력'을 통해 이를 극복해냅니다.

마이크로소프트사 창업주인 빌 게이츠는 '세계 최고의 자리를 9년째 지키고 있는 비결'을 묻는 기자의 질문에, "나는 머리가 뛰어난 천재가 아닙니다. 남보다 힘이 대단한 사람도 아닙니다. 다만 날마다 내 자신을 새롭게 변화시키려고 노력했습니다"라고 답했습니다.

일본 가전업체 파나소닉의 창업자이자 '경영의 신'으로 불리는 마쓰시타 고노스케 전 회장도 비슷한 이야기를 했습니다. '나에게는 세 가지 복이 있습니다'라는 그의 말, 많이 들어보셨을 겁니다. 그는 요즘 흔히 하는 말로 '흙수저'였고, 심하고 거칠게 표현하면 '못 배운 약골'이기도 했습니다. 하지만 그는 이런 상황이 '복(福)'이라고 했습니다.

품고 있을때 더 빛나는 '도전 정신'

첫째, 부모님이 매우 가난하게 살아 세상에 빨리 뛰어들었기 때문에 세상을 잘 이해할 수 있었다. 그 덕분에 사람을 정확하게 보고 관찰하는 경험을 많이 할 수 있었다.

둘째, 초등학교 4학년 중퇴라 가방끈이 짧다. 배운 게 없으니 아는 것도 없어 늘 남들의 의견, 남들이 하는 이야기를 들을 수밖에 없었다. 그 덕분에 경청하는 자세를 갖게 됐다.

셋째, 늘 병을 달고 사는 약골이었다. 그래서 술이나 담배를 안 했고 밤새워 도박도 안 했다. 반면 음식은 꼭꼭 씹어 먹고, 평생 규칙적인 운동을 했다.

실제 처한 상황은 첩첩산중(疊疊山中)이었을 텐데, 세 가지 복이라는 표현을 써가며 긍정적 사고를 했던 것이죠. 절망적 상황에서도 포기를 모른 채 도전하고, 위기를 기회로 만든 삶의 태도가 그를 '경영의 신'으로 불리게 이끌었을 것입니다.

마쓰시타는 일본인이 가장 존경하는 현대 기업인으로 꼽히는데요. 성과로 보나 마음 씀씀이로 보나 후대에 귀감이 됐기 때문일 겁니다. 20세기 일본이 전자 왕국으로 우뚝 서는데 선봉에 서기도 했고, 사제 70억 엔을 투입해 '마쓰시타 정경숙'이라는 정치학교를 세워 후학 양성에 힘을 쏟기도 했으니 말이죠.

문재인 정부 시절 경제 부문 핵심 슬로건이었던 '소득주도성장'이라는 말을 차용해, 젊은이들 사이에서는 '세습주도성장'이라는 자조 섞인 말들도 오갔다고 합니다. 좁아진 취업시장에 하늘 모르고 치솟는 아파트값 등 젊은이들의 어깨를 짓누르는 현실의 무게가 갈수록 심화되는 탓에, 도전 정신을 강조하기 힘들었던 사회 분위기를 역설적으로 표현한 것이라고 하는데요.

'우리에겐 밝은 미래가 있기에, 젊어서 고생은 사서도 한다'는 말은, 지금 젊은이들이 겪는 고통을 알지 못하며 알 수도 없는 '이미 결혼도 했고 집도 있으며 아이들까지 학자금 지원 받아 잘 키운' 꼰대들의 흘러간 옛 노래라는 것이죠.

한편으로는 우리 정치권이 소위 MZ세대들에게 '고진감래(苦盡甘來)'를 언급할 자격이 있는지 의문이 들기도 합니다. 여당인 국민의힘 일각에서는 자신의 정치적 자산이 축적된 수도권을 버리고 '따뜻하고 포근한 곳'으로 남하했습니다. 주된 경력이 수도권이고, 심지어 수도권에서 출마도 했었는데, 당선이 수월한 곳으로 지역을 옮긴 것이죠.

그런 과정을 거쳤는데, 이미 힘겹게 살아가고 있는 젊은이들을 가르치려 들면 언행에 힘이 실릴까요? 도전 정신을 잊은 정치인들에게 자라나는 청소년들이 과연 무엇을 배울 수 있을까요?

민주당은 2022년 대선과 지방선거를 통해 일부분 심판 받았기 때문에 굳이 더 언급할 생각은 없지만, 2020년 4월 총선 압승 당시 가졌던 초심(初心)을 잊지 말라는 당부는 드리고 싶습니다. 그들의 현재 모습을 보면, 그들에게 과연 되찾아야 할 초심이 있었는지도 의심스러울 지경이기는 하지만요.

술자리에서 과거 '운동권 시절' 활약상을 무용담처럼 늘여놓던 A 의원이 전한 이야기가 기억납니다.

"거리 시위가 한창이었을 때 대열 앞에서면 주동자, 뒤에 서면 배후, 중간에 서면 중심 세력, 옆에 서면 보조 세력, 밖에 빠져있으면 제3세력이라고 해서 우리를 잡아갔다. 그래도 우리는 기죽지 않고 더욱 힘을 내 민주화 투쟁에 나섰다."

이 이야기의 화자는 이미 '힘겹게 투쟁하던 당시의 모습'을 잃은 지 오래입니다. 말투에서부터 담백함 보다는 기름기가 뚝뚝 떨어지니 말이죠.

이제는 사회비평가가 된 홍세화 선생님은 2021년 12월 25일자 한겨레신문에 '거짓 진보·보수의 정치지형을 바꾸자'는 제목의 칼럼을 기고 했습니다. 그는 국민의힘을 "하면 안 될 일을 주로 하는 정당"이라고 했고, 민주당에 대해선 "해야 할 일을 거의 하지 않는 정당"이라고 표현했습니다.

생명체의 진화적 목표는 아마도 생존(生存)과 번식(繁殖)일 텐데요. 이를 살아 숨 쉬는 정당에 대입해보면 선거 승리와 의석수 확대일 것입니다. 비록 의원 개인이 생존한다 할지라도 재생산에 실패하면, 정당 차원에서의 번식은 실패했다고 봐도 무방할 것이고요.

'천적(natural enemy, 天敵)' 포식자(捕食者)를 잘 피해 다니면서 먹어서는 안 될 음식을 탐하지 않는다면, 최소한 '죽음으로 가는 지름길'은 피할 수 있을 텐데요. '하면 안 될 일을 주로 하는', 그리고 '해야 할 일을 거의 하지 않는' 정당에게서 과연 진화를 기대할 수 있을까요?

이기는 협상과 지는 협상

우리는 협상의 시대에 살고 있습니다. 하지만 모두에게 이로운, 서로 '윈-윈' 할 수 있는 접점을 찾아내는 협상은 말처럼 쉬운 일이 아닙니다. 상대를 무너뜨려야 내가 돋보인다는 생각이 팽배한 곳에서는 더더욱 힘든 일이죠. 이러한 '윈-루스' 사고방식까지 더해져 협상이 더욱 꼬이고, 결국 양쪽 모두가 패하는 결과로 귀결된 경우도 적지 않았습니다.

협상이 난항을 거듭하면, 양측 모두 당초 계획했던 목표를 수정해 접점을 다시 모색합니다. 그 과정에서 최상의 대안(best alternative to a negotiated agreement), 즉 '배트나(BATNA)'를 찾게 된다고 『허버드는 어떻게 최고의 협상을 하는가』의 저자 윌리엄 유리(William Ury)는 말했습니다.

상대의 마음을 변화시키려면 상대의 마음이 어디에 있는지 먼저 파악해야 합니다. 그런데 우리가 협상에 임할 때, 대개의 경우는 자신이 원하는 부분에 집중합니다. 시작부터 상대의 마음을 얻을 수 없는 구조인 것이죠. 상대의 말을 차분하게 들어주고 묵묵히 지켜만 봐도 공통된 의견을 도출해낼 가능성이 높아질텐데, 상대를 평가하고 심판

하니 계속 평행선을 긋게 되는 것입니다.

미국 합동참모대학의 필수과목인 『손자병법(孫子兵法)』은 2500년 전 손무가 쓴 죽편 책으로, 모두 13편 6,109자로 구성됐는데요. 내용을 죽 읽어보면 손자는 모든 적을 무찌른 뒤 최종 승자로 우뚝 서는 것이 아니라, 궁극적으로는 전쟁 없는 평화를 추구했습니다.

비위부전(非危不戰), 즉 위태롭지 않으면 싸우지 말라고 하면서 지략으로 상대를 굴복시키는 '상병벌모'를 최고의 전략으로 쳤습니다. 부드러움으로 강경함을 이기고 지혜로 승리를 얻으며, 싸우기 전에 미리 승리함으로 국민 피해를 최소화 하고, 적은 비용으로 최대의 성과를 도출하는 것을 목표로 삼았습니다. 백전백승(百戰百勝) 보다, 싸우지 않고 이기는 부전이승(不戰而勝)을 더 중요시 했던 것이죠.

이는 '군자가 무력을 도구로 사용해서는 안 된다'고 가르친 노자의 주장과 맥을 같이하는데요. 옛 성현들은 공통적으로 싸움의 기술을 소개하면서도, 궁극적으로는 화합의 중요성을 강조했던 겁니다.

손가락으로 누군가를 가리켜 지적하면, 나머지 네 손가락 가운데 엄지를 제외한 세 개는 나를 가리키며 돌아옵니다. 그렇기 때문에 상대방을 탓하기에 앞서, 내 책임은 없는지 되짚어 보는 것이 중요하죠. 나로 인해 생긴 문제가 아닐 지라도, 벌어진 상황을 수습하고 해결하는데 일조하는 것이 지혜로운 처사이기 때문입니다.

경제 지표가 하락하거나 국가적 재난 상황에 발생했을 때 여야 정치권에서 서로 '네 탓 공방'을 하지 않습니까? 협상의 목적은 의견을 모으는 데 있지만, 경우에 따라 책임을 분산시키려는 의도도 있습니다. 공동 합의안을 도출하면, 협상에 참여한 모든 사람들이 그 내용에 대한 책임을 져야하기 때문이죠.

상대방을 탓할 수 있는 공간이 생긴다는 점에서, 협상을 통한 합의안 도출이 비겁하지만 일견 매력적인 '위험 회피(risk hedging)' 전략이 될 수도 있습니다.

국민들은 국정 운영이든 TV 토론이든, 특정 정당이나 후보가 많이 알고 있거나 혹은 말을 잘 한다고 해서 그들을 지지하지는 않습니다. 오히려 승패와 관계없이 그 과정에서 어떤 모습과 태도를 보였는지를 봐가면서 지지 여부를 결심합니다. 매섭게 몰아치는 것이 오히려 역효과가 날 수도 있는 것이죠.

혹은 잘못한 것을 인정하면서 진심으로 반성하는 모습을 보이면 '미워도 다시 한 번'이라는 동정 표심을 유발할 수도 있는 것이고요.

7선 의원 출신으로, 상대가 누구든 언제나 올곧은 말을 한다며 '미스터 쓴소리'로도 불렸던 조순형 전 의원은 "의원들이 싸워서 이기려고 최선을 다하는 그 시간을 쪼개 국회법을 공부한다면, 아마도 후손들은 우리 헌정사(憲政史)의 성공 사례를 공부하게 될 것"이라고 했습니다.

국립극단 출신의 아내 김금지 씨가 운영했던 서울 대학로의 한 카페에서, 한 때 국회의장 물망에 오르기도 했던 조 전 의원이 현직에서 물러난 뒤 직접 커피를 가져다주시며 해 주셨던 말씀인데요.

그의 말대로 공부를 열심히 해서 능력으로 인정받지는 못할지언정, 정치인이라면 최소한 유권자의 마음을 살 수 있는 행동을 해야겠지요.

'대학로 특별 서빙' 당시 넉넉한 웃음을 지으며, "우리 가게 커피랑 케이크 맛있지? 맛이 없을 수가 없어"라고 하시던 조 전 의원의 주장을 쉽게 반박할 수 없었던 것처럼 말이죠.

이기는 협상과 지는 협상

영화 죠스와 일야구도하기

파블로 피카소(Pablo Ruiz Picasso)는 예술을 "결국에는 진실이 무엇인 지 알게 해주는 거짓말"이라고 정의했는데요. 그 안에는 '제한된 환경 속에서도 우리 삶이 더욱 넓게 펼쳐질 수 있도록 도와주는 소중한 벗' 이라는 의미도 담겨 있다고 생각합니다.

미국 출신의 세계적 영화감독인 스티븐 스필버그가 28세 때 연출 했던 영화 '죠스'. 이 책을 읽고 계시는 분들 대부분은 한 번씩 접해 보 셨을 텐데요. 다들 아시는 대로, 지난 1974년 2월 출간과 동시에 선풍 적 인기를 끌며 전 세계적으로 2,000만 부 이상 판매된 피터 벤츨리의 베스트셀러 소설을 영화로 구현한 작품입니다.

영화 '죠스'는 1976년 제48회 아카데미 시상식 당시 음악상, 음향 상, 편집상 등 3개 부문에서 수상했습니다. 900만 달러의 제작비로 북 미에서만 2억 6천만 달러를 벌어들였고, 해외까지 포함하면 총 4억 7 천만 달러의 수익을 냈습니다. 지금 가치로 따지면, 수 십조 원의 수 익을 냈다고 봐야겠지요. 원작의 인기도 대단했지만, 스필버그 감독의 영화도 그에 못지않던 셈입니다.

스필버그는 '죠스' 촬영 당시, '로봇 상어'가 계속 잔고장이 나서 진행에 제약을 받자 발상을 전환했습니다. 이 정도 기술력이면 차라리 '상어가 나오지 않는 상어 영화'를 만들자고 제안한 것이죠. 그리고는 원안 보다 훌륭한 대안을 만들어냈습니다.

실제로 영화 초반에는 지느러미만 나오다가, 80여 분이 지나야 비로소 상어 전체 모습이 나옵니다. 상어 몸통이 등장하는 장면을 모두 더해도, 전체 124분 가운데 10여 분에 불과했고요.

상어를 구체적으로 그려내지 않고도 스필버그의 참신한 연출과 극도의 긴장감을 더해주는 배경 음악이 적절한 조화를 이룬 결과, 짧지만 강한 임팩트로 '위협적 괴물' 상어의 존재감을 톡톡히 드러냈습니다. '미(E)'와 '파(F)' 음만 계속 반복해 시각이 아닌 청각을 지속적으로 자극하면서, 상어를 드문드문 노출시킨 것이 오히려 공포심을 극대화시킬 수 있었다는 평가입니다.

음악은 존 윌리엄스 감독이 담당했는데, 스필버그는 초반 미팅에서 그가 계속 '미'와 '파'만 반복해서 치자, 장난을 치는 것으로 착각했다고 하지요? 시작은 미약했지만, 그 끝은 실로 창대했던 겁니다.

그런데, 만약 조선후기 실학자이자 문장가인 연암(燕巖) 박지원 선생님이 영화 '죠스'를 보셨다면 어떤 말씀을 하셨을지 불현듯 궁금해지는데요.

연암은 청나라 여행기인 『열하일기(熱河日記)』 가운데 산장잡기(山莊雜記)편의 일야구도하기(一夜九渡河記)를 통해, 예민한 감각에 영향을 받아 외물에 미혹(迷惑)되고 현혹(眩惑)되는 일이 없도록 주의하라는 가르침을 주셨기 때문입니다.

영화 죠스와 일야구도하기

'일야구도하기'는 제목 그대로 '하룻밤에 아홉 번 강을 건넌 기록'이라는 뜻인데요. 연암은 강을 건너는 것에 대한 두려움은 감각(感覺)과 외물(外物)에 현혹됐기 때문이라고 했습니다. 그러면서 사물을 정확하게 인식하기 위해서는 눈과 귀와 같은 '감각 기관'에 의지해 세상을 바라보는 것이 아니라, 마음을 다스리면서 사물을 이성적으로 바라봐야 한다고 강조했기에 그의 반응이 궁금했던 겁니다.

　생각해보면 직접 눈으로 보고도 속는 사례보다는, 못 본 상태에서 '솔깃한 말'에 속아 넘어가는 경우가 많습니다. 부동산이든 주식이든 큰 돈을 벌 수 있다는 '말'에 속아, 각종 사건사고로 이어지는 뉴스가 많이 전해지지 않습니까? 그런 기사를 접할 때마다 사물을 보는 '정확한 눈'도 중요하지만, 옥석(玉石)을 구분하고 사리를 잘 판단하는 '뚫린 귀' 역시 정말 중요하다고 생각되는데요.

　정치인도 이는 마찬가지일 듯합니다. 그들이 가진 권한과 힘을 염두에 두고, 그들의 눈과 귀를 현혹시키면서 달콤한 말로 '나쁜 짓'을 권하는 사람들이 계속 주변을 맴돌고 있기 때문입니다. 물론 정치인 스스로가 나쁜 생각을 하는 경우도 있기는 하지만요.

　연출가에게 보내는 최고의 칭찬이 관객의 관심과 호응이라면, 정치인이 느끼는 가장 강렬한 찬사는 아마도 '지속적 지지'일 텐데요. 중요한 판단을 내려야하는 순간에 '절대적으로 지지한다'는 말로 접근해 자신을 현혹시키려 하는 사람들을 '예술적으로' 멀리한다면, 최소한 그 순간만큼은 '대중적 지지'를 받을 수 있지 않을까요?

정명훈과 황선홍의 징크스 극복 방식

크든 작든 '징크스(jinx)'라고 하는 것을 하나쯤은 가지고 계실 텐데요. 부정하고 싶지만, 마음 속 깊은 곳에서부터 반응하는 징크스, 어떻게 하면 깰 수 있을까요?

출입처에서 만난 정치인과 고위 공직자들의 이야기를 종합해보면, 징크스는 징크스가 벌어진 바로 그곳에서 깨야 완벽하게 벗어날 수 있다고 합니다. 불완전한 심리가 극대화 되는 그 환경에서, 그것을 이겨내겠다는 투혼을 발휘해야 깔끔하게 벗어날 수 있다는 건데요.

정치인이 특정 이슈 관련 '프레임의 덫'에 빠져 허우적거리고 있을 때, 이를 완벽히 극복하려면 그 프레임이 짜여진 지점에서 다시 활로를 모색해야 한다는 뜻일 겁니다. 징크스가 시작된 곳에서 해결하지 못하면 계속 꼬리표처럼 따라 붙을 수 있다는 의미겠지요.

징크스 극복과 관련해 참고할 만한 기사가 있어 소개해볼까 합니다. 2020년 1월 5일 연합뉴스에 게재된 '2020 세종문화회관·서울시향 신년음악회 공연리뷰' 기사의 일부입니다.

"윤기 흐르는 음색, 노래하듯 서정적인 연주 스타일, 클라이맥스를 향해 치달아가는 극적인 해석. 모든 것이 그대로였다. 물론 정명훈과 서울시향에 보내는 청중의 열띤 반응 역시 그대로였다. 세종문화회관 대극장 무대에서 선 지휘자 정명훈은 마치 고향에 다시 돌아온 듯 서울시향과 자연스럽게 호흡을 맞췄다.

4년 만의 만남이지만 그간의 세월은 느껴지지 않았다. 마치 오랜 세월 늘 함께한 듯 둘은 한 몸처럼 일사불란한 합주를 선보이며 깊은 감동을 전했다.

공연 전부터 세종문화회관 로비는 입추의 여지가 없었고 객석에는 빈자리가 보이지 않았다.

공연 후반부, 정명훈과 서울시향의 브람스 교향곡 1번 연주가 시작되자 그 조합으로만 가능한 특유의 소리가 빛을 발하기 시작했다. 현악 주자들은 정명훈 예술감독 시절의 스타일로 되돌아가, 음과 음 사이를 긴밀하게 연결해내는 연주법으로 윤기 흐르는 음색을 만들어냈다.

또한 목관악기군은 악보에 적힌 편성보다 두 배의 연주자가 투입돼 묵직하면서도 진중한 소리로 브람스 음악을 잘 드러냈고, 트롬본을 비롯한 금관악기 주자들이 중요한 선율을 연주할 때면 마치 벨칸토 오페라 가수가 된 듯 노래하는 듯한 연주로 깊은 감흥을 전해주었다.

연주가 끝나자마자 객석 곳곳에서 '브라보' 환호가 터져 나왔고 열띤 박수갈채가 이어졌다. 정명훈과 서울시향은 브람스 헝가리 무곡 1번을 앙코르로 연주해 청중의 환호에 답했다."

서울시향 음악감독이었던 정명훈 선생님은 임기 막판 송사·구설에 휘말리는 등 서울시 및 시향 일부 관계자와 불편한 상황을 이어가다 결국 감독직도 내려놓게 됐습니다.

그의 입장에선 고국을 위해 마지막으로 봉사한다는 생각에 맡았던 감독직이었는데, 음악 외적인 부분을 문제 삼아 자신을 흔드는 상황이 당혹스럽고 불편했을 것입니다. 물론 그의 반대편에 계셨던 분들의 생각은 많이 다르겠지만요.

어찌됐든 부드러운 마무리가 아니었기 때문에 서울시향 단원들과 무대에 올라 함께 호흡하며 손발을 맞춰 공연할 수 있을 것이란 생각은 쉬이 하지 못했을 것입니다.

그런데 그는 기회가 왔을 때, 문제의 바로 그 지점에서 박수갈채를 받으며 공연을 마무리 지었고, '늘 하던대로' 브람스 헝가리 무곡 1번을 앙코르 곡으로 연주하며 피날레(finale)를 장식했습니다. 사실 이 경우를 두고 징크스라고 하기도 뭐합니다만, 문제가 생겼던 바로 그곳에서 대중의 환호를 받으며 존재감을 과시했다는 측면에서 '효과적인 징크스 극복 방식의 전형'으로는 소개할 수는 있을 듯합니다.

2002년 한일 월드컵에서 국민들에게 첫 골을 선사한 황선홍 선수의 징크스 극복 이야기도 짧게 해볼까요?

황 선수는 현역 시절 '시종일관(始終一貫)' 대한민국 축구의 핵심 공격수로 활동했는데, 유독 월드컵 경기에서는 결정적 순간에 골문 앞에서 공을 골대 위로 넘기는 슈팅이 나와 이른바 '문전 앞 홈런 슈터'라는 오명이 따라붙었습니다.

그랬던 그였기에 '2002년 월드컵 첫 골'은 그야말로 징크스를 털어버리는 결정적 장면이 됐는데요.

정명훈과 황선홍의 징크스 극복방식

월드컵 4강 신화를 쓴 이후, 황선홍 선수는 당시 첫 골 장면을 회상하면서 '첫 골로 연결된 결정적인 센터링'을 올렸던 이을용 선수가 미웠다고 했습니다. 이 선수가 센터링을 해서 공이 죽 넘어왔는데, '헤딩을 하기에는 너무 낮았고, 발을 가져다 대기엔 너무 멀게' 공을 줬다면서 말이죠.

그는 그러나 '이도저도 아닌 불완전한 조건'에서 발을 과감하게 내밀었고, 그 시도가 대한민국 4강 신화의 시작을 알리는 첫 골로 연결됐습니다. 더 이상 '문전 앞 홈런'을 두려워 할 이유가 없어진 것이죠.

야구의신, 일명 야신(野神)이라고 불리는 김성근 감독은 "누군가를 믿고 기다려준다는 것은 생각처럼 쉽지 않다. 사실 기다리는 것이 힘든 게 아니라 확신이 없으니까 힘들고 두려운 것"이라고 했습니다.

맞습니다. 극복할 수 있을 것이라는 확신만 있다면, 기다리는 것은 힘들고 두렵지 않습니다. 징크스 극복을 위해 더 연습하고 노력하는 모습을 보여준다면, 주변의 의심은 조금씩 잦아들고 어느새 확신으로 바뀌어 있지 않을까요?

지역감정 해소라는 상상

통일(統一)은 남과 북, 그러니까 우리 스스로의 힘만으로 달성할 수 없는 '국제 문제'가 된지 오래입니다. 현실적으로 주변 열강의 동의와 이해를 구하지 않고서는 해결하기 힘든 난제(難題)가 됐습니다.

경제 분야의 국경(國境)을 수입 규제나 관세라고 한다면, 정치 분야에서의 국경은 지역(地域) 정도로 볼 수 있는데요. 우리의 또 다른 염원이자 숙원 사업인 '지역감정 해소'는 스스로 해결할 수 있다는 점에서 통일과는 성격이 조금 다릅니다.

과거에는 정보와 자본이 국경을 넘나드는데 어려움이 있었습니다. 하지만 정보통신기술의 발달에 힘입어 이 같은 형태의 장벽은 많이 낮아진 게 사실입니다.

반면 노동과 정치 영역에서의 이동은 여전히 어려움과 불편함이 남아 있습니다. 특히 정치의 경우, 후보자의 태생적 연고(緣故)와 그가 주장하는 공약의 타당성(妥當性) 여부는 상관관계가 전혀 없음에도 지역민들이 지지 여부를 결정하는데 중요한 잣대가 되고 있습니다.

이런 분위기 속에서 각 정당들은 겉으로는 지역주의 철폐를 외치지만, 선거 때만 되면 기득권 유지를 위해 '지역민의 여망을 담아내겠다'는 말을 앞세워 지역주의를 부추기곤 합니다.

영호남 지역 선거 결과를 두고, '대안의 승리'라기 보다 '지역감정의 승리'라고 표현 하는 것이 더 정확할 때가 여전히 많고요. 선거 때만 되면 나라가 둘로 쪼개져 서로 격한 언사를 주고받으며 손가락질 하는 모습, 도대체 언제까지 지켜봐야 하는 것인가요?

사실 애향심과 지역감정 모두 자신이 나고 자란 '고향'에 애착을 보이고, 그 지역을 사랑한다는 점에서는 차이가 없습니다. 하지만 다른 지역을 배타시 한다는 점에서는 큰 차이가 있습니다.

권력(權力)은 상상력이 풍부한 자의 것입니다. 보다 넓고 깊게 상상할수록, 각 상황마다 적용할 수 있는 대응 방안이 풍부해지기 때문이죠. 물론 제 개인적 상상이긴 한데요. 우리 정치권에서 가장 강력하면서도, 가장 기본적인 것부터 풀어가 보면 어떨까요?

민주당에서 PK·TK 출신 대선 후보가 차례로 나왔으니, 이제는 국민의힘에서 호남 출신 대선 후보가 나올 차례입니다. 국민의힘은 20대 대선에서 충청 출신 대선 후보를 내세워 처음으로 '충청대망론'을 현실화 시켰고, 대형 쇼핑몰 공약 등을 앞세워 서진(西晉) 공략의 기틀도 마련했으니 후보를 직접 내세울 때도 되지 않았느냐는 이야기입니다.

돌아가신 정두언 전 의원이나 '곡성의 아들' 이정현 전 새누리당 대표의 꿈이기도 했는데, 상황적으로 차기가 어렵다면 차차기라도 좋습니다. 일부에서는 이 역시도 지역감정을 역이용하는 것 아니냐고 지적할 수 있겠지만, 집권 이후 얼마나 진정성을 보여주느냐에 따라 평가는 확연히 달라질 수 있습니다.

반대로 민주당에서는 '이제는 고루해진' PK-TK 지역을 갈라 치는 공약을 내세울 게 아니라, 순수하게 TK 지역 발전을 위한 공약을 내세운다면 충분한 평가를 받을 수 있을 것입니다. 특정 지역을 우대한다기 보다 각 지역의 상황에 맞는 최적의 발전 프로그램을 제시한다면 사회적 합의를 이뤄내는 것은 어렵지 않을 것이고요.

　　20대 대선을 두고 각계에서 '최악의 비호감 대선'이라고 평가하시는 분들도 많았지만, 여러 측면에서 사회 변화와 발전 가능성이 엿보이기도 했습니다. 일부에서는 '종부세 역풍'이라며 평가 절하하기도 하지만, '민주당의 심장'인 광주(봉선2동 5투표소)에서 국민의힘 윤석열 후보가 39.1%를 얻기도 하지 않았습니까?

　　저는 이 부분이 가장 눈에 들어왔고, 반성이 부족한 민주당에게 던지는 최후통첩이라는 생각도 들었습니다. 실제로 대선 84일 치러진 지방선거에서 매번 최고(最高) 투표율 지역을 놓고 자리를 다투던 광주의 투표율이 37.7%에 머물렀다는 점도, 민주당 입장에서는 전체 스코어인 5승12패 보다 더 뼈아픈 지점일 것이고요.

　　아마 인간의 욕망(欲望)에도 입구와 출구라는 것이 있을 것 같은데요. 욕망의 입구 쪽에서 출구를 상상하기란 어렵지만, 출구 주변을 탐방하다 보면 입구에서 취해야 할 삶의 태도가 보다 명확해질 것입니다. 이런 이유 때문에 시간과 경험이 주는 교훈을 가슴 깊이 새겨야만 하는 건데요.

　　망국적 지역감정도, 욕망의 입구가 아닌 출구 주변 어딘가를 둘러보면, 민심의 '바다로 가는 지점'을 찾아낼 수 있을 것입니다. 반드시 해결해야 한다는 생각과 의지가 있다면 말이죠.

지역감정 해소라는 상상

자유에 관하여

　병환이 있으신 분들은 질병으로부터 자유롭고 싶고, 큰 빚을 지고 계신 분들은 금전으로부터 자유롭고 싶고, 눈코 뜰 새 없이 바쁜 분들은 시간으로부터 자유롭고 싶으실 겁니다. 그 누구도 자유롭고 싶지, 무언가에 속박 당하고 끌려 다니고 싶지는 않을 것이기 때문이죠.

　인류의 진보도 궁극적으로는 자유(free)를 향하고 있다고 해도 과언은 아닐텐데요. '자유를 갈망하느냐'고 물었을 때, 그렇지 않다고 대답하실 분들은 아마 없으실 겁니다. '비용도 세금도 없는' 공짜(free) 싫어하는 분들이 거의 없는 것처럼 말이죠.

　자유가 개인은 물론이고, 궁극적으로 국가 번영의 동력이 된다는 사실 역시 대부분 동의하실 겁니다. 자유로운 환경에서 발휘된 창의력과 독창성, 상상력은 보다 큰 혁신과 성장의 밑거름이 되기 때문입니다. 간혹 자유(自由)라는 표현 그 자체를 부정적으로 느끼는 분들도 있기는 하지만요.

자유라는 말 자체에는 이념이나 도그마가 없습니다. 각자가 처한 상황에 따라 조금씩 입장차는 있겠지만요. 예컨대, 정부가 세금을 더 많이 거둬갈수록 개인이 번 돈으로 누릴 수 있는 자유는 줄어듭니다. 반면 그 세금이 저소득층에게 효과적으로 잘 쓰인다면, 저소득층의 자유는 커지겠지요.

그런데 이 같은 '자금의 선순환'도 당사자들에게 동의를 구해야만 그 의미가 더해질 수 있습니다. 만약 '보다 큰 행복과 희망을 위해' 특정 계층에게 자유의 일부를 나눠 달라고 양해를 구하는 과정을 생략한 채, 징벌적으로 그들의 자유를 억압한다면 사회 통합을 저해하는 잘못된 정치로 전락할 수밖에 없습니다. 민주주의 체제에서는 결과 못지않게 과정도 중요하기 때문입니다.

미국 공화당 출신의 로널드 레이건 전 대통령이 했던 말이죠? "자유는 소멸되기까지 결코 한 세대보다 멀리 있지 않습니다. 자유는 계속해서 싸워내고, 지켜내고, 다음 세대에게 넘겨주어야 한다"는 말처럼, 자유는 공짜로 주어지지 않습니다. 그렇기에 잘 가꾸고 계승해, 후대에게 부족함 없이 물려줘야만 하고요.

정부가 집행하는 모든 돈의 출처는, 적나라하게 표현하면 사회적 합의 과정을 거쳐 '일하는 개인'에게 부과한 세금입니다. 그렇기 때문에 국민들은 정부가 자신들이 번 돈을 효율적으로 집행하고 있는지, 지속적으로 감당할 수 있는지에 대해 면밀하게 판단할 것입니다. 그리고는 해당 정부 정책에 대한 냉정한 평가를 내리겠지요.

자유는 구성원 모두에게 똑같이 적용돼야 불평과 불만이 없을 겁니다. 독실한 기독교 신자였던 레이건 전 대통령은 동의하지 않겠지만, 종교의 자유나 성소수자 분들이 연애할 자유도 소멸되지 않도록 지켜야 합니다. 그래야 진정한 민주주의고, 모두가 공평한 자유를 누리고 있다고 이야기할 수 있을 테니까요. 단, 방종은 경계해야겠지만요.

'민주주의' 이야기를 하다 보니, '왜 민주당에 '민주'라는 글자가 들어가느냐', '국민의힘에 국민이라는 단어를 당명에 넣을 자격이 있느냐'고 말씀하시는 분들이 불현듯 생각나는데요. 보수 진영에서는 증세 등의 이유로, 진보 진영에서는 차별금지법 등에 대한 태도를 문제 삼아 비판을 했던 겁니다.

그런데 비판할 자유가 있는 만큼, 특정 정당이 고집을 꺾지 않을 자유도 있습니다. 물론 그와 같은 결정을 내릴 때마다, 책임은 반드시 따르겠지만요.

가수 김건모 씨의 노래 '자유에 관하여' 마지막 소절에 다음과 같은 가사가 나옵니다.

> "하늘에 새처럼 정말 자유롭길 원하면
> 너의 기억을 지워버려.
> 어차피 너의 삶은 너 아닌 누구도 대신 할 수 없어.
> 널 지킬 수 있는 건 너뿐이란 걸".

'널 지킬 수 있는 건 너뿐'. 더 이상 무슨 설명이 필요할까요? 정치를 잘해야 하는 이유, 투표를 잘 해야 하는 이유로 충분하겠지요?

"When blue meets pink?

수 년 간 다채로운 색 띠를 화면에 유영시켰다. 어떤 색 위로 다른 색을 중첩시켰을 때 만들어지는 또 다른 '색 공간'에 온 신경을 주목하고, 색과 색의 만남과 중첩을 끊임없이 반복했다. 나에게 블루는 그리움이다. 꿈과 이상을 향한 호기심이며 미지의 곳을 여행할 때 느끼는 설레는 마음이다. 깊고 푸른 하늘과 바다, 뜨거운 여름 짙은 초록색 사이에 얼굴을 내미는 달개비 꽃과 같이 청량감을 주는 희망의 색이다. 핑크는 화해와 너그러움의 색이다. 깊고 쓸쓸한 겨울을 살아내게 한 핑크는 따스하다. 인생의 거친 풍랑을 지나고 내면을 마주하고서야 만난 자신의 비뚤어진 고집스러움에 용서를 구하는 색이다."

▌2020 하태임 작가노트 中▐

저는 '사실주의(寫實主義/Realism)' 작품을 감상하는데 오히려 더 오랜 시간이 걸립니다. 다른 사조의 작품은 곰곰이 생각해봐도 어차피 그 '심오한 뜻'을 알 수 없기 때문에 이해되지 않아도 큰 고민 없이 지나칠 수 있지만, 사실주의 작품은 무언가 알 수도 있겠다는 기분이 들어 시간이 조금 더 걸리는 것이죠.

'귀족 취향의 그림'이 아닌 현실에 존재하는 우리네 일상을 스케치했고, 평범한 시민들의 모습과 가치관을 진솔하게 담아냈기에 보다 친숙한 기분이 들어 더 눈이 가기도 했고요.

그런데 사실주의가 단순히 형상(刑象)을 '정확하고 충실하게' 묘사하는데 그치지 않고 시각의 사실화까지 담아내기에, 그 역시도 '심오한 뜻'이 내재돼 있다고 볼 수 있습니다.

저는 파랑색과 분홍색을 두고 2020년의 하태임 작가처럼 심오한 생각은 하지 못했습니다. 당시 정치부 기자였던 저에게 블루는 더불어민주당이고 핑크는 미래통합당이었습니다. 블루와 핑크가 만나면 뭘 어떻게 됩니까, 서로 또 정쟁을 벌일 테지요.

그런데 15년 가까이 국가 중대사를 결정하는 '메인 스트림' 그룹을 취재해본 결과, 꽉 막힌 정치 세력은 필연적으로 부패한다는 진리를 깨닫게 됐습니다. 의견이 다른 상대방, 심지어 매사 충돌하는 '주적(主敵)'도 포용할 수 있는 용기를 지닐 때 이 사회가 한 단계 더 발전하고 성숙된 모습으로 나아갔다는 점도 알게 됐고요.

물건을 하나라도 더 팔기 위해 제작하는 '광고'는 사회가 만든다고 해도 과언이 아닙니다. 광고 분야 종사자들은 소비자의 욕구, 당대를 지배하는 감성 코드를 결합해 그 시대를 대변하는 '문화 속성'을 만들어 냅니다.

그런데 유권자의 선택을 받아 권력을 차지하려는 정당(政黨)에서 세상과 동떨어진 방향으로 간다면 파산하지 않는 게 다행 아닌가요? 나아질 기미가 보이지 않는다면 파산하고 조금 다른 개념의 결사체(political party)를 하루라도 빨리 창당하는 게 보다 유익할 것이고요.

'When blue meets pink?'라는 질문에 '정치부 기자' 입장에서 답을 해보면요. 그것은 아마도 '온건하고 합리적인 중도 정당'이 아닐까 싶습니다. 기존의 거대 양당이 선거를 앞두고 중도층 공략을 위해 내놓는 각종 '구애(求愛)성 정책의 총합'으로 볼 수도 있고요.

사실 우리 주변을 살펴보면 속된 말로 'A부터 Z까지' 모든 영역에서 진보, 혹은 보수적인 분들은 그리 많지 않은 듯합니다. 자유 시장경제를 강조하면서도, 북한과 잘 지내야 '전쟁 리스크'가 줄어 금전적으로 이득을 볼 수 있다는 분도 계시고요. 혹은 증세를 통해 어려운 분들에 대한 복지 혜택을 더 강화해야 한다면서도, 북한의 인권 실태를 언급하며 강경한 대북 정책을 주문하는 분들도 계십니다.

호흡(呼吸)이 뒷받침되지 않으면 성악가의 성대(聲帶)는 금방 망가집니다. 젊어서는 다들 故 마리아 칼라스(Maria Callas)와 같은 고음처리를 시도하지만, 30대 중후반으로 가면서 성대(vocal cord)에 조금씩 문제가 생기는 경우를 종종 봐왔습니다.

1945년 광복을 기준으로, 대한민국에 민주주의가 자리 잡은 지도 어느덧 70년이 훌쩍 지나고 80년을 바라보고 있습니다. '87체제' 이후라고 하시는 분들도 간혹 계시니 그렇게 따져도 광복 기준의 절반인 35년을 넘어섰습니다.

이제 우리도 중의적 차원에서 '호흡'이 뒷받침돼야 건강한 사회를 만들 수 있습니다. 좋은 발성의 기본이 되는 호흡, 주변 사람들과의 조화로운 삶을 살아가게 해주는 호흡이 절실한 것이죠. 하태임 작가의 말처럼 '청량감을 주는 희망의 파란색'을 사용하는 정당과 '화해와 너그러움의 분홍색'을 사용했던 정당이 가운데 지점에서 조화롭게 만나 함께 호흡할 수만 있다면, 제가 지금 쓰고 있는 이 글은 그야말로 불필요한 사족에 불과할 텐데 말이죠.

국회여, 자연으로 돌아가라!

  '자연으로 돌아가라! (Retourne à la nature)'. 18세기 계몽주의 철학자 장 자크 루소(Jean-Jacques Rousseau)가 했던 말이죠? 루소가 언급한 '자연 (nature)'은 가장 자유롭고 행복하게 살아갈 수 있는 상태로, 인간이 태생 당시 지녔던 '안락한 본성'으로 돌아가야 한다는 것을 강조하기 위해 차용(借用)한 표현입니다.

  제 기자 생활의 9할은 정치부였는데요, 돌이켜 보면 큰 선거를 앞두고 정치권은 늘 강하게 충돌했고, 생각이 다른 사람들 사이에서는 증오심이 퍼져갔습니다. 그러는 사이 공무원들은 중간에 끼어 이러지도 저러지도 못하고, 사실상 복지부동(伏地不動)하는 모습을 보이기 일쑤였고요. 국민들은 이 같은 상황을 목도(目睹)하면서, 지속적으로 상처를 받아왔습니다. 치유가 필요할 텐데, 어떤 방식이 효과적일까요?

  자연치유(自然治癒)라는 말 들어보셨을 텐데요. 자연 속으로 들어가면 병든 마음과 정신이 회복되고, 그러는 사이 불편했던 몸이 치유되는 것을 실제로 경험해보신 분들도 계실 겁니다. 일견 미련한 방식일 수도 있지만, 병원을 찾는 것 이상으로 효과적일 때도 있고요.

다소 억지이긴 하지만, 인문계(人文系) 출신이 다수인 국회도 자연 치유가 필요해 보입니다. 자연 계열(自然系列) 출신이 보다 많아지면 좋겠다는 이야기인데, 이 무슨 궤변(詭辯)이냐고요?

국회의원들의 전직을 비교해보면 법조인이 압도적입니다. 제 21대 국회의원 당선자 300명 가운데 법조인 출신은 46명으로 전체의 15.3%를 차지했습니다. 직업 정치인이라는 범주를 제외하고 실질 직업군으로 봤을 때, 역대 그 어떤 국회도 율사 출신이 1위 자리를 내준 적은 없었습니다. 편의상 18대 국회 이후로 살펴보면, 18대 58명, 19대 42명, 20대 49명, 21대 46명 등 꾸준히 40~50명 사이를 오갔습니다.

국회는 입법 기관이기 때문에 법률 지식이 풍부한 분들이 큰 축을 담당하는 것이 이치에 맞긴 합니다. 하지만 그들 위주로 국회가 돌아갈 때, 국민 100%를 대변해야 한다는 기댓값에 미치지 못하기도 했습니다. 소위 '리갈 마인드(Legal Mind)'에 갇혀있는 듯한 모습을 보여 국민들에게 큰 실망을 안길 때도 있었고요.

법조인 다음으로는 교수(29명)와 언론인 출신(23명)이 그 뒤를 이었는데, 의사는 2명이 그쳤습니다. 엔지니어 등 자연계 출신이 전체의 10%를 넘긴 경우는 거의 없었고요.

전자공학과 출신 박근혜 전 대통령은 18대 의원 시절 '이공계 출신 여야 의원 모임'에 참석하기도 했는데요. 그때 전체 참여 인원이 5명이었습니다. 당시 율사 출신 의원의 10%에도 못 미치는 수치였죠.

국회여, 자연으로 돌아가라!

저는 대학에서 공학을 공부했고, 어쩌다 보니 석사도 공학 전공으로 받게 됐는데요. 고교 시절에는 인문계 출신이었고, 대학도 인문 계열로 갔어야 제가 더 편하게 공부를 할 수 있었을 이른바 '무늬만 공학도'였습니다. 저 같은 유명무실한 '자연인'이 아니라, 정말 제대로 실력을 갖춘 기술자들이 원내에 입성해 다양한 가능성을 제시해주기를 기대하는 마음에서 말씀 드려 봤습니다.

법조인 출신 중에도 뛰어난 정무감각과 놀라운 상상력을 발휘해, 정국을 주도했던 인물도 있었습니다. 그렇기 때문에 성급하게 일반화 할 수는 없지만 '직군의 다양성' 측면에서 율사 출신이 조금 줄어드는 대신, 이공계나 사회복지 혹은 예술계나 문화기술 융복합 인사들이 본회의장에 줄지어 들어서는 모습을 볼 수 있으면 좋겠다는 이야기입니다.

그나마 체육계 출신 의원은 열 손가락 가까이 꼽을 수 있지만, 미술이나 음악을 전공하신 분들은 쉬이 떠오르지 않네요. 엄밀히 따지면 예술계 몫은 아니지만 비례대표로 21대 국회에 입성한 '피아니스트' 김예지 의원을 제외하고는, 죽 거슬러 올라가 제12대 국회의원을 지낸 '성악가' 조상현 전 의원이 생각날 정도니까요.

그러고 보니 조 전 의원이 현역이었을 때와 비교해 보면, 국회의 위상은 많이 높아졌습니다. 그 당시에는 대통령실 감사 자리에서 비서실장이 '증인 선서'를 거부해 정무수석이 대신 선서하는 웃지 못 할 상황도 벌어졌는데, 최근에는 오히려 국회가 청와대 비서실장을 윽박지르고 장관을 향해서는, "부임 후 보름 안으로 인사하고, 의원이 안 계시면 명함이라도 놓고 가라"고 큰소리 치니 말입니다.

국회의 존재 이유는 '여론과 무관하게 국민을 끌고 가는' 행정 권력을 견제하는데 있을 것입니다. 그 과정에서 주로 감찰권이 쓰일 것이고요. 다른 한편으로는 좌절과 분노의 골짜기를 넘어 성취와 번영의 봉우리로 국민들을 안내하는 것도 국회의 몫입니다. 그 때는 입법권이 주로 활용되겠지요.

의원들은 권력이라는 고지 앞에서는 소속 정당으로 갈래가 타지지만, 산업화와 민주화 이룩 과정에서는 한 배를 타기도 했습니다. 대의명분 앞에서는 여야가 없었던 셈이죠.

의원들이 맡은 바 직분에 충실하고, 국민들이 부족함 없이 생활할 수 있도록 안내를 잘 한다면 출신이 무슨 상관이겠습니까? 비판 받을 일이 아닌, 박수 받을 일만 잘 하고 있다면요. 하지만 그렇지 못한 상황이라면 이른바 쇄신과 개혁이 필요한 것 아니겠습니까?

제가 '국민학교'에 다닐 때만 해도, 세상이 총알 속도로 바뀌고 있다는 표현이 쓰이기도 했는데요. 지금은 '빛의 속도로 변하고 있다'는 말로도 부족한 세상입니다.

서울대학교에서 공학을 전공하다 미국으로 건너가 교육학과 경제학까지 공부한 아트센터 '나비' 노소영 관장은 "앞으로 다가올 세상을 살아가는데 있어 핵심 키워드는 기술, 문화 생태와 자연"이라고 했습니다. 그는 "기술은 정말 중요한데, 기술 발전이 가져온 물질문명은 정신의 피폐를 야기하기도 했다"면서 "문화는 정신을 튼튼히 하는데 도움이 된다"고 했습니다.

마치 완벽하게 균형잡힌 비행기의 양 날개처럼 법과 기술, 그리고 문화가 부족함 없이 고루 발전해야 사회에서 낙오되는 분이 없으시겠지요? 그래야 자연과 생태도 보전할 수 있을 것이고요.

이 점은 국회도 마찬가지일 텐데요. 정치인들이 의정활동을 하면서 느끼는 진정한 행복은, 자신의 '재능'과 사회적 '의미'가 만나는 그 어느 지점에서 형성될 것입니다. 루소가 말한 '자연' 그 어딘가에서 요. 자연으로 돌아갈 이유, 충분하지 않습니까?

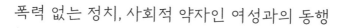

폭력 없는 정치, 사회적 약자인 여성과의 동행

2022년 7월 8일, 일본 아베 신조(安倍晋三, Abe Shinzo) 전 총리가 참의 원 선거 지원 유세 도중 40대 남성의 총격을 받고 사망하는 충격적인 사건이 발생했습니다. 일본의 역대 최장수 총리(8년 9개월)를 지낸 그는 이날 나라현 나라시에서 가두연설을 하다, 전직 자위대원이 쏜 총에 맞아 숨을 거두게 된 겁니다.

정치인이 총격을 받아 사망했다는 사실도 엄청난 충격적이었지만, 피해자가 현역 시절 굉장히 파워풀한 모습을 보였던 아베 전 총리라는 사실에 더 큰 충격을 받았습니다.

마초적이라는 평가를 받을 정도로 에너지 넘쳤던 아베 전 총리 같은 분도 이런 테러에서 자유롭지 못했는데, 이 상황을 목도한 여성 정치인들에게는 굉장한 스트레스로 다가올 것 같다는 생각도 들었고요.

정치 현장을 15년 가까이 둘러본 결과, 유권자들이 갖는 적개심과 거부감을 '존경과 존중의 마음으로 탈바꿈시키기'는 정말 쉽지 않습니다. 주변에 '나와 생각이 다른 사람'이 단 한 명만 있더라도 생활하기 불편한데, 정치인들은 이념과 정파에 따라 많게는 천 만 명의 마음을 다잡아야 하니 포용이 말처럼 쉽지 않은 것이죠.

소통 과정에서 정중하게 반대 의사를 표하는 분들도 계시지만, 과격한 형태로 공격해 오는 분들도 있기 때문에 다른 생각을 가진 분들에게 다가서기가 더욱 힘들고 어렵습니다.

유명인의 이름을 마치 친구 이름처럼 편하게 부르는 것을 '네임 드로핑(name dropping)'이라고 하는데요. 최근 많이 좋아진 것으로 보이지만, 지역을 돌아보면 여전히 연세 있으신 남성 유권자들이 자신 보다 나이 어린 여성 정치인들을 비하조로 부르는 경향이 남아 있습니다. 자신의 물리적인 힘이 여성 의원 보다 더 강하다는 생각에 더 함부로 대하는 경우도 있고요.

여성 의원 입장에서는 '정색하고 싫은 내색하다, 혹시라도 지역에서 안 좋은 소문이 나면 어쩌나'라는 걱정에, 부적절한 상황을 적극적으로 바로 잡지도 못하고 속으로만 끙끙 앓는 경우도 많습니다.

지난 20대 대선은 그 어느 대선 때보다도 여성 관련 이슈가 많았습니다. 거짓말과 여성이라는 이슈가 혼합돼 유권자의 감정선을 건드리는 상황도 연출됐고요.

하지만 안타깝게도 사회적 약자인 여성을 배려하는 정책은 눈에 띄지 않았습니다. '여성가족부 폐지' 공약이 나왔는데도 이 이슈가 선거 막판에 잠깐 회자됐을 정도로, 여야 후보 모두 여성 보다는 2030 남성 유권자의 눈치를 더 보는 듯한 모습이었습니다.

그런데 사실 '여성 공약'도 크게 보면 2030 남성 유권자들에게 영향을 미칩니다. 2030 남성들도 엄마와 할머니, 혹은 누나나 여동생이 있지 않습니까? 여자 친구도 마찬가지고요. 직계(直系)에 없다면 사촌이라도 있을 텐데, 이 모두는 '우리'라는 범주 안에 포함됩니다. 그렇기 때문에라도 누구 한 명 소외되지 않는, 우리 가족 모두를 위한 정책을 만들어야 하는 것이죠.

영국의 경제학자, 철학자, 정치가인 '존 스튜어트 밀(John Stuart Mill)'은 근현대 페미니즘 사상의 형성에 공헌한 인물로 꼽히는데, 『여성의 종속』이라는 저작에서 여성평등과 여성해방을 주장했습니다. 밀은 런던 웨스트민스터 하원의원도 지냈는데요. 그가 의회에서 여성의 참정권을 주장한 150년 전 상황과 지금의 모습이 크게 달라진 것 같지는 않습니다.

무언가를 시도하지 않는 것을 '더 큰 실패'로 보는 사회 분위기가 조성됐다면, 혹은 반여성 정책을 추진한 것에 대해 심판받는 환경이었다면 여성의 권익은 더욱 향상됐을 것입니다. 최소한 여성이, 반여성 정책에 앞장서는 듯한 모습은 나타나지 않았을 것이고요.

자신을 둘러싸고 있는 핵심 지지층이나 친숙한 준거점(reference points)에서 조금은 벗어나, 정치인들이 사회 통합 관점에서 해법을 찾는 노력을 더 해주신다면 지금과 같은 '젊은 남녀의' 극단적 대립 상황은 상당부분해소될 수 있을 것입니다.

남녀 관계를 염두에 두고 하신 말씀은 아니지만, 故 백기완 선생의 '노나메기' 정신이 생각나는 밤입니다. "너도 일하고 나도 일하고, 그리하여 너도 잘 살고, 나도 잘 살되, 모두 올바르게 잘 사는 세상."

폭력 없는 정치, 사회적 약자인 여성과의 동행

글을 마치며

2022년 7월 중순, 저는 마지막 퇴고 작업을 앞두고 '코로나 바이러스 감염증' 확진 판정을 받았습니다. 민감한 내용을 최종적으로 거르는 가장 중요한 시점에 걸려버렸던 겁니다.

몸이 정상이 아니라 제 판단력이 더 흐려질 수 있다는 생각에, '조금이라도 문제될 것 같으면 전부 빼자'는 기조로 최종 검열 작업을 마쳤습니다.

제 글이 누군가에게 상처가 아니라 희망이 될 수 있기를 바라는 마음으로 마무리 작업을 했는데, 의도와 다른 방향으로 전개되지 않았기를 바랄 뿐입니다.

법조인들이 머릿속에 떠올리는 폭행(暴行)은 아마도 '상대방에게 유형력(有形力)을 행사하는 행위'일 것입니다. 조금 쉽게 설명하면 상대방을 가격해 불쾌하거나 불이익한 상황을 만드는 것이죠.

폭행은 모두를 불행하게 만듭니다. 우선 화를 낸 직후부터 스스로를 벌하는 결과를 야기하고요. 피해자와 가해자뿐 아니라, 그 주변의 모든 사람들에게 피해를 주게 됩니다. 이를 알기에 제 글이 누군가에게 폭력적인 글이 되지 않도록, 표현 방식 하나하나까지 살피고 또 살폈습니다.

선배들에게 '기자 정신은 사실에 천착(穿鑿)하려는 노력'이라고 배웠는데요. 제 역량 부족으로 '기자 정신'에 부합하지 못한 부분도 분명히 있을 것이라는 생각입니다. 혹시라도 제가 수정해야 할 부분이 있다면, 언제든 말씀해달라는 이야기를 다시 한 번 전합니다.

'거안사위(居安思危).' '편안할 때 일수록 위험에 대비해야 한다, 언제든 위태로워질 수 있다'는 뜻의 사자성어입니다. 과거의 성공에 안주하지 않고 매 순간 위기 상황에 대비한다면, 아무리 경쟁이 치열해도 매번 승리의 길목에 위치할 수 있다는 가르침을 전해 주는데요.

편안함은 위기를 보지도, 느끼지도, 예측하지도 못하게 하는 일종의 마약입니다. 편안함에 취해 나라를 위태롭게 만든 위정자들은 동서고금의 역사에서 수없이 봐왔습니다. 과거에 승리할 수 있었던 이유, 혹은 패배할 수밖에 없었던 배경은 반드시 파악하고 있어야 앞으로의 또 다른 승부에 대비할 수 있겠지요.

제가 겪었던 대한민국의 위정자들과 정치인들 모두 뛰어난 능력을 인정받고 그 자리에 서게 된 분들이었습니다. 다들 능력이 있기에 제대로 된 의지만 있다면 충분히 지혜롭게 국정을 이끌 수 있고, 또 조력할 수 있다고 생각됐습니다.

　정치인들의 인생도 그렇고, 우리네 인생에도 춥고 황량한 겨울이 있는데요. 그 기간을 얼마나 유용하게 사용할 수 있느냐에 따라, 그의 나머지 인생이 결정될 것입니다. 봄이 왔을 때 새 움도 틔우고 꽃과 열매도 맺게 하려면, 겨울을 어떻게 보내야 할지 너무나 명약관화(明若觀火)하지 않습니까?

　다윈(Darwin)은 진화를 일으키는 적응(適應)이 어떻게 일어나는지를 설명할 수 없어서 고민하던 중, 맬서스(Thomas Robert Malthus)의 『인구론』에서 '치열한 생존 경쟁 속에서, 환경에 잘 적응하는 사람만이 살아남는다'는 구절을 읽고 문제 해결의 실마리를 얻었다고 하지요?

　제가 책에서 언급했던 분들 가운데, 지금이 인생의 겨울이라고 느끼는 분들도 계실 겁니다. 그런데 그 시기를 효과적으로 보낸다면, 분명히 재기(再起)의 그 날을 맞이할 수 있을 것입니다. 그 분들이 능력이 없어서 좋은 결과를 못 맺었다기보다, 상황적으로 그런 결과를 야기할 수밖에 없던 탓도 분명히 존재했다고 보기 때문입니다.

　저는 이 책을 마무리 한 뒤, 다른 책 집필에 바로 나설 예정입니다.

문재인 정부와 윤석열 정부의 인사청문회를 비교 분석하는 내용입니다. 이 책에서 다루지 않았던 인사 관련 흥미로운 취재 뒷이야기도 다룰 수 있으면 다뤄볼 생각입니다.

여러모로 많이 부족한 제 글을 끝까지 읽어주셔서 감사드립니다. 독자 여러분들이 어제 보다 더 행복한 오늘을 보내고, 또 오늘 보다 더 행복한 내일을 맞이하실 수 있기를 기원합니다. 감사합니다.

<참고문헌>

1. 강금실『지구를 위한 변론』 김영사, 2021.
2. 강금실『생명의 정치』 로도스, 2012.
3. 강상구『마흔에 읽는 손자병법』 흐름출판, 2012.
4. 강원국『나는 말하듯이 쓴다, 강원국의 말 잘하고 글 잘 쓰는 법』 위즈덤하우스, 2020.
5. 강지원 기자『대형교회 보란 듯… 승효상, 시골에 15평 '교회다운 교회' 짓다』 한국일보, 2019. 4, 30.
6. 김대중『나의 길 나의 사상』 산하, 1994.
7. 김광웅『좋은 정부』 21세기북스, 2018.
8. 김병준『99%를 위한 대통령은 없다』 개마고원, 2012.
9. 김재은『떼창의 심리학』 푸른사상사, 2021.
10. 김종인『영원한 권력은 없다』 시공사, 2020.
11. 김호정 기자『아버지 정명훈이 부담? 음악 자체가 가장 두렵다』 중앙일보, 2022. 2. 9.
12. 김황식『총리실 880일의 기록, 소통 공감 그리고 연대』 21세기북스, 2021.
13. 노무현『노무현이 만난 링컨』 학고재, 2001.
14. 노소영『디지털 아트』 자음과모음, 2014.
15. 로버트 캐슬런 2세, 마이클 매슈스『인성의 힘』 리더스북, 2021.
16. 루스 베네딕트『국화와 칼』 을유문화사, 2019.
17. 마이클 샌델『공정하다는 착각』 와이즈베리, 2020.
18. 문회상『대통령』 경계, 2017.
19. 박근혜『고난을 벗 삼아 진실을 등대삼아』 부산일보사 기획출국, 1998.
20. 박시영 김계환『이기고 싶은 사람들의 이기는 전략 위너는 어떻게 결정되는가』 김영사, 2021.
21. 박지원『熱河日記 中 一夜九渡河記』 1783
22. 박진『글로벌 싱크탱크와의 대화』 한국외국어대학교 지식출판원, 2015.
23. 박희태『대변인』 랜덤하우스중앙, 2006.
24. 밥돌『대통령의 위트』 아테네, 2008.
25. 버나드 마넹『선거는 민주적인가』 후마니타스, 2004.
26. 손학규『저녁이 있는 삶』 폴리테이아, 2012.
27. 시오노 나나미『로마인 이야기』 한길사, 1998.

28. 신라호텔 서비스교육센터『현대인을 위한 국제 매너』, 김영사, 2000.
29. 신영복『감옥으로부터의 사색』, 돌베개, 1998.
30. 아담 스미스『국부론』, 비봉출판사, 2007.
31. 앤서니 기든스『현대사회학』, 을유문화사, 2007.
32. 윌리엄 유리『하버드는 어떻게 최고의 협상을 하는가』, 트로이목마, 2015.
33. 이광형『카이스트의 시간』, 김영사, 2020.
34. 이만섭『정치는 가슴으로』, 나남, 2014.
35. 이병한『어스테크, 지구가 허락할 때까지』, 가디언, 2021.
36. 이완구『약속을 지키는 사람』, 조선앤북, 2011.
37. 재레드 다이아몬드『총, 균, 쇠』, 문학사상사, 2014.
38. 전영기『2007년 대선 승자는 누구인가』, 은행나무, 2007.
39. 전영기『성공한 권력』, 사회평론, 2000.
40. 정세균『나의 접시에는 먼지가 끼지 않는다』, 다우, 2007.
41. 조국『조국의 시간』, 한길사, 2021.
42. 조국백서추진위원회『검찰개혁과 촛불시민』, 오마이북, 2020.
43. 조선 기행문학의 걸작『열하일기(熱河日記)』
44. 최은규 객원기자『서정적 연주 빛난 정명훈과 서울시향 사운드』, 연합뉴스,
    2020. 1. 5.
45. 캐스린 H. 앤서니『좋아 보이는 것들의 배신』, 반니, 2018.
46. 폴 켄고르『레이건 일레븐』, 열아홉, 2020.
47. 표태준, 윤수정 기자『"지친 나를 위로해준다"…퀸 열풍, 영국도 뛰어넘을 기세』,
    조선일보, 2018. 12. 4.
48. 플라톤『국가론』, 돋을새김, 2006.
49. 한승주『평화를 향한 여정, 외교의 길』, 올림, 2017.
50. 함돈균『코끼리를 삼킨 사물들』, 세종서적, 2018.
51. 함성득『대통령 당선자의 성공과 실패』, 나남, 2012.
52. 함성득『제왕적 대통령의 종언』, 섬앤섬, 2017.
53. 허브 코헨『협상의 기술 1, 2』, 김영사, 2021.
54. 홍세화『거짓 진보·보수의 정치 지형을 바꾸자』, 한겨레, 2021. 12. 23.
55. 홍자성『채근담』, 인간사랑, 2013.

청와대 출입기자가 본
조국의 시간, 윤석열의 시간

지은이 | 백대우
만든이 | 하경숙
만든곳 | 글마당

책임 편집디자인 | 정다희
표지 디자인 | 김혜원
(등록 제2008-000048호)

만든날 | 2022년 7월 15일
펴낸날 | 2022년 7월 29일

주소 | 서울시 송파구 중대로127
전화 | 02. 451. 1227
팩스 | 02. 6280. 0077
홈페이지 | www. gulmadang. com
이메일 | vincent@gulmadang. com

ISBN 979-11-90244-34-3(03300)   값 17,000원